PIÙ GRANDE DI ME. VOCI EROICHE DALLA EX JUGOSLAVIA

BIGGER THAN MYSELF. HEROIC VOICES FROM EX-YUGOSLAVIA

PIÙ GRANDE DI ME. VOCI EROICHE DALLA EX JUGOSLAVIA

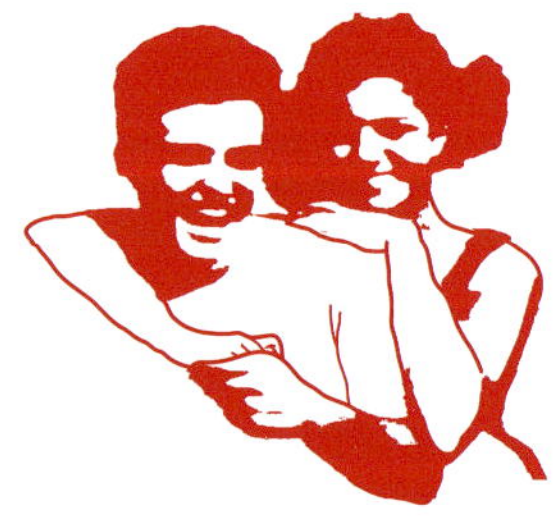

BIGGER THAN MYSELF. HEROIC VOICES FROM EX-YUGOSLAVIA

FORMA

MAXXI

Giovanna Melandri

PREFAZIONE

Ormai da vari anni il MAXXI sintonizza le sue antenne sui fermenti artistici sbocciati e sulle cicatrici storiche rimaste ancora aperte, dentro l'orizzonte mediterraneo e mediorientale. È un'area di civiltà sedimentate e multiformi, con alcuni tratti comuni per antichi rimescolamenti, sulle quali l'epoca della globalità ha inciso nuove lacerazioni e nuove opportunità di crescita. Questa missione, direi perfino questo nostro assillo ci ha condotto a scandagliare le correnti più feconde della scena culturale di paesi, carichi di tradizione, dove si stanno manifestando spinte interessate a vivificare il dialogo tra linguaggi espressivi: dal Libano alla Turchia, dall'Iran all'Africa. È un filo rosso nella ricerca "made in MAXXI" e fa tutt'uno con la determinazione di non fermarsi alla superfice della diplomazia e di offrire, attraverso la conoscenza e la diffusione dell'arte, una rilettura delle stagioni passate e una lampada per esplorare il futuro.

Ora, con la mostra "Più grande di me. Voci eroiche dalla ex Jugoslavia", la nostra navigazione ci fa sbarcare sull'altra sponda dell'Adriatico in una terra che ha conosciuto nei secoli magmatici sussulti tellurici di ordine statale e politico e che fino a un paio di decenni fa ha visto compiersi la parabola di un'originale transizione al socialismo autogestito e non allineato nel Paese cuscinetto tra i sistemi contrapposti della Guerra Fredda.
Il repentino sfaldarsi della Jugoslavia, ennesimo prodotto della metaforica instabilità balcanica, non mette in ombra i suoi caratteri eretici rispetto all'ortodossia delle "democrazie popolari" e al modello sovietico.
Tito, il patriarca al potere per ben trentacinque anni dopo l'epopea della lotta partigiana, senza consentire opposizioni padroneggiò quel coagulo di sei repubbliche e due province autonome, una decina tra ceppi nazionali e minoranze, tre lingue e due alfabeti, occupando un ruolo autonomo sulla scacchiera mondiale.

La trasmissione per simboli e figure dell'esperimento jugoslavo era parte essenziale della rappresentazione di un leader e di un regime complesso, attraversato da dinamiche e tensioni sottotraccia, che sopravviverà solo una decade alla scomparsa del suo artefice e tutore. L'esplosione di sei guerre nel corso degli anni '90 sigilla tragicamente il secolo delle dittature in Europa. Un "massacro costruito in laboratorio e sdoganato ai fessi come conflitto di civiltà, scontro tribale o generica barbarie" (parole di Paolo Rumiz) fece distogliere a lungo lo sguardo dell'Occidente, inondò i media con il rosario di eccidi e fosse comuni, nell'impotenza e nel gioco dei veti delle cancellerie. Sarajevo, Mostar, Vukovar, l'indipendenza slovena, il Kosovo: popolazioni e luoghi, nuove sovranità statali e migrazioni, dai crocevia più lontani

Giovanna Melandri

PREFACE

For a number of years now, MAXXI has tuned in to emerging artistic ferments and historical scars that have not yet healed over within both the Mediterranean and Middle East. It is a region of layered and diverse civilisations, with some common traits due to past intermingling, into which the era of globalisation has cut new lacerations and generated new opportunities for growth. This mission, which I would even describe as our obsession, has led us to fathom the most fertile currents of the cultural scene in countries laden with tradition, where driving forces towards enlivening the dialogue between different expressive languages are making themselves felt: from Lebanon to Turkey, Iran and Africa. This is a common thread in MAXXI's research and forms one with the determination not to stop at the surface of diplomacy, instead using knowledge and the promotion of art to offer a re-reading of past seasons and a light for exploring the future.

Today, with the *Bigger Than Myself. Heroic Voices from Ex-Yugoslavia* exhibition, our course has taken us to the opposite shore of the Adriatic, to a land that has experienced magmatic jolts of a national and political nature and that, until a couple of decades ago, witnessed an original transition to self-managed and unaligned socialism in a country that acted as a buffer between the opposing systems of the Cold War. The sudden shattering of Yugoslavia, the umpteenth product of metaphorical Balkan instability, did not overshadow its heretical characteristics with respect to the orthodoxy of "popular democracies" and the Soviet model. Tito, the patriarch in power for a good thirty-five years after the epic partisan fight, permitted no opposition and took control of that coagulation of six republics and two autonomous provinces, with a dozen national and minority groups, three languages and two alphabets, occupying an independent role on the chess board of the world.

The representation of the Yugoslavian experiment in symbols and figures played an essential part in the portrayal of a leader and of a complex regime, permeated by hidden dynamics and tensions, which would only survive for a decade after the loss of its creator and protector. The explosion of six wars during the course of the 1990s tragically sealed the century of dictatorships in Europe. A "massacre constructed in the laboratory and accepted by fools as a conflict of civilisations, a tribal clash or generic barbarism" (to cite Paolo Rumiz), which drew attention away from the East for many years, inundating the media with a series of exterminations and mass graves, in the face of chancelleries' impotence and vetoes. Sarajevo, Mostar, Vukovar, Slovenian independence, Kosovo: populations and places,

della Storia si ripresentarono ai nostri occhi, spesso distratti, come una sfida e un monito. Si è cominciato, da allora, a scrivere un altro capitolo.

"Più grande di me. Voci eroiche dalla ex Jugoslavia" disegna, con ricchezza di toni e acuminato spirito critico, il lavoro di scavo ideologico e creatività che questi percorsi accidentati della Storia suscitano nella sensibilità degli artisti in mostra. Da quei tornanti la loro ispirazione originaria o la loro produzione estraggono figure, incubi, lezioni. Penso innanzitutto a certe folgoranti performance di Marina Abramović.

Penso all'immagine choc dei fidanzati uccisi dai cecchini e rimasti abbracciati sopra un ponte per otto giorni, il serbo ortodosso Boško e la bosniaca musulmana Admira, inseriti da DjordjeBalmazović nel suo calendario di eroi comuni. Penso all'operaio croato ritratto da Igor Grubić con ali d'angelo disegnate alle spalle. Penso alle opere degli altri autori esposte negli spazi del MAXXI. Sono voci che non si accontentano delle interpretazioni accomodanti, indagano gli intrecci dei nazionalismi e le torsioni del capitalismo neoliberista, raccontano un'altra visione della persona e della comunità. A ben vedere, evocano un'Europa diversa, sostenibile, sociale. Forse è la scommessa su cui tutti ci stiamo incamminando.

Presidente Fondazione MAXXI

new sovereign states and migrations, from the most distant crossroads in history, presented once again to our often distracted eyes as a challenge and a warning. Since then, another chapter has begun.

Bigger Than Myself. Heroic Voices from Ex-Yugoslavia offers a wealth of tones and astute critical spirit, illustrating the ideological excavations and creativity that these bumpy paths of history have aroused in the sensibility of the featured artists. These twists and turns have provided them with figures, nightmares and lessons for their original inspiration. The first that come to mind are the striking performances of Marina Abramović. I think of the shocking image of the young couple killed by the snipers, left lying in each other's arms on a bridge for ten days – the Serbian Orthodox Christian Boško and the Bosnian Muslim Admira, included by Djordje Balmazović in his calendar of common heroes. I think of the Croatian worker portrayed by Igor Grubić with angel's wings seemingly coming out of his shoulders. I think of the artworks by the other artists exhibited at MAXXI. These are voices that are not content with compliant interpretations, instead exploring the evolutions of nationalisms and the contortions of neoliberal capitalism, offering up another vision of the person and the community.
On closer inspection, they evoke a different, sustainable and social Europe. Perhaps that's the gamble we're all pinning our hopes on.

President Fondazione MAXXI

Hou
Hanru

ESSERE PIÙ GRANDI DI SE STESSI.

COME UNA PREFAZIONE

La guerra civile che travolse la Jugoslavia negli anni Novanta, oltre a frammentarne la multietnica unione politico-culturale, generò un nuovo scenario geopolitico di tragedia umana. Scoperchiò un vaso di Pandora di caos globale, e ovunque sulle due sponde del Mediterraneo scoppiarono rivolte e scontri.
Negli ultimi due decenni si è verificato un crollo rovinoso di ogni sorta di idealismo (o utopia), di unità umana, di solidarietà, del sogno di creare tutti insieme un futuro migliore, segnando la fine dell'eroismo necessario a trasformare questa utopia in realtà.
Lo spettro distopico nato dalle rovine dell'utopia continua a tormentare il mondo in cui oggi viviamo. I suoi effetti sul futuro della regione, sull'Europa e il Mediterraneo, ma anche sul resto del mondo, sono tutt'altro che trascurabili!

Nei cinquant'anni di utopia antecedenti il crollo dell'unione, gli artisti di quest'effimero ideale transnazionale noto come Jugoslavia dimostrarono una straordinaria visionarietà e una notevole audacia in svariati esperimenti d'avanguardia. La tensione fra il culto del collettivismo e la resistenza "ego-centrica" nella difesa della libertà individuale aveva dato vita a una delle scene più creative dell'avanguardia globale, in cui una famiglia artistica senza eguali prosperava grazie alla solidarietà. Per ironia della sorte, la sua importanza fu riconosciuta e onorata solo quando la divisione dell'unione diventò innegabile. Ancora oggi la comunità artistica fatica a reinventare visioni e linguaggi per poter affrontare una realtà persino più complessa che in passato, in cui l'instabilità si è imposta come la norma dell'esistenza.
La nostalgia di un paradiso perduto si è irrimediabilmente e inconsapevolmente insediata nei meandri della coscienza di tutti noi. Eppure tutti continuano a cercare una via d'uscita per tornare a essere "creativi in modo normale".
Si avverte il bisogno di un nuovo tipo di eroismo: questa volta l'eroe dovrà essere "più grande di se stesso", aderire a un nuovo tipo di dinamismo collettivo che mira ad accogliere e accettare (come in passato, ma in modo innovativo) l'Altro, il diverso, affinché ogni individuo possa vivere all'insegna di una reale libertà immaginativa ed espressiva, anche la più stravagante e radicale e, naturalmente, la più critica, provocatoria e ribelle.

Condurre una vita nel segno di un simile "eroismo artistico" implica che gli artisti debbano affrontare una realtà molto più difficile che in passato e lottare contro un diverso tipo di eroismo: un nuovo eroismo ufficiale che si considera la più alta forma di (intransigente) patriottismo e orgoglio

Hou
Hanru

BE GREATER THAN OURSELVES!

IN THE GUISE OF A PREFACE

The civil war in Yugoslavia in the 1990s not only divided the multi-ethnic cultural and political union into fragmented parts, but also generated a new geopolitical scenario of human tragedy. A Pandora's box of global chaos was opened, followed by revolts, and breakups erupted everywhere across both sides of the Mediterranean. Then, over the past two decades, there has been a collapse of all kinds of idealism or utopia, of any human unity, solidarity, or dream of creating a better future together. It has put to an end all the heroism needed to realise this utopia. The dystopian ghost born out of the utopian ruin continues to haunt our present world. Its impacts on the future of the region, across Europe and the Mediterranean, and even the whole world, are by no means insignificant!

During the utopian years of the five decades before the breakdown of the union, artists in this ephemeral transnational utopia called Yugoslavia were extraordinarily visionary and audacious in all sorts of avant-garde experiments. The tension between the cult of collectivism and "ego-centric" resistance in defence of individual freedom had generated one of the most inventive scenes in global avant-garde circles, and a unique art family thrived on great solidarity. Ironically, its importance came to be recognised and celebrated only when the division of the union became an irrefutable fact. The art community continues to struggle to reinvent its visions and languages in order to face an even more complex reality, in which instability has taken over as the norm of existence. Nostalgia for a lost paradise has become inevitably instilled deep in everyone's unconscious. But everybody still wants to find a way out, so as to become "normally creative" again. There is a need for a new kind of heroism. And, this time, the new hero should be "greater than the self" – a new kind of collective dynamism aiming to embrace (once again but differently) the Other, the different so that every individual can live with true freedom of imagination and expression, even the most extravagant and radical, and, naturally, critical, provocative, and rebellious.

Leading a life with such "artistic heroism" means that artists have to face a much more difficult reality and fight against another kind of heroism: a new official heroism that sees itself as the highest form of (narrow-minded) patriotism and national pride, excluding reconciliation and coexistence with "the other". This obsession with national and even ethnic purity, or a love for the politicised Ego and its

nazionale, che rifiuta la rappacificazione e la convivenza con "l'altro". Quest'ossessione per la purezza nazionale, addirittura etnica, o l'amore per l'Ego politicizzato e la sua estetica, è riuscita a sopravvivere a una guerra civile terribilmente violenta per tornare in pompa magna e con molto più clamore, non solo nell'ex Jugoslavia, ma anche in tutta Europa. Si verificheranno presto nuovi disastri legati a conflitti etnici e nazionali e alle divisioni sociali, se non faremo nulla per combatterli. Questa volta il compito sarà ancora più difficile e complesso perché eventi e informazioni sono accelerati e amplificati con una velocità e una portata senza precedenti, "grazie" al capitalismo transnazionale e al "progresso" tecnologico. Ancora più pericoloso delle *fake news*, che minacciano di distruggere ogni possibilità di arrivare alla verità, un nuovo sistema della "società" fondato su valori fallaci minaccia di prendere il sopravvento, una "versione neoliberista" di *1984* può rivelarsi persino più potente e nociva di quella originaria. Bisogna essere davvero coraggiosi per provare a evitare l'avvento del *brave new world*, del "mondo nuovo" narrato da Aldous Huxley!

Ancora una volta la zona dell'ex Jugoslavia (o dei Balcani), con la sua complessità caratterizzata da ferite storiche e desideri di speranza, si ritrova al centro di questo tumulto globale. Questa tensione tragicomica può essere particolarmente stimolante per il mondo dell'arte. Offrirà la possibilità di ricrearne gli eroi e le eroine? Questa volta, però, gli eroi non dovranno essere ego-centrici, bensì "più grandi di se stessi"!

Zdenka Badovinac, curatrice militante di lunga data e sostenitrice dell'arte sperimentale nei Balcani, è a sua volta un'eroina che da anni contribuisce alla formazione di questa scena dinamica, originale e influente. In questo momento fondamentale – insieme ai suoi contemporanei, compagni artisti – si propone di condividere con noi quest'indagine attraverso una grande mostra che illustra lo stato attuale della creatività, e quindi delle difficoltà, della scena dell'"ex Jugoslavia". Una mostra che rafforza la convinzione del MAXXI circa l'importanza del ruolo giocato dalle comunità artistiche trans-mediterranee nella creazione di una nuova visione della vita comunitaria. Il MAXXI, attraverso i suoi impegni internazionali, comincia a costruire la propria identità di istituzione decennale (ma in realtà nuova!) dedicata alla creazione contemporanea grazie a ricerche approfondite sulla scena mediterranea, la cui rappresentazione sottolinea le interazioni dinamiche tra il Medio Oriente e l'Europa.

Concentrarsi sulla costa settentrionale del Mediterraneo (ovvero la zona dei Balcani) aiuta a rendere più completo e innovativo, e quindi più rilevante, il quadro di questo nuovo dinamismo creativo. Il progetto, realizzato grazie a una stretta e lunga collaborazione tra la curatrice del MAXXI Giulia Ferracci, l'exhibition designer Dolores Lettieri e molti altri colleghi, risponde

aesthetics, has not only survived the terribly violent civil war but also returned *en grande pompe* with louder noises – not only in the ex-Yugoslavian region but literally across all Europe. New disasters of national and ethnic conflicts and social division will not be far away if we don't do anything to fight it. This time, the task is even more complicated and difficult because all events and information are being accelerated and expanded at unprecedented speed and scale – "thanks" to transnational Capitalism and technological "progress". It is not only fake news that risks ruining any chance of obtaining the truth. More seriously, there is the risk that a new form of "society" based on fake values will take over, a "neoliberal version" of *1984* could be even more powerful and harmful than the original version. One has to be really brave to do everything to avoid the "Brave New World"!

Once again, the ex-Yugoslavian region – or, the "Balkans" –, with all its complexities and historic wounds and hopes, finds itself at the very centre of this global turmoil again. This tension, at once tragic and comic, can be particularly stimulating for the art world. Is it a chance to create its heroes and heroines again? But this time, anyway, these heroes should not be ego-centric but "greater than the self"!

Zdenka Badovinac, a long-time militant curator and advocate of experimental art across the region, is herself a heroine who has helped to form this dynamic, original and influential scene, and continues to be so. At this crucial moment, she, along with her contemporaries – her artist comrades – proposes that we share this inquiry through a major exhibition presenting the current state of creativity, and thus the struggle, of the "ex-Yugoslavian" scene.
This reinforces our conviction, at MAXXI, concerning the significant role of trans-Mediterranean art communities in forming a new vision of living together. In fact, MAXXI, with its global engagements, is starting to build its identity as a ten-year-old (in fact, new!) institution of contemporary creation with in-depth research and representations of the Mediterranean scene, emphasising the dynamic interactions between the Middle East and Europe. Now, by turning its focus to the north coast of the Mediterranean, namely to the Balkan region, it is helping to render this picture of new creative dynamism much more complete and innovative, and therefore more relevant. Realised in close and long-lasting collaboration with the MAXXI curator Giulia Ferracci and exhibition designer Dolores Lettieri, as well as with many other colleagues, this project responds in a timely and pungent manner to a momentum that is increasingly urgent and challenging. More collaborations with other like-minded European institutions are a new avenue towards the future of this act of resistance that is so full of promise.

con forza e tempismo a una pressione sempre più urgente e gravosa.

Le collaborazioni con istituzioni europee affini rappresentano una nuova strada verso il futuro di questo promettente atto di resistenza.

Il progetto, che si sviluppa in un periodo di crisi globale (sanitaria, ma pure sociale e psicologica), ricopre un'importanza particolare poiché su di noi aleggiano lo spettro di un'utopia fallita e il fantasma di una rinnovata minaccia nazionalistica. Cerchiamo di essere "più grandi di noi stessi" e generosi con gli altri!

Roma, 28 gennaio 2021

Direttore artistico MAXXI

This project, in this time of global crisis – which is not only one of healthcare but also social and psychical – is of particular importance when the ghost of a failed utopia and the phantom of a revived nationalistic threat loom large over our heads. Let us be "greater than ourselves", and be generous towards others!

Rome, 28 January 2021

MAXXI Artistic Director

Zdenka Badovinac

PIÙ GRANDE DI ME – DALLA EX JUGOSLAVIA CON AMORE

DALLA EX JUGOSLAVIA CON AMORE

La mostra "Più grande di me. Voci eroiche dalla ex Jugoslavia" trasmette un messaggio che viene dal passato, oltre che dal presente.

Il suo logo, disegnato da Djordje Balmazović, rappresenta una coppia stretta in un abbraccio: sono Boško Brkić e Admira Ismić, un serbo di 24 anni e una donna bosniaca di 25, centrati da un cecchino sul ponte Vrbanja di Sarajevo il 19 maggio 1993. Testimoni oculari hanno riferito che Boško morì sul colpo, mentre Admira, caduta e ferita, si trascinò fino a lui per morirgli fra le braccia, per così dire. Entrambi rimasero diversi giorni stesi al suolo, nella terra di nessuno, prima di essere sepolti.

Questo logo segna il confine tra passato e presente, tra il tempo della Repubblica Socialista Federale di Jugoslavia (SFRJ), quando ancora credevamo in un'idea più grande di noi, e il tempo in cui questo luogo iniziò a essere dominato da un potere soverchiante, il potere del capitalismo globale.

La Jugoslavia ha sempre rappresentato un fenomeno atipico all'interno del mondo socialista. Già nel 1948 si arrivò alla scissione tra Josip Broz Tito e Stalin, cui seguì la nascita dell'autogestione come modello unico di socialismo basato sull'ampia partecipazione di tutte le fasce sociali al processo decisionale. La Jugoslavia è stata anche uno degli iniziatori del Movimento dei Paesi non allineati, la cui prima conferenza si tenne a Belgrado nel 1961 e che ancora oggi è considerato esempio di una diversa modalità di associazionismo globale. Il Paese si presentava al mondo con simboli di pace, libertà, uguaglianza e fratellanza tra le nazioni e con il non-allineamento. Valori che non furono mai chiacchiere ma trovarono sempre il modo di realizzarsi nella società, con maggiore o minor successo, a seconda dei casi.

L'arte dell'ex Jugoslavia considera lo sforzo per sostenere i valori progressisti che trascendono gli interessi parziali come un messaggio importante del passato, fondamentale per tutta l'umanità. Tale messaggio proviene da un tempo in cui ancora credevamo nell'esistenza della società, nella possibilità di essere persone migliori, di elevarci al di là di noi stessi, di vivere in armonia con le altre nazioni ed essere solidali l'uno con l'altro.

Quando Boško e Admira caddero nella guerra provocata dall'aggressore serbo, la fede nelle idee incarnate dalla Jugoslavia, allora appena scomparsa, era cessata da tempo. Alla loro morte, simbolo della morte della società, è seguito il presente, il tempo del cinismo e del relativismo, la stagione degli individui singoli, che pensano di poter vivere senza gli altri.

Il messaggio dalla ex Jugoslavia, nostra memoria storica e collettiva, ci ispira e incoraggia a divenire ancora

Zdenka Badovinac

BIGGER THAN MYSELF – FROM EX-YUGOSLAVIA WITH LOVE

FROM EX-YUGOSLAVIA WITH LOVE

The message of the exhibition *Bigger Than Myself. Heroic Voices from Ex-Yugoslavia* comes from both past and present.

The exhibition logo (designed by Djordje Balmazović) represents an embraced couple, 24-year-old Bosnian Serb Boško Brkić and 25-year-old Bosniak Admira Ismić, who were shot dead by sniper fire on the Vrbanja Bridge in Sarajevo on 19 May 1993. According to witness reports, Boško died on the spot, while Admira was wounded and crawled to him, only to die next to him, in his arms, so to speak. They lay together in no man's land for days before they could be buried.

This logo marks the boundary between the past and the present, between the time of the Socialist Federal Republic of Yugoslavia (SFRJ), when we still believed in an idea that was bigger than ourselves, and the time when also the space of former Yugoslavia came under the power of a force bigger than any idea – the force of global capitalism.

Within the socialist world, Yugoslavia was always crucially different. That was predominantly a result of the 1948 Tito-Stalin split, which soon led to the development of the Yugoslav brand of socialism known as socialist self-management, based on the broad participation of all people in decision-making at all levels of society. Yugoslavia was also one of the initiators of the Non-Aligned Movement (whose first conference was held in Belgrade in 1961), which has remained an exemplary case of an alternative global association. The country thus presented itself to the world with symbols of peace, liberty, equality and brotherhood between nations, and a non-aligned position. Far from being merely empty phrases, these values were constantly implemented – with varying degrees of success – in social reality.

It is this effort to uphold progressive values, which transcend partial interests, that art from the territory of former Yugoslavia treats as an important message from the past, and one that is important for all humankind. A message from a time when we still believed that we could be better people, that we could go beyond ourselves and live in harmony with other nations, when we had faith in society and in people's capacity for solidarity with others. By the time Boško and Admira perished in a war started by Serbian aggressors, this faith in ideas that had been more or less successfully embodied in the just dissolved Yugoslavia had long since died. After the young couple's death, which also symbolises the death of society, the present started, a time of cynicism and relativism. The time of individuals believing they can live without others had come.

una volta eroi del nostro tempo, a sospingere la ruota della storia e fermare ciò che sembra più grande di noi, il potere ostile del capitale globale, riprendendo in mano la situazione. È un messaggio d'amore, colmo del desiderio di trascendere noi stessi per tornare a essere parte della società.

NATURA E SOCIETÀ

La mostra "Più grande di me. Voci eroiche dalla ex Jugoslavia" espone anche due grandi gruppi di ritratti che rappresentano eroi. Un gruppo ritrae eroi di epoche diverse del calendario (*Calendar*) di Djordje Balmazović, l'altro gli eroi della Seconda Guerra Mondiale (*Was ist Kunst Bosnia and Herzegovina – Heroes 1941-45*) del collettivo artistico IRWIN. Sono ritratti di persone che, in diversi contesti sociali, hanno trasceso la propria vita, mettendola al servizio del bene comune. Ogni epoca dà dell'eroismo una definizione diversa, ma ciò che è comune a tutte le epoche è la constatazione che un atto eroico può avvenire esclusivamente in un contesto sociale, in relazione a un'altra persona. "L'uomo non è che un nodo di relazioni. Solo le relazioni entrano in gioco per l'uomo" , scrive Maurice Merleau-Ponty citando Antoine de Saint-Exupéry alla fine della sua *Fenomenologia della Percezione*[1]. Se però l'eroismo può manifestarsi esclusivamente in ambito sociale, bisognerà chiedersi quale sia la visione della società degli artisti della nostra mostra, che si sono trovati ad operare tra umanesimo e postumanesimo.

Alcuni riconoscono ancora la difformità tra uomo e natura, centrale nell'umanesimo, mentre altri la trovano superata e credono nell'uguaglianza postumanistica tra l'uomo, gli altri esseri viventi e le cose, considerando come tutti questi agenti umani e postumani dovrebbero concorrere alla formazione di una società nuova.

Maja Smrekar, ad esempio, espone un autoritratto in veste di "madre" che allatta un cane, progetto con il quale esprime la propria posizione critica nei confronti della concezione tradizionale della famiglia e dell'umanesimo che, a suo dire, considera la natura come l'Altro. L'allattamento è stato possibile grazie a una dieta speciale ricca di ferro e a un tiralatte meccanico.

Nei tempi eroici della Seconda Guerra Mondiale, la natura, con le sue foreste, era un alleato di tutti coloro che si battevano per la libertà. Nel diario *La compagnia*, scritto durante le battaglie partigiane del 1942 e del 1943, Edvard Kocbek ha fornito molte descrizioni intense dell'ambiente, che considera compagno d'armi, alleato dei partigiani[2]. Kocbek, nelle sue meditazioni sull'operato della natura, giunse a ipotizzare che esistono norme universali che regolano l'agire di tutti gli uomini. "Se la vita umana vuole conservare il suo senso

1 Maurice Merleau-Ponty, *Fenomenologia della percezione*, RCS Libri, Milano 2003, p. 597.

2 Edvard Kocbek, *La compagnia. Appunti di diario*, vol. I (17 maggio - 25 ottobre 1942), trad. Antonio Setola, Centro Studi Europa Orientale, Bologna 1979. pp. 190-191.

The message from former Yugoslavia is a message of our historical and collective memory, inspiring and urging us to become heroes of our time and to start pushing the wheel of history forward once again. To stop what is bigger than us – the hostile force of global capital – and take things into our own hands. It is a message full of love and desire to surpass ourselves and become members of society again.

NATURE AND SOCIETY

Among other things, *Bigger Than Myself. Heroic voices from Ex-Yugoslavia* includes two large groups of portraits representing heroes. One group consists of heroes from different historical periods on Djordje Balmazović's *Calendar*, and the other, *Was ist Kunst Bosnia and Herzegovina – Heroes 1941-45* by the IRWIN group. The portraits are of people whose actions in different contexts took them beyond their individual lives for the sake of a common good. Every period has a different definition of heroism, but all have in common the premise that a heroic act can only happen in society, in relation to others. "Man is but a network of relations, and these alone matter to him", writes Maurice Merleau-Ponty quoting Antoine de Saint-Exupéry toward the end of his *Phenomenology of Perception*.[1]

If heroism can only happen in society, let us consider how the artists presented in this exhibition – i.e. artists who have found themselves working in a time between humanism and post-humanism – think about society. Some still make the central humanist distinction between humankind and nature, while others see this distinction as obsolete and, in post-humanist fashion, proclaim humans equal to all other living beings and even things, with all these human and post-human agencies constituting the new society.

One such example is Maja Smrekar, here presenting her self-portrait as a dog's "mother", breastfeeding a puppy, a thing she was actually able to do by following a regimen of an iron-rich diet and breast pumping. Smrekar's project is critical to the traditional notion of family and traditional humanism that, according to the artist, treats nature as the Other.

In the heroic time of the Second World War, nature, especially woodland, was an ally to all freedom fighters. In his diary *Tovarišija* [Comrades], written while he was in a partisan combat unit in 1942 and 1943, Edvard Kocbek gives many intense descriptions of nature, which he considered a comrade-in-arms to the partisans.[2] Observing the laws that govern it led him to reflections on the laws that unite us all. "For a human life to reveal

1 Maurice Merleau-Ponty, *Phenomenology of Perception*, trans. by Colin Smith (London, New York: Routledge, 2005), 530.

2 Edvard Kocbek, *Tovarišija, Dnevniški zapisi od 17. maja 1942 do 1. maja 1943* (Ljubljana: DZS, 2004), 175. Passage translated by Tamara Soban.

per l'uomo, allora deve essere sempre in rapporto con qualcosa di più grande di lui"[3]. Da socialista cristiano, Kocbek intuiva il dito di Dio in quelle norme universali, superiori a noi singoli individui.

A differenza sua, i nostri artisti dimostrano che le leggi universali non discendono da un potere superiore, ma da particolari interrelazioni, da un costante adattamento all'ambiente e dalla lotta di tutti gli esseri viventi per la sopravvivenza. Tutto ciò era già caratteristico della prima molecola vivente, che si pensa fosse una specie di versione primitiva dell'acido ribonucleico, e che fu chiamata protoRNA. Ce n'è un "ritratto" in mostra: *DNA Semantics – Visual Representation of RNA and DNA*, una serie di quadrati in diverse sfumature di grigio.

Si tratta di un algoritmo di Gregor Mobius, che illustra come la molecola possa aver percepito l'ambiente circostante e come, in questo senso, sia una lontana precorritrice dell'intelligenza artificiale (IA) ad apprendimento automatico. Ma diversamente dalla IA, la protoRNA imparava dall'ambiente per rendersi più agevole la sopravvivenza. Questa prima osservatrice dell'ambiente non era tuttavia in grado di cambiarlo come facevano organismi più complessi e soprattutto l'uomo. Ma non è nemmeno questo a distinguere l'essere umano dalle altre forme di vita – basti pensare alle radicali trasformazioni globali causate nell'ultimo anno semplicemente da un virus.

Questi fattori non umani possono davvero essere equiparati alla nostra specie e in quale misura? Ad esempio, la molecola da cui ha avuto origine la vita è un eroe? Penso che l'unica risposta possibile a questa domanda utilizzi un linguaggio ibrido, in grado di andare oltre ogni struttura o sistema chiuso. Non sapendo cosa "pensi" la molecola dell'eroismo, occorre superare il nostro linguaggio simbolico, utilizzandone uno che includa anche il non-connotato, che sia vicino al modo di esprimersi di un'arte non completamente codificata come tale, capace di preservare delle aree inesplorate. Tale linguaggio non si limita a identificare proprietà animali nell'uomo e proprietà umane negli animali, oppure a confrontare la IA con l'uomo o con l'animale e viceversa, ma attraverso mezzi altri, non predeterminati, trascende continuamente la dicotomia tra natura e società.

LA JUGOSLAVIA

"Più grande di me. Voci eroiche dalla ex Jugoslavia" è una mostra su una società che non c'è più. Non si tratta in concreto di quella jugoslava, ma della società in generale che senza solidarietà non esiste. Per tentare di riconquistare la società di fronte all'attuale capitalismo selvaggio molti artisti si confrontano con la storia della Jugoslavia socialista, che aveva costruito il senso della propria esistenza sulla fratellanza tra le nazioni

3 Edvard Kocbek, *La compagnia. Appunti di diario*, vol. II (26 ottobre 1942 - 1 maggio 1943), trad. Antonio Setola, Centro Studi Europa Orientale, Bologna 1979, p. 20.

its purpose to a man, he must always be in touch with something larger than himself."[3] As a Christian socialist, Kocbek saw the finger of God in these laws that are bigger than individual humans.

Unlike him, our artists propose that universal laws do not derive from some higher power, but rather from particular relationships, from incessant adaptation to the environment and all living beings' struggle for survival. This was already a characteristic of the first living molecule considered to be a primitive version of ribonucleic acid, called proto-RNA. It, too, is included in the exhibition with a "portrait", *DNA Semantics – Visual Representation of RNA and DNA*, a series of squares in gradients of grey. This algorithm of sorts by Gregor Mobius illustrates how proto-RNA may have perceived its environment, which would make it in a sense an ancient predecessor of self-learning artificial intelligence (AI). But unlike AI, proto-RNA learned from its environment to improve its chances of survival. This first observer of its environment was incapable of changing the latter, which more complex organisms, and in particular humans, could do and did do, but it is not even this that sets humans apart from other life forms – in 2020 we witnessed what a radical transformation of the world a virus can bring about.

To what extent can all these nonhuman agencies really be equated with humans? Is, say, a molecule from which all life originates a hero? I believe a question like this can only be answered in a hybrid language beyond any closed system or structure. Not knowing what a molecule "thinks" about heroism, we need a language that is not based on our symbolic language, but that also includes what is not signified. Such a language is closest to a language of art that is not completely codified as art but that always preserves some uncharted territory. Such a language does not only see animal traits in humans, or human traits in animals, or even compare human and animal brains, but uses other, not predetermined means to constantly surpass the dichotomy between nature and society.

3 Ibidem, 306.

YUGOSLAVIA

Bigger Than Myself. Heroic voices from Ex-Yugoslavia is an exhibition about a society that no longer exists. Not just Yugoslav society, but society in general, which does not exist without solidarity. Searching for a means to regain society in this time of unfettered capitalism, many artists turn back to the history of socialist Yugoslavia, which founded the purpose of its existence on brotherhood among its nations and the unity of its working people. Despite the dangers of succumbing to nostalgia and romanticising the past, it is essential – in this time when the various social emancipatory traditions are being erased – to examine why the characteristics of social solidarity once so

costituenti e l'unità tra tutti i lavoratori. Malgrado il rischio di soccombere alla nostalgia e alla romanticizzazione di quei tempi, è ora necessario riflettere sul perché, mentre vengono cancellate numerose tradizioni di emancipazione comune, siano diventate scomode le caratteristiche della solidarietà sociale jugoslava, tanto radicate in passato.

Gran parte dell'arte contemporanea dell'ex Jugoslavia si incentra sulla solidarietà sociale dell'epoca. Non si trattava di un mero slogan di propaganda: la gente nella ex Jugoslavia credeva davvero nella solidarietà tra i lavoratori e in una causa comune, intesa non solo come la possibilità di decidere collettivamente, ma anche di riconoscersi in un comune atteggiamento critico nei confronti delle autorità.

Durante il socialismo, su ciò che era comune decidevano tutti i lavoratori perché formalmente e legalmente, erano proprietari dei mezzi di produzione.

La proprietà dei mezzi di produzione era quindi sociale, non statale come negli altri Paesi socialisti, e anche quando le cose andavano male, le persone almeno avevano un'idea delle problematiche comuni e potevano reagire alla situazione. Quando gli artisti contemporanei dell'ex Jugoslavia fanno riferimento alla loro storia, minacciata sempre più dalle forze revisioniste di destra, ne mettono in luce le potenzialità emancipatorie.

L'iconografia partigiana, antifascista e socialista, di cui gli apparati ideologici statali avevano tentato di impadronirsi durante il socialismo – sebbene senza mai riuscirci del tutto –, nelle opere di oggi acquisisce il valore di opposizione alle attuali forze reazionarie la cui rete si sta via via affermando in Europa.

Cosa fare in un momento in cui dubitiamo sempre di più dell'efficacia della resistenza contro le crescenti politiche autoritarie che non sentono più alcuna responsabilità nei confronti dei cittadini, contro il governo del capitale neoliberista, contro lo sfruttamento e la distruzione della natura? Cosa fare ora che ogni sacrificio ci sembra inutile e le gesta eroiche un ricordo del passato?

La vicenda jugoslava è utile per un ripensamento di eventi che vanno oltre il nostro ristretto interesse individuale. La storia della Jugoslavia è ricca di eroi, primi fra tutti quelli che hanno combattuto contro il fascismo e gli invasori durante la Seconda Guerra Mondiale e poi coloro che, dopo la guerra, hanno riedificato il Paese. I giovani delle brigate di lavoro volontario costruivano strade e ferrovie, chi si distingueva per zelo e attivismo veniva celebrato come *udarnik*: operaio modello, eroe del lavoro. Si alimentava il culto del lavoro assieme all'idea della fondazione del sistema socialista.

In seno a questa società, tuttavia, covavano anche molte contraddizioni e conflitti interni. Il primo eroe della Seconda Guerra Mondiale, Josip Broz Tito, divenne un "cult leader" e presidente a vita della SFRJ, molti eroi partigiani entrarono a far parte della cosiddetta borghesia rossa, che si appropriava di privilegi sociali. Gli antagonismi sociali della SFRJ si palesarono abbastanza presto, mentre con varie riforme l'economia di mercato

present in Yugoslav society have become so very disturbing right now.

A lot of contemporary art produced in former Yugoslavia speaks about the society of solidarity that we once had. This was not merely an empty phrase used in propaganda – people in former Yugoslavia truly believed in solidarity between working people and in a common cause, which meant not only the things they collectively decided about, but also the possibility of coming together with a critical attitude towards the authorities. Under socialism in Yugoslavia, all working people were formally included in the decision-making process concerning common issues, because in a formal legal sense, they were the owners of the means of production. The fact that the means of production were social property (and not state property like in other socialist countries) meant that when things started going downhill, people at least had some notion of the common concerns and could react. When contemporary artists from former Yugoslavia refer to their history, which is increasingly under attack from revisionist right-wing forces, they principally highlight its emancipatory potential. In the works of contemporary artists, the partisan-resistance, anti-fascist, and socialist iconography – which the socialist state ideological apparatuses tried (but never fully managed) to appropriate – is invested with the attribute of resistance against the current reactionary forces that are alarmingly consolidating in Europe.

What can be done at a time when we increasingly doubt the efficiency of resistance against escalating authoritarian politics that no longer answer for their actions to their citizens, or against the rule of neoliberal capital, or against the exploitation and destruction of nature? What can be done now, when any form of self-sacrifice seems pointless, and heroic acts a thing of the past?

The history of Yugoslavia can serve as a good example for reflection on actions that transcend our narrow, individual interests. The history of Yugoslavia abounds in heroes, from war heroes who fought fascism and the occupiers during the Second World War to the post-war heroes who reconstructed the country. Volunteer youth work brigades built roads and railroad tracks, and the best workers, the so-called *udarnik* or shock-workers, were celebrated as heroes of labour. This cult of labour was nurtured alongside the idea of building the socialist system.

On the other hand, Yugoslavia was a society of many internal conflicts and contradictions. The number one Second World War hero, Josip Broz Tito, became a cult figure and life-long president of the country. Numerous other surviving partisan heroes also went on to become members of the so-called red bourgeoisie that enjoyed social privilege. Social antagonisms in the SFRJ became evident fairly early on, as a variety of economic reforms in the mid-1950s led to an incremental replacement of the planned state

iniziò a sostituire gradualmente l'economia statale pianificata già a metà degli anni Cinquanta. Anche la Jugoslavia fu pervasa da elementi della società dei consumi e già negli anni Sessanta divenne evidente che gli operai modello erano stati sostituiti dai consumatori. Analogamente, l'ideologia dell'internazionalismo operaio è stata lentamente ma costantemente soppiantata dai nazionalismi delle singole repubbliche, la cui escalation dopo la morte di Tito nel 1980 fu accelerata da una crisi economica cui il sistema socialista non riusciva più a far fronte e che portò alle sanguinose guerre balcaniche dei primi anni Novanta. Gli antagonismi che causarono la fine violenta della società jugoslava non erano affatto isolati dal mondo esterno. Dobbiamo guardare al crollo della società jugoslava nel contesto della fine della Guerra Fredda e della sconfitta del socialismo, e non attribuirlo a un presunto totalitarismo.

La critica delle deviazioni della società socialista veniva tacciata di dissidenza, il vero eroe della Jugoslavia socialista, tuttavia, è stato chi ha affrontato gli errori sociali criticandoli da sinistra, come fecero molti artisti; ogni decennio della Jugoslavia socialista è segnato da singoli artisti e da gruppi artistici che oggi rappresentano l'apice dell'arte d'avanguardia del dopoguerra al livello internazionale.

L'EROE

La fine della Jugoslavia coincide con la fine della Guerra Fredda e con la fine della modernità, per alcuni anche con la fine della storia e dell'eroe, di chi si batte contro la storia come contro un drago, ma che con la sua lotta ne fa muovere in avanti la ruota. Per il filosofo italiano Franco "Bifo" Berardi, questa fine della modernità era già avvenuta in precedenza, nel 1977. Quello fu un anno di frattura, percepito come la fine della società della solidarietà e come fase di rafforzamento del capitalismo finanziario, mentre appariva sulla scena la rivoluzione tecnologica. In quel momento, come dice Bifo, scomparve anche l'eroe come lo conoscevamo prima.

> *La forma epica dell'eroismo è scomparsa verso la fine della modernità, quando la complessità e la velocità degli eventi umani hanno soverchiato la forza e la volontà. Quando il caos prevale l'eroismo epico è sostituito da grandi macchine di simulazione. Lo spazio del discorso epico viene occupato dalle corporazioni semiotiche, apparati che emanano illusioni largamente condivise*[4].

L'eroe diventa merce, un'immagine virtuale abbagliante che però non appaga il desiderio di appartenenza, pertanto questo anelito si fa più forte e – come dice Bifo – viene sostituito da varie identità subculturali, come omicidi, suicidi, fanatismi, aggressioni e guerre.

Con la fine della Jugoslavia, i monumenti agli eroi di un tempo furono gradualmente sostituiti da monumenti agli eroi nazionalisti

4 Franco "Bifo" Berardi, *Heroes. Suicidio e omicidi di massa*, Baldini&Castoldi, Milano 2015, pp. 16-17.

economy with a market economy. Elements of consumer society spread through Yugoslavia, and in the 1960s the former shock-workers turned into consumers. On another level, the ideology of workers' internationalism was slowly but persistently ousted by the nationalisms of the individual Yugoslav republics. After Tito's death in 1980, these nationalisms escalated, spurred by an economic crisis that spiralled out of the control of the socialist system, eventually leading to the bloody Balkan wars of the 1990s. The antagonisms that brought about the violent end of Yugoslav society were by no means isolated from the rest of the world. Rather than being attributed to some ostensible totalitarianism, the breakdown of Yugoslav society must be seen in the context of the end of the Cold War, in which socialism was defeated.

Whoever criticised the deviations of socialist society was branded a dissident, but the true heroes of socialist Yugoslavia were the people who tackled social errors from the left. Among such critics on the left were many artists, and every decade of socialist Yugoslavia is marked by artists and art groups that are now internationally recognised as the acme of post-war avant-garde art.

HERO

The end of Yugoslavia coincides with the end of the Cold War and the end of modernity; for some, also with the end of history and the end of the hero. The hero fighting history like some sort of dragon, driving the wheel of history forward with his struggle. The Italian philosopher Franco "Bifo" Berardi sees the end of modernity occurring earlier, in 1977, a watershed year marking the end of society of solidarity, the rise of financial capitalism, and the start of the technological revolution. According to Bifo, that was the time when the hero we had known disappeared:

> *This epic form of heroism disappeared towards the end of modernity, when the complexity and speed of human events overwhelmed the force of the will. When chaos prevailed, epic heroism was replaced by gigantic machines of simulation. The space of epic discourse was occupied by semiocorporations, apparatuses for the emanation of widely shared illusions.*[4]

The hero becomes a commodity, a splendid virtual image that does not satisfy the craving for belonging, which makes the craving grow until it is replaced, according to Bifo, by various subcultural identities, such as murder, suicide, fanaticism, aggression, and war.

As Yugoslavia came to an end, monuments to former heroes had to make room for monuments to nationalist heroes from the most recent Balkan wars or else to kings from the distant past who now shared media space with videogame and film protagonists. Muslims from Srebrenica, residents of the occupied Sarajevo and Vukovar no

4 Franco "Bifo" Berardi, *Heroes: Mass Murder and Suicide* (London, New York: Verso, 2015), 3-4.

delle ultime guerre balcaniche o ai re dell'antico passato, che adesso condividono lo spazio mediatico con i protagonisti di videogiochi e film. I musulmani di Srebrenica, gli abitanti di Sarajevo e Vukovar assediate, non sono morti per qualcosa di grande ma semplicemente perché erano quello che erano: croati, musulmani, serbi...

La guerra sul suolo della Jugoslavia in rovina è stata combattuta da coloro che negli anni Ottanta avevano perso la fede nella fratellanza e nell'unità tra le nazioni e nella solidarietà tra i lavoratori, ma questa fede si era incrinata già prima, sebbene con modalità, motivazioni e obiettivi diversi. Fin dagli inizi, critiche al governo erano state mosse soprattutto da intellettuali e artisti che lo accusavano di aver implementato in modo non coerente il socialismo, da loro ritenuto per lungo tempo un paradigma sociale migliore rispetto al capitalismo. Nei primi anni del dopoguerra il socialismo trovò la propria raffigurazione negli eroi partigiani del realismo socialista e sui volti sorridenti degli operai modello. Già negli anni Cinquanta, però, queste immagini furono sostituite dall'arte astratta, che divenne addirittura arte di stato. Negli anni Sessanta e Settanta, ad esempio, molti monumenti alla resistenza partigiana e alla rivoluzione furono realizzati alla maniera del modernismo astratto, divenendo ultimamente un vero successo in Occidente. Come i modernisti erano stati indecisi tra la fede nel socialismo e il portato dell'Occidente moderno, a questa apparente contraddizione sono seguiti culture e movimenti di massa che negli anni Sessanta hanno investito d'impeto la Jugoslavia e il resto del mondo. E come ovunque, anche in Jugoslavia, nel 1977 gli hippie e il vecchio rock furono sostituiti dal punk. Gli studenti contestatori degli anni Sessanta, i punk degli anni Settanta e Ottanta e le altre subculture o movimenti innovativi negli anni Ottanta, come la Neue Slowenische Kunst, non erano affatto contrari al socialismo: si limitavano a criticarne principalmente le deformazioni e le incongruenze. Secondo Bifo, nel 1977 abbiamo perso la fiducia nella vita reale, gli eroi sono passati da un mondo di vita fisica e passione storica a un mondo di simulazione visiva e stimolazione nervosa[5].

LA PERDITA

La perdita di fiducia nel futuro coincide con la perdita del pieno contatto con la realtà. Dopo il 1989, anche l'Europa dell'Est socialista emigra ad altre dimensioni, l'arte diventa un bene commerciabile e i suoi dissidenti souvenir, proprio come la Trabant e la Fiat Yugo. Nel primo decennio del nuovo millennio si allineano mostre su mostre di arte balcanica. Il leggendario curatore Harald Szeemann intitola la propria mostra "Blood and Honey", riassumendo così la propria opinione sulla regione: i suoi problemi derivano da una miscela infernale di amore e odio. A queste esposizioni, da molti considerate problematiche, seguono progetti con prevalente carattere di

5 Ivi, p. 17.

longer died for some higher cause; they perished for simply being what they were – Croats, Muslims, Serbs...

The wars on the territories of the disintegrating Yugoslavia were fought by people who had in the 1980s lost faith in the brotherhood and equality of the Yugoslav nations and in solidarity between working people. But the erosion of that faith had started much earlier, in a different fashion, underpinned by other motives and objectives. Fairly early on, primarily intellectuals and artists began criticising the authorities for their inconsistency in implementing socialism, which they saw as a superior social paradigm to capitalism for a long time. In the early post-war years, socialism found its imagery in the socialist realist depictions of partisan resistance fighters and the smiling faces of shock-workers. Already the 1950s saw these images give way to abstract art, which went on to become, as it were, official state art. In the 1960s and 1970s, for instance, numerous monuments to the partisan resistance and the revolution were made in the manner of abstract modernism, monuments that have become a hit in the West in recent years. Just as the modernists were torn between faith in socialism and everything the modern West was bringing, the mass culture and the social movements that erupted in Yugoslavia in the 1960s, like elsewhere in the world, ensued from these apparent contradictions. And, like elsewhere, in 1977 punk came to take the place of hippies and old rock. But neither the student protesters of the 1960s, the punks of the 1970s and 1980s, nor other subcultural movements or innovative art collectives such as Neue Slowenische Kunst in the 1980s, were against socialism – what they criticised were its deviations and inconsistencies.

And, as Bifo says, in 1977 we lost faith in the reality of life, and heroes transmigrated from the world of physical life and historical passion to the world of visual simulation and nervous stimulation.[5]

LOSS

The loss of faith in the future coincided with the loss of being fully in touch with reality. After 1989, also the socialist East Europe emigrated into other dimensions. East European art became a commodity, and its dissidents became souvenirs, like the Trabant and Yugo cars. With the 2000s came a whole series of exhibitions of Balkan art.

The legendary curator Harald Szeemann titled his show *Blood and Honey*, summarising with these words his view that all the problems in the region derived from an infernal mixture of love and hate. These initial exhibitions, problematic in many eyes, were followed by more research-oriented projects, undertaken by curators from the region trying to resolve the dilemmas of the time by turning to the emancipatory practices of the past. One of the most momentous such

5 Ibidem, 6.

cambiamento, la disarmonia che abbiamo con noi stessi, l'estraneità che è dentro di noi, che collega tutti gli esseri viventi in una trasformazione sempre più repentina.

L'AMORE

Hanno ancora un senso le mostre regionali e ne hanno mai avuto uno?

La storia recente ci insegna che ciò che è stato presentato come universale ha essenzialmente beneficiato di interessi particolari: il modernismo universale era di fatto il modernismo occidentale, l'imperialismo americano esporta la sua idea di democrazia e quando si tratta della più universale delle categorie, l'amore, la rappresentazione dominante è quella plasmata dai film di Hollywood. Quindi, quando diciamo che le mostre regionali hanno un senso soltanto se veicolano un messaggio importante per tutti, rimaniamo invischiati nella logica di questo tipo di relazioni. Ma prima di rispondere alla domanda sul senso delle mostre regionali, soffermiamoci ancora un po' sull'amore rappresentato dal logo della nostra mostra, l'amore quale denominatore comune dei concetti che ci interessa approfondire in questa sede, l'*uomo* e la *società* prima di tutto.

La storia d'amore della Giulietta e del Romeo di Sarajevo ha fatto il giro del mondo e al culmine della violenza serba contro i bosniaci è diventata un simbolo di pace. Ovvero il simbolo di una relazione che, come afferma Alain Badiou "[...] non è più fatta dal punto di vista dell'Uno, ma dal punto di vista del Due".

Per Badiou, l'inizio dell'amore è un evento,

> *qualcosa che sfugge alla legge immediata delle cose. [...] Sono stati dedicati molti racconti e romanzi ai casi in cui il Due è ben evidente, allorché gli amanti non appartengono alla stessa classe sociale, allo stesso gruppo, allo stesso clan o allo stesso Paese. L'allegoria di tale disgiunzione rimane naturalmente Romeo e Giulietta, perché essi appartengono a due mondi nemici.*
> *Questo lato trasversale dell'amore, che passa attraverso le dualità più estreme e le separazioni più radicali, è un elemento di grande rilevanza. L'incontro tra due differenze è un evento, qualcosa di contingente, di sorprendente, le "sorprese dell'amore" – per far riferimento ancora al teatro*[6].

Negli anni Novanta, al tempo dei sanguinosi regolamenti di conti nazionalisti nei Balcani, in Occidente si prediligevano le interpretazioni esotiche della guerra dei film di Emir Kusturica, che ritraeva la nostra regione attraverso il prisma della passione, dell'odio e dell'amore al di fuori di un concreto contesto socio-politico. A differenza della passione senza tempo dei film di Kusturica con i mistici Zingari e Balcanici, il nostro logo con Admira e Boško è simbolo di una relazione che può verificarsi ovunque, e come tale sfrutta l'esistente immaginario dell'amo-

6 Alain Badiou, *Elogio dell'amore. Intervista con Nicolas Truong*, trad. Sara Puggioni, Neri Pozza Editore, Vicenza, 2013, E-book 2015, pp. 28-29.

genetic engineering. And these changes, these incompatibilities with oneself, this alienness in us, is what unites all living beings in our increasingly rapid transformations.

LOVE

Do regional exhibitions make any sense any more, and did they ever?

Recent history has taught us that what was presented as universal actually served particular interests: universal modernism was in reality Western modernism; American imperialism exported and continuesto export its own take on democracy; and when it comes to love as the most universal category, the notion of love that predominates is the one forged by the Hollywood film industry. Thus, if we say that regional exhibitions only make sense if they convey some important message for all, we have caught ourselves in a similar rationale.

So before answering the question about the sense and purpose of regional exhibitions, let's talk about love. Love, as represented by the logo of our exhibition, is the common denominator of the notions we are most interested in here, such as *human* and *society*. The love story of Sarajevo's Romeo and Juliet circled the globe, becoming a symbol of peace at the height of Serbian aggression against Bosniaks. We could even say it became a symbol of a relationship that, according to Alain Badiou, originates "no longer from the perspective of One but from the perspective of Two". For Badiou, the beginning of love is an event,

> *something that doesn't enter into the immediate order of things.* [...] *Many stories or novels focus on cases where Two are particularly marked out, when the two lovers don't belong to the same class, group, clan, or country. Romeo and Juliet is clearly the outstanding allegory for this particular disjuncture because this Two belong to enemy camps. We shouldn't underestimate the power love possesses to slice diagonally through the most powerful oppositions and radical separations. The encounter between two differences is an event, is contingent and disconcerting, "love's surprises", theatre yet again.*[6]

In the 1990s, at the time of the nationalistic carnage in the Balkans, the favourite Western interpretations of the war were of the exotic kind, as portrayed in Emir Kusturica's films, depicting our region through the prism of passion, hatred, and love, outside any specific socio-political context. Unlike the timeless passion of Kusturica's films attributed only to mystical Gypsies and Balkanites, our logo with Admira and Boško symbolises a relationship that can happen anywhere, and thus makes use of existing imagery of universal love. Reminiscent of the socialist realist propaganda posters for the Youth Day

6 Alain Badiou with Nicolas Truong, *In Praise of Love* (London: Serpent's Tail, 2012), 28-9.

re universale. La composizione dinamica degli innamorati dai volti splendenti ricorda i manifesti di propaganda sociorealista per la Giornata della Gioventù[7], e affronta in modo più complesso la società jugoslava, che era rivolta ai giovani e quindi al futuro e sosteneva l'uguaglianza e la solidarietà. La vicenda di Boško e Admira descrive questi valori come già perduti. Admira e Boško furono soprattutto vittime, tragiche vittime della storia e non eroi che ne avrebbero consapevolmente spinto avanti la ruota. Tuttavia, la loro storia è servita da piattaforma di proiezione di un amore eroico che è cresciuto al di sopra dell'odio tra serbi e bosniaci durante la guerra in Bosnia-Erzegovina.

La guerra è certamente un momento in cui il senso della realtà è più intenso che in tempo di pace e di conseguenza diventano possibili anche azioni estreme. Merleau-Ponty scrisse la sua *Fenomenologia della percezione* nel 1945, cioè subito dopo la Seconda Guerra Mondiale, quando era ancora vivo il ricordo delle gesta eroiche spronate da questo potente senso della realtà.

Noi siamo da capo a fondo veri, abbiamo con noi – per il solo fatto che ineriamo al mondo e non siamo semplicemente in esso come cose – tutto ciò che occorre per superarci[8].

LA REALTÀ

Probabilmente desideriamo tutti essere continuamente in pieno contatto con la realtà e avere una vita densa e gratificante. Tuttavia, da quando ci siamo trasferiti per la maggior parte nei mondi virtuali, questo contatto con il reale è sostituito da vari stimoli di piaceri momentanei. Sembra che guerre, epidemie e altre catastrofi siano un'opportunità per riconnettersi alla realtà. Oggi, però, avendo riacquistato la consapevolezza della vulnerabilità e della caducità della vita con la pandemia in corso, ci siamo resi conto che il nostro corpo presenta da tempo una protesi. Dobbiamo ai nostri sensi il contatto diretto con l'ambiente che è alla base del nostro rapporto con il mondo e avremmo difficoltà a dire che questo contatto possa essere sostituito da qualcos'altro, è anche vero però che usiamo strumenti che ci aiutano a vedere, sentire, annusare, toccare. Il nostro corpo pertanto non è più quello di una volta e neppure lo è il nostro spazio, quello in cui viviamo,

7 Al tempo della Repubblica Socialista Federale di Jugoslavia, il 25 maggio si celebrava la Giornata della Gioventù, vale a dire la giornata della gioventù jugoslava, e in contemporanea si festeggiava anche il compleanno del presidente Josip Broz Tito. In onore di questa ricorrenza, nello stadio centrale di Belgrado veniva organizzata ogni anno una solenne manifestazione al cui programma partecipavano migliaia di giovani da tutta la Jugoslavia. In questa occasione veniva consegnata a Tito anche la staffetta dei giovani con il messaggio della gioventù jugoslava.

8 Maurice Merleau-Ponty, *Fenomenologia della percezione*, trad. Andrea Bonomi, RCS Libri, Milano 2003, p. 595.

celebrations,[7] the dynamic composition of the lovers with radiant faces presents Yugoslav society, a society oriented towards youth and thus the future, advocating equality and solidarity, in a complex manner. The story of Boško and Admira describes the value of Yugoslav society as already lost. Admira and Boško were above all victims, tragic victims of history and not heroes consciously driving the wheel of history forward. Yet their story served as a showcase example of heroic love that rose above the hatred between Serbs and Bosniaks during the war in Bosnia-Herzegovina.

In wartime, the sensation of reality is undoubtedly more intense than in peacetime, which also makes acts of transcendence possible. Merleau-Ponty wrote his *Phenomenology of Perception* in 1945, right after the Second World War, when the memory of heroic acts triggered by this hyper-sensation of reality was still alive.

> *We are true through and through, and have with us, by the mere fact of belonging to the world, and not merely being in the world in the way that things are, all that we need to transcend ourselves.*[8]

7 In the Socialist Federal Republic of Yugoslavia, 25 May was a national holiday called Youth Day. The day was dedicated to the youth of Yugoslavia and also served to celebrate President Josip Broz Tito's birthday. In honour of the latter, a major festival was organised in the central stadium in Belgrade, with several thousand young people from across the country participating in the programme, which included the delivery of the Youth Relay baton with a special message from the young to Tito.

REALITY

Presumably, one would wish to be in touch with reality as much as possible at all times, to lead a full and meaningful life. But having moved into virtual worlds to the extent that we have, this contact with reality seems to have been replaced by various stimulants of instant pleasure. War, epidemics and other disasters provide us with an opportunity to anchor ourselves in reality again. But as we are reminded of our vulnerability and the transience of life during this current pandemic, we find that our bodies have long been bodies with prostheses. The direct perception of our surroundings, made possible by our senses, forms the basis of our relation to the world, and seems as such unreplaceable; yet we nonetheless use tools that enhance our hearing, sight, smell, touch. And just like our bodies, the space we live in is no longer what it used to be; it too has its prostheses to rise above its physical limits. The fateful question now is how these prostheses – above all technology and science – can serve all people and become tools of emancipation.

At a time when the incredible power of technology has made global

8 Maurice Merleau-Ponty, *Phenomenology of Perception*, trans. by Colin Smith (London, New York: Routledge, 2005), 530.

munito anch'esso di protesi con cui supera i propri limiti fisici. La domanda fondamentale ora è se queste protesi – la tecnologia e la scienza soprattutto – potranno servire tutte le persone e diventare strumenti di emancipazione.

In un'epoca in cui l'incredibile potere della tecnologia consente il controllo globale, è sempre più importante basarsi su conoscenze, esperienze, tecnologie e tradizioni locali, contribuendo con gli altri localismi alla creazione di una diversità radicale. Le mostre regionali possono quindi ancora servire come strumenti per collegare la diversità così intesa. La nostra mostra affronta temi universali dalla sua prospettiva particolare e ai crocevia del diverso e di ciò che è comune.

La storia della Jugoslavia del dopoguerra è per molti versi unica, per quattro decenni il socialismo autogestito è stato la norma di un comportamento che avrebbe dovuto superare il proprio personale interesse, e oggi, quando nessuno crede più in un bene comune, questa è un'esperienza importante. A trent'anni dalla disintegrazione della Jugoslavia, gli artisti della mostra "Più grande di me. Voci eroiche dalla ex Jugoslavia" collocano la loro esperienza locale nel contesto della società moderna, della crescente privatizzazione delle risorse naturali e della capitalizzazione del nostro sapere. I nostri artisti non chiedono il ritorno del socialismo come noi lo abbiamo conosciuto, ma cercano di investire l'esperienza della propria storia e anche il proprio sapere e il proprio appassionato sentire in una riflessione su una società diversa. I loro interrogativi riguardano non solo la classe sociale, ma anche i generi, le razze e tutti gli esseri viventi.

Si interrogano su che cosa possa aiutare un individuo a diventare più grande di se stesso, e mettono il quesito al centro della riflessione su cosa sia un essere umano, dove siano i confini tra essere umano e animale, tra l'uomo e le sue protesi tecnologiche. Se lavorare e prendersi cura dell'altro è ciò che ci rende umani, questi due fattori devono ora essere compresi all'interno di un ecosistema in cui anche altri esseri viventi e altre cose partecipano alla riparazione di un mondo in larga parte danneggiato proprio dall'uomo dell'era moderna e dalle sue contraddizioni. I gesti eroici oggi vanno ricercati proprio in questo, nel connettersi per la riparazione del mondo. Ma prima dobbiamo sforzarci di diventare esseri sociali indipendenti e dotati di un pensiero critico in grado di determinare se dietro agli obiettivi per i quali noi saremmo disposti a morire non si profilino i piani e i desideri di qualcun altro.

surveillance possible, it is increasingly important to tap into local knowledge and experience, to rely on local technologies and traditions, and to connect with other localities to contribute to framing a radical difference. Regional exhibitions can thus still serve as tools for bringing together such differences. Our exhibition deals with universal issues from a particular perspective, on intersections of differences and commonalities.
The history of post-war Yugoslavia is unique in many respects: the four decades of socialist self-management served as a norm for acting that transcended one's individual benefits; today, when no one believes in the commons any longer, this is an important experience. Thirty years after the breakup of Yugoslavia, the artists featured at *Bigger Than Myself. Heroic voices from Ex-Yugoslavia* place their local experiences in the context of contemporary society and of increasing privatisation of natural resources and capitalisation of our knowledge. These artists are not calling for a reinstatement of the socialism we knew, but are trying to invest the experience of their history, as well as their knowledge and affects, in thinking a different society. Their questions concern more than just social class, but also gender and race, and include all living beings; they are asking what can help humans become bigger than themselves, making this central to their thinking about what is human, where the boundaries lie between people and animals, or between people and their technological prostheses. If work and caring for others are what makes us human, they must now be understood in the context of the ecosystem in which other living beings and things are involved in repairing the world destroyed largely by the humans of the modern world and all its contradictions. It is here that heroic gestures must be sought today, in this coming together to restore the world. But first we must strive to become autonomous, critically thinking social beings, capable of determining whether the goals we would be willing to die for are not just screens for somebody else's desires.

Marco Scotini

LA STORIA COME *COMMON*. SCENE PER UNA NUOVA EREDITÀ NELL'ARTE DELLA EX JUGOSLAVIA

ABBASSO LA BORGHESIA ROSSA: CONTINUITÀ NEL MONDO EX

Tutti avrebbero fatto qualcosa, l'indomani, per commemorare il '68, l'ultima grande rivoluzione del Novecento. Ciascuno a suo modo, in un autonomo confronto generazionale. Chi qua, chi là, all'aperto o al chiuso, insieme o singolarmente, per propria iniziativa o entro la cornice condivisa di un progetto (artistico, sociale, culturale). Sempre, comunque, come parte di una collettività. Una collettività con una storia passata determinata e un'esistenza presente ritenuta postuma. Segnata, cioè, da una duplice rottura, ma da un unico prefisso: ex Est-Europa, ex Jugoslavia. Che cosa mai aveva rappresentato il '68 in quest'*altra* parte dell'Europa, dove la Primavera di Praga era stata tragicamente soppressa? Che cosa poteva rappresentare quell'anniversario nel periodo di normalizzazione e transizione economica in cui mi trovavo? Che ruolo aveva avuto la portata rivoluzionaria dell'evento in un paese socialista come la Jugoslavia che, fin dal '48, si era distaccata dal blocco sovietico? Questo spazio geopolitico che per noi italiani rappresentava l'Est, veniva percepito piuttosto come Ovest dall'altro lato della Cortina di Ferro, che vedeva con diffidenza e ostilità il suo ideale di un "socialismo dal volto umano", perseguito attraverso il modello dell'autogestione e la riduzione del centralismo statale. In questo spazio il '68 non sarebbe risultato una illegittima importazione occidentale. Avrebbe avuto, al contrario, la propria espressione.

Agli inizi di ottobre del 2008 mi trovavo a Zagabria[1]. Non era la prima volta che visitavo la ex Jugoslavia, tanto meno sarebbe stata l'ultima. L'anniversario del '68 cadeva nel primo decennio tanto del XXI secolo che del dopoguerra balcanico. Nel tempo, cioè, in cui un ex stato veniva definitivamente smembrato e rimpiazzato da una proliferazione di repubbliche autonome. L'arte contemporanea aveva deciso di intervenire negli spazi urbani, in mezzo al traffico, nei luoghi pubblici. Per incontrare Sanja Iveković fu necessario abbandonare il centro città e raggiungere, nel distretto di Maksimir, il centro sociale Elektra.

1 Senza l'aiuto di Jasna Jakšić, curatrice e responsabile dell'archivio MSU, non avrei potuto conoscere in maniera così diretta la scena artistica di Zagabria del passato e del presente.

Marco Scotini

HISTORY AS A COMMON.

SCENES FOR A NEW HERITAGE IN THE ART OF EX-YUGOSLAVIA

DOWN WITH THE RED BOURGEOISIE: CONTINUITY IN THE "EX"-WORLD

Everyone would be doing something the next day to commemorate 1968, the last great revolution of the twentieth century. Each in their own way, in an autonomous generational comparison. Some here, some there, outdoors or indoors, together or individually, on their own initiative or within the shared setting of a project (artistic, social or cultural). Always, however, as part of collectivity. A collectivity with a specific past history and a present existence considered to be posthumous. One characterised by a twofold break, but a single prefix: ex-Eastern Europe, ex-Yugoslavia. What did 1968 represent in this *other* part of Europe, where the Prague Spring was so tragically suppressed? What could that anniversary represent during the period of normalisation and economic transition in which I found myself? What role did the revolutionary significance of the event play in a socialist country like Yugoslavia, which had been detached from the Soviet bloc since 1948? This geopolitical space that represented the East for us Italians was instead perceived as the West on the other side of the Iron Curtain, which took a diffident and hostile view of its ideal of "socialism with a human face", pursued through a model of self-management and a reduction in state centralisation. The events of 1968 would not be an illegitimate Western import in this space. On the contrary, they would have had their own expression.

I was in Zagreb in early October 2008.[1] It was not the first time I had visited ex-Yugoslavia and it would not be the last. The anniversary of 1968 fell in the first decade of both the twenty-first century and the Balkan post-war period. It was therefore a time when an ex-state was broken up definitively and replaced by a proliferation of autonomous republics. Contemporary art had decided to intervene in the urban spaces, in the midst of the traffic and in public places. In order to meet Sanja Iveković it was necessary to leave the city centre and travel to the Elektra social centre in the Maksimir district.

1 Without the help of Jasna Jakšić, curator and manager of the MSU archive, I would not have been able to learn about the Zagreb art scene, both past and present, in such a direct fashion.

Un'assemblea affollata era popolata di sole donne, artiste e non, tra cui Renata Poljak e Katarina Zdjelar[2]. All'interno della comunità al femminile, istituita temporaneamente dalla Iveković, si proiettavano e commentavano lavori femministi di Babette Mangolte, Jane Champion, Claudia von Alemann. Allo stesso modo, si mostravano video e performance delle autrici presenti. Io giunsi a destinazione mentre Sandra Sterle eseguiva la sua performance *Nausea* contro la società patriarcale. Azione in cui la ripetizione meccanica di un canto popolare dalmata fa da sfondo (fisico e simbolico) alla contestazione dell'artista che non trova altra forma di resistenza se non l'espressione materiale e corporea del vomito. Trasportati in un altro contesto, in un sottopassaggio pedonale del centro urbano, la performance situazionale di Božena Končić Badurina metteva in scena, per tre giorni successivi, un gruppo di giovani delle scuole superiori, come se fossero in attesa di una impossibile occupazione lavorativa. Seduti a terra o in piedi, da dietro le vetrine di un negozio completamente vuoto e illuminato, gli studenti osservavano in silenzio i passanti occasionali che, a loro volta, ricambiavano gli sguardi. Una temporanea politica dell'alterità veniva innescata dall'azione, per cui si è vicini e integralmente esposti ma, allo stesso tempo, separati da un diaframma invisibile. L'ottuagenario Ivan Kožarić – uno dei superstiti del leggendario gruppo Gorgona – che avevo incontrato il giorno prima nel suo indimenticabile *merzbau* (un inesauribile mercato delle pulci) in Meduliceva Ulica 12[3], apriva ora le porte del suo nuovo studio a chiunque, per un libero scambio di opinioni e per una ennesima variante creativa delle sue molteplici apparizioni in pubblico. La generazione artistica più giovane, invece, assumeva come quartier generale il Padiglione Meštrović (HDLU) dove la mostra *Salon Revolucije*[4] coinvolgeva la scena artistica internazionale, oltre quella locale, con lavori di Igor Grubić, Siniša Labrović, Lala Raščić, Jakup Ferri, Nicole van

2 Avrei invitato successivamente Katarina Zdjelar alla seconda Biennale di Yinchuan, 2018. Vedi ora il catalogo a cura di Paolo Caffoni, *Second Yinchuan Biennale: Starting from the Desert. Ecologies on the Edge*, Mousse Publishing, Milano, 2019. Le occasioni espositive con Sanja Iveković, invece, sarebbero state molteplici negli anni.

3 Di questo incontro ne parlo nel testo *Ivan Kožarić: the Display of Immanence*, parte del volume a cura di Patrizia Dander e Radmila Iva Janković, *Ivan Kožarić. Freedom Is a Rare Bird*, Verlag der Buchhandlung Walther König, Berlin 2013. Le visite allo studio di Kožarić si sarebbero poi moltiplicate grazie all'assistenza e amicizia con Radmila Iva Janković, curatrice presso il MSU.

4 Vedi ora il catalogo a cura di Ivana Bago e Antonja Majaca, *29th Youth Salon: The Salon of Revolution*, HDLU Edizioni, Zagreb 2008. Per l'occasione Bago e Majaca curarono anche il n. 83 della rivista "Zivot" con il titolo *Issue-ing the Revolution* dove ospitarono un mio testo *Another '68 with Other Weapons*, "Zivot Umjenosti", n. 83, 2008, pp. 36-43.

A packed meeting was attended by women only, both artists and otherwise, including Renata Poljak and Katarina Zdjelar.[2] Within this women's community, established temporarily by Iveković, they screened and commented on feminist works by Babette Mangolte, Jane Champion and Claudia von Alemann. They also showed videos and performances by the artists present. I reached my destination as Sandra Sterle performed her *Nausea* piece, a statement against patriarchal society. Its mechanical repetition of a popular Dalmatian song acts as a physical and symbolic backdrop to the artist's objection, which finds no other form of resistance than the material and bodily expression of vomiting. Transported to another context, in a pedestrian underpass in the city centre, the situational performance by Božena Končić Badurina featured a group of secondary school students for three consecutive days, as if they were waiting for an impossible job. Sitting on the floor or standing, from behind the windows of a totally empty and illuminated shop the students silently observed the occasional passers-by, who looked back at them in their turn. A temporary policy of otherness was triggered by action, whereby those involved are close and fully exposed but, at the same time, separated by an invisible diaphragm. The octogenarian Ivan Kožarić – one of the survivors of the legendary Gorgona group – whom I had met the day before in his unforgettable *merzbau* (a limitless flea market) at Meduliceva Ulica 12[3] – now opened the doors of his new studio to anyone, for a free exchange of opinions and for the umpteenth creative variant of his multiple public appearances. The younger artistic generation, on the other hand, adopted the Meštrović Pavilion (HDLU) as their headquarters, where the *Salon Revolucije* exhibition involved the international and local art scene, with works by Igor Grubić, Siniša Labrović, Lala Raščić, Jakup Ferri, Nicole van Harskamp, Claire Fontaine, Ahmet Öğüt, Pilvi Takala, Nasan Tur and Voina, among others.[4]

2 I would subsequently invite Katarina Zdjelar to the second Yinchuan Biennale, 2018. See the catalogue edited by Paolo Caffoni, *Second Yinchuan Biennale: Starting from the Desert. Ecologies on the Edge*, (Milan: Mousse Publishing, 2019). Instead, there would be multiple exhibition opportunities with Sanja Iveković over the years.

3 I talk about this encounter in the text *Ivan Kožarič: The Display of Immanence*, that is part of the book edited by Patrizia Dander and Radmila Iva Janković, *Ivan Kožarić. Freedom Is a Rare Bird*, (Berlin: Verlag der Buchhandlung Walther König, 2013). The visits to Kožarić's studio would then become more frequent thanks to the assistance and friendship of Radmila Iva Janković, curator at MSU.

4 See the catalogue edited by Ivana Bago and Antonja Majaca, *29th Youth Salon: The Salon of Revolution*, (Zagreb: HDLU, 2008). For this occasion, Bago and Majaca also edited issue no. 83 of *Zivot* magazine entitled "Issue-ing the Revolution", which featured another of my texts "Another '68 with Other Weapons", in: *Zivot Umjetnosti*, no. 83, (2008), 36-43.

Harskamp, Claire Fontaine, Ahmet Öğüt, Pilvi Takala, Nasan Tur, Voina, tra gli altri. E dove anch'io ero invitato ad esporre il progetto su pratiche artistiche, media tattici e attivismo, *Disobedience Archive*.

Senza che ci fosse stata una pianificazione prestabilita, la proliferazione stessa di eventi che – in occasione di quell'anniversario – animava Zagabria, creava un cortocircuito tra la generazione artistica degli anni Sessanta / Settanta, che il '68 lo aveva vissuto direttamente, e quella post-socialista per cui il '68 appariva un potenziale strategico (storicizzato quando non cancellato) da cui ripartire. Il fermento concettuale e politico di Nuova Pratica Artistica, come è stato chiamato il movimento d'avanguardia di quegli anni[5], è impensabile senza le proteste antiburocratiche del '68 e, allo stesso tempo, senza le forme istituzionali e organizzative autogestite di uno stato socialista di riferimento, come quello jugoslavo, appunto. Di fatto, la Repubblica Socialista Federale di Jugoslavia accolse le rivendicazioni dei giovani in rivolta (che dall'Università di Belgrado rimbalzavano a Zagabria, Novi Sad e Lubiana) aprendo Centri Culturali Studenteschi che cercavano di operare in modo non gerarchico, comunitario e dal basso, fuori dalla divisione disciplinare del lavoro. Oltre la separazione tra professionisti e non esperti, tra artisti e pubblico. La pionieristica aspirazione comunitaria del Gruppo OHO e quella associativa del Gruppo dei Sei Artisti, come le performance estreme di Marina Abramović e Tomislav Gotovac mettevano in discussione ruoli e funzioni dell'arte, la sua presunta autonomia e facevano eco (con altri mezzi) allo slogan degli studenti di Belgrado "Abbasso la borghesia rossa"[6]. Come ora risulta chiaro a tutti, non si trattò di una lotta contro l'oscuro totalitarismo comunista (come normalmente si sostiene), quanto della rivendicazione di un'arte rivoluzionaria per una società rivoluzionaria. Recentemente è stata Sanja Iveković ad affermare: "Coloro che erano attivi nella scena contro-culturale di quel tempo spinsero più avanti il progetto socialista di quanto non facessero le ciniche élite politiche al governo"[7]. In fondo i principi politici basilari della Repubblica Socialista Federale di Jugoslavia, fin dagli anni Cinquanta, rivendicavano il sistema di autogestione e della cessione delle fabbriche ai

5 All'arte della Jugoslavia dagli anni '50 fino all'inizio degli '80 ho dedicato la mostra "Modernità Non-Allineata. Arte e archivi dell'Est Europa dalla Collezione Marinko Sudac" presso FM Centro Arte Contemporanea, Milano 2016, poi presso il Ludwig Museum, Budapest 2017.

6 Lo slogan è riportato nel testo di Prelom Kolektiv (Jelena Vesić e Dušan Grlja), *Research Notes: the Case of Student's Cultural Centre – Belgrade in the 1970s*, in "Zivot Umjenosti", n. 83, cit., pp. 66-79.

7 Vedi Antonia Majaca, *Feminism, Activism and Historicisation. Sanja Iveković talks to Antonia Majaca* in "n.paradoxa: international feminist art journal", vol. 23, gennaio 2009, pp. 5-13.

I had also been invited to exhibit my project on artistic practices, tactical media and activism, entitled *Disobedience Archive*. Without there being a pre-set plan, the very proliferation of events that animated Zagreb during that anniversary created a short circuit between the artistic generation of the 1960s/70s, who had experienced the events of 1968 for themselves, and the post-socialist generation for whom 1968 represented a strategic potential (historicised when not cancelled out) from which to start again. The conceptual and political ferment of the New Art Practice, as the avant-garde movement of the time was known[5], is unthinkable without the anti-bureaucratic protests of 1968 and, at the same time, without the self-managed institutional and organisational forms of a reference socialist state, such as the Yugoslavian one in this instance. Indeed, the Socialist Federal Republic of Yugoslavia responded to the demands of the young protestors (who spread from the University of Belgrade to Zagreb, Novi Sad and Ljubljana) by opening Student Cultural Centres that sought to operate in a non-hierarchical, community-based, bottom-up way, removed from the disciplinary division of work and beyond separation between professionals and non-experts, between artists and the public. The pioneering community aspirations of the OHO Group and the associative aspirations of the Group of Six Artists, such as the extreme performances by Marina Abramović and Tomislav Gotovac, questioned the roles and functions of art and its presumed autonomy, echoing (with other means) the slogan of the Belgrade students: "Down with the red bourgeoisie".[6] As is now apparent to everyone, it was not a battle against obscure communist totalitarianism (as is normally claimed), but the revendication of a revolutionary art for a revolutionary society. Sanja Iveković recently stated: "those who were active on the counter-cultural scene at the time took the socialist project far more seriously than the cynical governing political elite."[7] Ultimately, since the 1950s, the basic political principles of the Socialist Federal Republic of Yugoslavia had revendicated the system of self-management and the transfer of factories to workers to prevent bureaucratic involution and the ever-recurring formation of technical managerialclasses in power. Moreover, as regards criticism of

5 An exhibition *Non-Aligned Modernity. Art and Archives from Eastern Europe in the Marinko Sudac Collection* curated by me was entirely dedicated to art from Yugoslavia from the 50s till the 80s. It took place at FM Center for Contemporary Art in Milan in 2016 and Ludwig Museum in Budapest in 2017.

6 The slogan features in the text by Prelom Kolektiv (Jelena Vesić and Dušan Grlja), "Research Notes: the Case of Student's Cultural Centre – Belgrade in the 1970s", in: *Zivot Umjenosti*, no. 83, cit., 66-79.

7 See Antonia Majaca, "Feminism, Activism and Historicisation. Sanja Iveković talks to Antonia Majaca", in: *n.paradoxa: international feminist art journal*, vol. 23, (Jan. 2009), 5-13.

economico-industriale e il processo di generale liberalizzazione del Paese. Il 1961, non a caso, è anche l'anno del primo vertice del Movimento dei Paesi Non Allineati che si tiene a Belgrado su iniziativa di Josip Broz Tito, con la partecipazione dei rappresentanti dei venticinque stati aderenti da Asia, Africa, Europa e Sud America, che dichiarano la loro incondizionata opposizione politica a colonialismo, neocolonialismo e imperialismo.

Nonostante tutto, ciò che rimane problematico è comprendere come – proprio all'inizio degli anni Sessanta – si presentino simultaneamente e nello stesso contesto tanto *Nove Tendencije* che *Gorgona*, due indirizzi culturali opposti che pure condividono alcuni esponenti. Se il primo movimento si attesterà sull'asse modernista e costruttivista aperto dall'astrazione geometrica di Exat 51 (con Richter, Picelj e Srnec) incontrando una vera e propria crisi nel '68, sarà il secondo – costituito da Josip Vaništa, Julije Knifer, Đuro Seder, Marijan Jevšovar, Ivan Kožarić, Miljenko Horvat, Dimitrije Bašičević Mangelos, Radoslav Putar e lo stesso Meštrović – a influenzare le pratiche artistiche radicali degli anni Settanta. In questi due decenni il rapporto con la scena artistica italiana sarà destinato a un incremento sempre maggiore che, pur relativo ad ambienti sociali diversi, dichiara reali affinità culturali. Da un lato un esponente, prima di Exat 51 poi di *Nove Tendencije*, come Ivan Picelj incontrerà favore di pubblico e critica in Italia con tutta una serie di mostre personali e collettive. Dall'altro lato, molte delle performance iniziali di Marina Abramović e di Sanja Iveković saranno realizzate proprio in Italia. La prima azione performativa di Abramović, *Rhythm 10*, è concepita come un gioco di coltelli per la mostra epocale "Contemporanea" a Roma. *Rhythm 0* è un'azione che si svolge nel 1974 allo Studio Morra di Napoli, dove l'artista invita il pubblico ad agire sul proprio corpo con degli oggetti, trasformando gli spettatori in potenziali torturatori. In *Rhythm 4* del 1974 Abramović è di fronte a un ventilatore industriale ad alta potenza, nuda e inginocchiata nello spazio vuoto della galleria Diagramma di Milano. La celebre performance *Imponderabilia*, fatta con Ulay a Bologna nel 1977 alla Galleria Comunale d'Arte Moderna, costringe gli spettatori a passare attraverso i corpi nudi dei due artisti. Allo stesso modo Sanja Iveković nel 1976, a partire da una pubblicità di cosmesi femminile, mette in scena *Un jour violente* con la Galleria del Cavallino presso Arte Fiera di Bologna. Inoltre, nell'azione *Inaugurazione*, che si svolge alla Galleria Tommaseo di Trieste nel 1977[14], l'artista accoglie gli spettatori, uno ad uno, con la bocca sigillata da un nastro adesivo, mentre uno stetoscopio registra e trasmette i suoi flussi emotivi. Non è mia intenzio-

14 Su questa mostra vedi il mio testo *Sanja Iveković, Franco Vaccari e il rituale dell'esposizione* in Marco Scotini, *Artecrazia. Macchine espositive e governo dei pubblici*, DeriveApprodi, Roma 2016, pp. 111-133.

following the condemnation of socialist realism in art, the economic and industrial growth and the general liberalisation of the country. It is no coincidence that 1961 was also the year of the first summit of the Non-Aligned Movement, which was held in Belgrade upon the initiative of Josip Broz Tito, with the participation of representatives from the twenty-five member states from Asia, Africa, Europe and South America, who stated their unconditional opposition to colonialism, neo-colonialism and imperialism.

Despite all this, that which continued to be problematic was understanding how – right at the start of the 1960s – two opposing cultural directions, albeit with some members in common, such as *Nove Tendencije* and *Gorgona*, could spring up at the same time within the same context. While the first movement would settle on the modernist and constructivist axis from the geometric abstraction of Exat 51 (with Richter, Picelj and Srnec) encountering a real crisis in 1968, it would be the latter – consisting of Josip Vaništa, Julije Knifer, Đuro Seder, Marijan Jevšovar, Ivan Kožarić, Miljenko Horvat, Dimitrije Bašičević Mangelos, Radoslav Putar and Meštrović himself – to influence the radical artistic practices of the 1970s. During these two decades, the relationship with the Italian art scene would be destined to experience increasing growth that, despite different social contexts, illustrated real cultural affinities. On the one hand a member – initially of Exat 51 and then of *Nove Tendencije* – such as Ivan Picelj met favour with the public and critics in Italy with an entire series of solo and group exhibitions. On the other hand, many of the initial performances by Marina Abramović and Sanja Iveković were produced right here in Italy. The first performance by Abramović, entitled *Rhythm 10*, was conceived as a knife game for the hugely famous *Contemporanea* exhibition in Rome. *Rhythm 0* was an action that took place in 1974 at the Studio Morra in Naples, where the artist invited the audience to use objects on her body, transforming the spectators into potential torturers. In *Rhythm 4* of 1974, she knelt naked in front of a high-power industrial fan in the empty space of the Diagramma gallery in Milan. The famous *Imponderabilia* performance, staged with Ulay in Bologna in 1977 at the Galleria Comunale d'Arte Moderna, forced spectators to pass through the naked bodies of the two artists. In the same way, Sanja Iveković staged *Un jour violente* at the Galleria del Cavallino, at the Arte Fiera in Bologna, in 1976, based on an advert for women's make-up. Moreover, in the *Inaugurazione* action at the Galleria Tommaseo in Trieste in 1977, the artist received the spectators one by one with her mouth sealed with tape, while a stethoscope recorded and transmitted her flows of emotions.[14]

14 Regarding this exhibition see my "Sanja Iveković, Franco Vaccari e il rituale dell'esposizione" in: Marco Scotini, *Artecrazia. Macchine espositive e governo dei pubblici*, (Rome: DeriveApprodi, 2016), 111-33.

ne, comunque, rubricare o enumerare tutti i momenti in cui la scena artistica jugoslava è entrata in relazione con quella italiana o viceversa. Non so se un rilevamento del genere sia stato già fatto o sia ancora da fare. Ma non si tratta qui di raccogliere dati o di mostrare documenti. Quello che mi interessa suggerire è la necessità di ritrovare, entro uno spazio unico, una storia molteplice e stratificata. Quella trama comune che era animata da un desiderio di mutua conoscenza, da istanze politiche simili (il Partito Comunista Italiano raggiunge negli anni Settanta il suo massimo consenso), dalla condivisione di aspirazioni libertarie e progetti trasformativi.
In sostanza, una narrazione parallela e alternativa a quella ufficiale. La nascita del Centro Culturale Studentesco (SKC) a Belgrado nel 1971 e il ruolo che vi ha avuto una figura chiave come Biljana Tomić[15], quale ponte tra la cultura italiana e quella jugoslava è ancora tutto da indagare. Nelle vesti di artista di poesia visiva e di curatrice – prima del programma artistico BITEF, poi del Centro Studentesco – Tomić ha coinvolto negli anni un grande flusso di artisti e teorici sia internazionali che jugoslavi, creando tutta una serie di relazioni reciproche "con informalità artistica e rigore concettuale"[16]. La presenza a Belgrado dello *Zoo* di Michelangelo Pistoletto, gli incontri con Germano Celant e l'Arte Povera, le traduzioni di Ješa Denegri in serbo-croato dei libri di Giulio Carlo Argan, Gillo Dorfles e Achille Bonito Oliva fanno parte di questa storia. Dall'altro lato, nel 1973 la mostra *Contemporanea* presenta, nella sezione *Area Aperta (cicli d'informazione)*, campionature dell'arte dei paesi socialisti quali Cecoslovacchia, Ungheria e Polonia. Partecipa anche la scena jugoslava con Marina Abramović, Boris Bućan, Damnjan, Braco Dimitrijević, Grupo Kod, Goran Trbuljak e, tra gli altri, Bogdanka Poznanović, artista performativa di Novi Sad con estese relazioni italiane. Ancora a Belgrado, per la terza edizione di *April Meetings – Expanded Media Festival*, curati per il Centro Studentesco dal 1972 al 1977, Biljana Tomić organizza un importante dibattito sulla storia spirituale con Joseph Beuys, a cui partecipano Lucio Amelio e Achille Bonito Oliva, Marina Abramović e Raša Todosijević, Nena Dimitrijevic e Bojana Pejic, tra molti altri. In quell'occasione Marina Abramović mette in scena *Star of Fire. Rhythm 5*. Nel 1975, per la quarta edizione della stessa rassegna, è la volta

15 Ringrazio Biljana Tomić e Ješa Denegri per avermi messo a disposizione la cronologia di tutte le iniziative e i programmi del Centro Culturale Studentesco (SKC) di Belgrado. Sulla figura di curatore di Biljana Tomic, a cui si deve pure la prima esposizione di un lavoro di Mangelos nel 1968, vedi Miško Šuvaković, *Indexing and Mapping Modern and Postmodern Art in Serbia after 1945*, in IRWIN (a cura di), *East Art Map. Contemporary Art and Eastern Europe*, cit., pp. 302-303.

16 Biljana Tomić, *Real Presence*, in Dobrila Denegri, Biljana Tomić e Isidora Krstič (a cura di), *Real Presence*, nKA/Ica Publisher, Beograd 2019, p. 10.

Nevertheless, it is not my intention to list or enumerate all the moments in which the Yugoslavian art scene came into contact with the Italian scene and vice versa. I don't know whether a report of the kind has ever been produced or is yet to be produced. However, I'm not here to collect data or show documents. What I'm interested in suggesting is the need to rediscover a multiple and stratified history within a single space. The shared plot that was animated by a desire for mutual acquaintance, by similar political requirements (the Italian Communist Party reached its biggest following in the 1970s), and by the sharing of libertarian aspirations and transformative plans. In substance, a parallel and alternative narrative to the official one. The birth of the Student Cultural Centre (SKC) in Belgrade in 1971 and the role played by a key figure such as Biljana Tomić,[15] as a bridge between the Italian and Yugoslavian cultures, is yet to be explored. In the guise of a visual poetry artist and a curator – firstly of the BITEF art programme, then the Student Centre – Tomić involved a large flow of artists and theoreticians – both international and Yugoslavian – over the years, creating a series of reciprocal relations "with artistic informality and conceptual rigour"[16]. The presence in Belgrade of Michelangelo Pistoletto's *Zoo*, the encounters with Germano Celant and Arte Povera, Ješa Denegri's Serbo-Croatian translations of the books of Giulio Carlo Argan, Gillo Dorfles and Achille Bonito Oliva all form part of this story. On the other hand, in 1973 the *Area Aperta (cicli d'informazione)* section of the *Contemporanea* exhibition featured samples of art from socialist countries such as Czechoslovakia, Hungary and Poland. The Yugoslavian scene is also featured with Marina Abramović, Boris Bućan, Damnjan, Braco Dimitrijević, Kod Group, Goran Trbuljak and, among others, Bogdanka Poznanović, a performance artist from Novi Sad with extensive Italian links. Once again in Belgrade, for the third *April Meetings – Expanded Media Festival*, curated for the Student Centre from 1972 to 1977, Biljana Tomić organised an important debate on spiritual history with Joseph Beuys, involving Lucio Amelio and Achille Bonito Oliva, Marina Abramović and Raša Todosijević, Nena Dimitrijevic and Bojana Pejic, along with many others. It was on that occasion that Marina Abramović staged *Star of Fire. Rhythm 5*.

15 I would like to thank Biljana Tomić and Ješa Denebri for having provided me with the chronology of all the initiatives and programmes at the Student Cultural Centre (SKC) in Belgrade. Regarding the curator Biljana Tomić, responsible for the first display of a work by Mangelos in 1968, see Miško Šuvaković, "Indexing and mapping modern and postmodern art in Serbia after 1945", in: IRWIN (eds.), *East Art Map. Contemporary Art and Eastern Europe*, cit., 302-3.

16 Biljana Tomić, "Real Presence", in: Dobrila Denegri, Biljana Tomić, Isidora Krstič (eds.), *Real Presence*, (Belgrade: nKA/Ica Publisher, 2019), 10.

di *Donne nell'arte* con Iole De Freitas e Nicole Gravier da Milano, Ulriche Rosenbach e Katarina Sieverding, Natalia LL e Ida Biard, limitandoci ad alcune. Tre anni più tardi al Centro Culturale Studentesco (SKC) la conferenza internazionale *Comrade Woman: Women's Question – A new Approach?* raccoglie ricercatrici, teoriche e artiste da entrambi i lati della Cortina, in cui la delegazione italiana è la più numerosa tra le rappresentanze straniere e comprende, tra le altre, Anne-Marie Sauzeau Boetti, Dacia Maraini, Ida Magli, Annabella Miscuglio, Luciana Castellina[17].

Sulla riappropriazione dell'ambiente è, invece, Ugo La Pietra a pubblicare nel '75 sul trimestrale di architettura "InPiù"[18] un ampio servizio sulla sperimentazione urbana in Jugoslavia, con la collaborazione del Centro Culturale Studentesco (SKC) di Belgrado e della Galerie Des Locataires di Zagabria. Vi figurano opere e progetti di Sanja Iveković, Dalibor Martinis, Grupo Tok, Vladimir Gudac, Braco Dimitrijević, Goran Trbuljak, Ivan Kožarić, Boris Bućan e Bogdanka Poznanović. La documentazione intendeva mettere in luce come, rispetto alla cultura di altre nazioni, gli artisti (chiamati *operatori*) della scena jugoslava ponessero un'attenzione prioritaria nei confronti della città come spazio pubblico in cui si scontravano le varie contraddizioni del "sistema". Senza conflitto istituzionale, gli artisti erano incentivati in questo piuttosto dalla situazione politico sociale del Paese che non prevedeva gallerie private come luoghi sacri. Un'attitudine che, tra l'altro, acquisterà nuova centralità con la generazione artistica della fine degli anni Novanta, tornata a lavorare nelle piazze, nelle strade, nei luoghi alternativi. Potremmo continuare a lungo in questa ricognizione ma, in ogni caso, risulta chiaro che quello tra Italia e Jugoslavia è un movimento a doppio senso, che vede Trieste e la frontiera orientale come un confine poroso, tutt'altro che impenetrabile, al tempo della Guerra Fredda.

LA SCENA POSTSOCIALISTA E LA RIPOLITICIZZAZIONE DEL PASSATO

Parlare di un tempo del "dopo" significa ripartire dal doppio prefisso che ha contrassegnato la fine di una Storia e quella di uno Stato: ex Est-Europa, ex Jugoslavia. Una duplice condanna e cancellazione del passato. Da un lato, con la transizione al neoliberismo,

17 Cfr. Jelena Vesić, *The Conference Comrade Woman – Art Program (On Marxism and Feminism and Their Mutual Political Discontents)* in http://tranzit.org/exhibitionarchive/the-conference-comrade-woman-art-program/ (consultato ad agosto 2020). Su questo incontro storico vedi anche Elvira Vannini, *Proletarians of all countries, who washes your socks?*, nel volume a cura di Marco Scotini, Raffaella Perna, *The Unexpected Subject. 1978 Art and Feminism in Italy*, Flash Art Editore, Milano 2019, pp. 30-31.

18 *Dalla Jugoslavia. La riappropriazione dell'ambiente*, in "Progettare InPiù", nn. 7-8-9-10, 1975, pp. 17-27.

In 1975, for the fourth edition of the same event, it was the turn of *Women in art* with Iole De Freitas and Nicole Gravier from Milan, Ulriche Rosenbach and Katarina Sieverding, Natalia LL and Ida Biard, to name but a few. Three years later, the Student Cultural Centre (SKC) hosted the international conference *Comrade Woman: Women's Question – A new Approach?*, bringing together researchers, theoreticians and artists from both sides of the Curtain, with the Italian delegation being the largest foreign group and comprising, among others, Anne-Marie Sauzeau Boetti, Dacia Maraini, Ida Magli, Annabella Miscuglio and Luciana Castellina.[17]

Regarding the reappropriation of the environment, on the other hand, it was Ugo La Pietra who published a long report in 1975 in the architecture quarterly *InPiù*,[18] all about urban experimentation in Yugoslavia, with the collaboration of the Student Cultural Centre (SKC) in Belgrade and the Galerie Des Locataires in Zagreb. It featured works and projects by Sanja Iveković, Dalibor Martinis, Grupo Tok, Vladimir Gudac, Braco Dimitrijević, Goran Trbuljak, Ivan Kožarić, Boris Bućan and Bogdanka Poznanović. The documentation sought to highlight how, with respect to the culture of other nations, the artists (known as *operators*) on the Yugoslavian scene prioritised the city as a public space where the various contradictions within the "system" would clash. Without institutional conflict, the artists were primarily incentivised in this by the country's social and political situation, which did not include private galleries as sacred places. Furthermore, this attitude would become even more central among the artistic generation of the late 1990s, which once again went back to working in the squares, streets and alternative places. We could continue at length along these lines. Nevertheless, it is clear that there was two-way movement between Italy and Yugoslavia, which saw Trieste and the eastern border as a porous boundary, which was anything but impenetrable during the Cold War period.

THE POST-SOCIALIST SCENE AND THE REPOLITICISATION OF THE PAST

Speaking about a time "afterwards" means starting again from the double prefix that marked the end of a story and a state: ex-Eastern Europe,

17 See Jelena Vesić, "The Conference Comrade Woman – Art Program (On Marxism and Feminism and Their Mutual Political Discontents)" at: http://tranzit.org/exhibitionarchive/the-conference-comrade-woman-art-program/ (accessed Aug. 2020). Regarding this historic meeting, see also Elvira Vannini, "Proletarians of all countries, who washes your socks?", in the volume edited by Marco Scotini, Raffaella Perna, *The Unexpected Subject. 1978 Art and Feminism in Italy*, (Milan: Flash Art Editore, 2019), 30-1.

18 "Dalla Jugoslavia. La riappropriazione dell'ambiente", in *Progettare InPiù*, nos. 7-8-9-10, (1975), 17-27.

dall'altro con il teatro della crudeltà aperto dalle guerre balcaniche. In entrambi i casi si è trattato di una rimozione integrale di tutto quello che il socialismo ha rappresentato.

La distruzione di 3.000 monumenti commemorativi dell'Esercito Popolare di Liberazione, la sconfessione del sistema economico e sociale fondato sull'autogestione, i genocidi, la cancellazione della parola rivoluzione dal vocabolario, sono lì a dimostrarlo. Una destituzione che è stata incentivata anche dalla promozione di un oblio storico, nutrito di cliché e stereotipi, sia a sostegno di un feroce nazionalismo, sia per sottrarre al mondo capitalista, che da quel momento sarebbe diventato onnipresente e onnipotente, ogni minaccia di una possibile alternativa. Ciò che agli inizi degli anni Novanta, nel crollo della Jugoslavia, poteva apparire come una contraddizione in termini e come "marginale", si è rivelato una vera e propria anticipazione, a scala mondiale, della svolta autoritaria del neoliberismo attuale. Un sistema dove il capitale non è più dissociabile dall'idea di stato nazionale e dove la guerra civile diventa parte integrante del suo funzionamento strategico. In questo contesto l'idea di riappropriazione della storia che è stata sviluppata dalla generazione postsocialista, nella ex Jugoslavia, ha avuto il significato di riaccedere a un potenziale (politico, sociale, economico e culturale) in grado di sfidare le istanze reazionarie e i nuovi fascismi. In particolare, si è trattato di un tentativo di contestare l'accettazione integrale che il capitalismo sia un dato naturale e un destino inevitabile. E, come tale, un agente di circolazione e innovazione. La strategia della ripetizione che si trova nel lavoro di Igor Grubić mi sembra esemplare al riguardo. Quando nel 1998 Grubic (nell'anonimato) ripete l'intervento urbano fatto nel 1968 da un gruppo clandestino nel cortile del palazzo di Diocleziano a Spalato, non compie un'operazione di duplicazione. All'opposto, restituisce la possibilità a ciò che è stato e che appare irrecuperabile. Al gesto compiuto trent'anni prima riconsegna un poter-agire, aprendo una zona di indecidibilità tra unicità e ripetizione. Il *Red Peristyle* del '68 diventa *Black Peristyle* nel '98. L'invito alla radicalità originaria del comunismo, rivendicato dal Gruppo Red Peristyle, con il gesto attivista di Grubić si trasforma nella pubblica denuncia del programma di pulizia etnica perpetrato dal neofascismo degli anni Novanta[19]. Lo stesso vale per la ripetizione della performance urbana *Striking* (1971) di Tomislav Gotovac che Grubic fa all'interno della sua serie di micro-azioni *366 Rituals of Liberation* del 2008. Performance che lo stesso Gotovac aveva ripetuto dieci anni più tardi, nel 1981, spostandola da Belgrado a Zagabria. Ma questo sguardo ad un passato interrotto, fratturato, rimosso, supera anche il momento radicale rappresentato da Nuova Pratica

19 Cfr. Ana Dević, *Notes on the Politics of Memory & the Imagination of the Not-yet-existent*, in *Personal Cuts. Art Scene in Zagreb from 1950s to Now*, cit., pp. 68-83.

ex-Yugoslavia. A twofold condemnation and cancellation of the past.
On the one hand, with the transition to neoliberalism, on the other with the theatre of cruelty opened by the Balkan wars. In both cases it was a question of the integral removal of everything that socialism represented.

The destruction of 3,000 commemorative monuments to the National Liberation Army, the disavowal of the economic and social system founded on self-management, the genocides and the removal of the word "revolution" from the dictionary all demonstrate this. It was a destitution that was also encouraged by the promotion of a historical oblivion, fuelled by cliches and stereotypes, both in support of a ferocious nationalism, and to take away every threat of a potential alternative to the capitalist world, which from that moment would become omnipresent and omnipotent. In the early 1990s, with the collapse of Yugoslavia, that which could appear to be a contradiction in terms and something "marginal", actually proved to be a real forerunner – on a world scale – of the authoritarian turnaround of present-day neoliberalism. A system where the capital can no longer be dissociated from the idea of a national state and where civil war becomes an integral part of its strategic functioning. Within this context, the idea of reappropriating history that was developed by the post-socialist generation in ex-Yugoslavia, has played the significant role of re-accessing a potential (political, social, economic and cultural) able to challenge the reactionary demands and the new fascisms.

In particular, it involved an attempt to contest the integral acceptance that capitalism is a natural and inevitable fate and, as such, an agent for circulation and innovation. The strategy of repetition found in the work of Igor Grubić seems exemplary to this regard. When, in 1998, Grubić anonymously repeated the urban intervention carried out in 1968 by a clandestine group in the courtyard of Diocletian's Palace in Split, it was not an operation of duplication. On the contrary, it restored potential to what had been and what appeared to be irretrievable.
He restored a power of action to a gesture completed thirty years earlier, opening up an area of undecidability between uniqueness and repetition. The *Red Peristyle* of 1968 became a *Black Peristyle* in 1998. The invitation to the original radicalness of communism, claimed by the Red Peristyle Group, is transformed by Grubić's activist gesture into a public denunciation of the ethnic cleansing programme perpetrated by neofascism in the 1990s.[19]
The same applies to the repetition of Tomislav Gotovac's urban performance *Striking* (1971) by Grubić for his series of micro-actions entitled *366 Rituals of Liberation* of 2008. Gotovac himself repeated this same performance ten years later, in 1981, moving it from

19 See Ana Dević, "Notes on the Politics of Memory & the Imagination of the Not-yet-existent", in: *Personal Cuts. Art Scene in Zagreb from 1950s to Now*, cit., 68-83.

Artistica per affondare più ampiamente nel retaggio del modernismo socialista. Se il ciclo *Scene for a New Heritage* (2002-2006) di David Maljkovic si concentra sul monumento di Petrova Gora di Vojin Bakić, Marko Tadić recupera piuttosto il cinema d'animazione di Vlado Kristl, nato all'interno del gruppo Exat 51[20]. Darinka Pop-Mitić nel 2005 riporta alla luce colori e forme del murale quasi totalmente sbiadito *Solidarity of the People of Yugoslavia with the People of Latin America*, dipinto sulla parete esterna del Centro Culturale Studentesco (SKC) nel 1977 dalla Brigata Salvador Allende con gli studenti della Facoltà di Scienze Politiche e dell'Accademia di Belle Arti di Belgrado. Il gesto non intende semplicemente disseppellire un frammento di storia jugoslava legata ai principi politici del Movimento dei Paesi Non Allineati ma rinnova, a distanza di anni, la solidarietà con le popolazioni in lotta del Sud America. Anche il video di Vladimir Nikolic *The Communist Painting in The Age of Digital Reproduction* del 2017 denuncia l'amnesia del primo congresso del Movimento dei Paesi Non Allineati, a partire dal trattamento delle stesse memorie dell'evento. Il grande quadro astrattista *Industrializzazione*, realizzato su commissione da Petar Lubarda per fare da sfondo agli interventi degli uomini di stato nella sala del vertice di Belgrado, si trova ora abbandonato all'interno di un cinema – sopra la biglietteria, tra lattine di Coca Cola e sacchetti di popcorn. Ormai svuotato, cioè, di ogni ricordo del tempo in cui si poteva combattere per un mondo migliore. Negli anni Novanta non sono soltanto le nuove generazioni a fare i conti con un passato comune bandito e sottratto al discorso pubblico ma la stessa Sanja Iveković con *Gen XX* inizia a lavorare sulla storia della lotta antifascista jugoslava, ridando voce alle eroine decedute in prima linea e lasciando emergere problemi legati a identità nazionale e di genere. Dalibor Martinis, invece, riedita una sua video-performance in forma di intervista del 1978 all'interno di un'altra del 2010 mandata in onda dalla TV croata, in cui l'artista cerca di rispondere a se stesso trent'anni dopo. Alla memoria dell'arte del XX secolo (nei diversi fronti del capitalismo e socialismo) ha dedicato molto spazio Goran Djordjevic fin dagli anni Ottanta. Ma piuttosto a partire dall'anonimato e dal rapporto tra realtà e finzione, attraverso l'uso della copia. Tuttavia da Milica Tomić a Danika Dakic, da Siniša Labrović a Maja Bajević, incursioni nella lotta antifascista e revisioni del modernismo socialista non cessano di fare la loro comparsa. Grazie a ciò, oggetti perduti e storie interdette (non ufficiali o interrotte) vengono reimmessi in una durata temporale all'interno di

20 Vedi il mio *Demonumentalizing History. Marko Tadić's Haunting Plots* in Branka Benčić (a cura di), *Horizon of Expectations*, National Museum of Modern Art Publisher, Zagreb 2016, pp. 28-35.

Belgrade to Zagreb. But this look back at an interrupted, fractured and distant past also surpassed the radical moment represented by the New Art Practice to bury itself more extensively within the legacy of socialist modernism. While David Maijkovic's *Scene for a New Heritage* (2002-6) concentrates on the Petrova Gora Monument by Vojin Bakić, Marko Tadić instead reappropriates the animation movies of Vlado Kristl, created within the Exat 51 group.[20] In 2005, Darinka Pop-Mitić restored the colours and forms of the almost totally faded mural *Solidarity of the People of Yugoslavia with the People of Latin America*, painted on the external wall of the Student Cultural Centre (SKC) in 1977 by the Salvador Allende Brigade with the students of the Faculty of Political Sciences and the Academy of Fine Arts of Belgrade. The action did not simply seek to uncover a fragment of Yugoslavian history linked to the political principles of the Non-Aligned Movement, but also renewed the solidarity with the embattled populations of South America years later. Vladimir Nikolic's video *The Communist Painting in The Age of Digital Reproduction* (2017) also denounces the amnesia of the first Non-Aligned Movement congress, starting with the ways in which the very memories of the event were treated. The large abstract painting *Industrialisation*, commissioned to Petar Lubarda as a backdrop to the proceedings of the men of state at the Belgrade summit, is now abandoned inside a cinema, above the ticket office, amidst cans of Coca-Cola and bags of popcorn. It has therefore been stripped of all memories of the time when one could fight for a better world. In the 1990s, the new generations were not the only ones reckoning with a banned shared past, withdrawn from public discussion. Sanja Iveković herself, through *Gen XX*, began working on the history of the Yugoslavian Anti-Fascist fight, restoring voices to the heroines who died on the front line and allowing issues linked to national identity and gender to emerge. Dalibor Martinis, on the other hand, re-edited one of his video performances in the form of an interview from 1978 mixed within another from 2010, broadcast on Croatian TV, in which the artist tries to answer himself around thirty years later. Since the 1980s Goran Djordjevic has devoted a lot of space to the memory of twentieth-century art (on the different fronts of capitalism and socialism) since the 1980s. However, he has done so by staging anonymity and exploring the relationship between fiction and reality through the use of copies. Likewise, incursions into the anti-fascist battle and revisions of socialist modernism never stop appearing in the works from Milica Tomić to Danika Dakic, Siniša Labrović and Maja Bajević. Thanks to this, lost objects and forbidden stories

20 See my "Demonumentalizing History. Marko Tadić's Haunting Plots" in: Branka Benčić, *Horizon of Expectations*, (Zagreb: National Museum of Modern Art Publisher, 2016), 28-35.

una narrazione plurale e condivisa, come se vi operasse la tensione ad una forma di auto-storicizzazione[21]. Sarà allora un semplice caso se il tentativo più ambizioso di proporre una storia dell'arte dell'Est Europa da una prospettiva est europea sia un progetto di un collettivo artistico come IRWIN[22]? Lontano da ogni forma di nostalgia e feticismo questa immane operazione di resistenza che la scena artistica della ex Jugoslavia sta portando avanti da trenta anni parte da una visione della storia stessa come *common*, una risorsa da gestire comunitariamente, attraverso network orizzontali. Come scrive la teorica femminista Silvia Federici, "La storia è la nostra memoria collettiva, il nostro corpo esteso che ci connette a un mondo di lotte che dà significato e forza alle nostre pratiche politiche. La storia ci mostra che 'fare in comune' è il principio con cui gli esseri umani hanno organizzato la loro esistenza sulla terra per migliaia di anni"[23]. Dunque, come pensare alla riscrittura di una storia che possa risultare aperta ad una dimensione cooperativa e autonoma, integrata di tutti quegli aspetti quali genere, etnie, ambiente che sono interconnessi e interdipendenti? Di fatto i *commons* sono anche al centro della ricerca di Marjetica Potrč che è tra i più attenti e radicali interpreti delle pratiche di sviluppo della città globale[24]. Fino dalla metà degli anni Novanta Potrč si è occupata di numerosi casi studio a diverse latitudini: dalle shantytown in Africa, agli insediamenti informali in Medio Oriente, dalla ricostruzione nei Balcani, alle favelas latino-americane. Pianificazione autogestita, design partecipativo, iniziative individuali autosufficienti come gli orti comunitari o il sistema

21 Non solo gli artisti hanno lavorato sulla storia ma anche molti collettivi come Prelom Kolektiv, Kuda.org, SCCA/pro.ba e l'intero ambito curatoriale, rappresentato da figure femminili radicali come Zdenka Badovinac, Marina Gržinić e WHW. Sul concetto di autostoricizzazione vedi l'intervista di Anca Mihulet a Zdenka Badovinac, *A one-question interview on the notions of historicization and the authenticity of knowledge*, in *Reflection Center for Suspended Histories/an Attempt*, Romanian Institute for Culture and Humanistic Research, Venezia 2013, pp. 48-59.

22 IRWIN (a cura di), *East-Art Map. Contemporary Art and Eastern Europe*, cit.

23 Silvia Federici con George Caffentzis, Commons *contro e oltre il capitalismo*, in Silvia Federici, *Reincantare il mondo. Femminismo e politica dei* commons, Ombre Corte, Verona 2018, p. 172.

24 Sono più volte intervenuto sul lavoro di Marjetica Potrč, a cui mi lega una lunga collaborazione. Marco Scotini, *L'etica del bricolage. Dry Toilet. Liyat Esakov, Marjetica Potrč*, in "Domus" n. 891, Aprile 2006, pp. 88-91. Vedi anche, *Interview/ Marjetica Potrč in conversation with Marco Scotini*, in *The Soweto Project*, a cura di Marjetica Potrč & Design for the Living World, Archive Books, Berlin 2014, pp. 6-11. Sulla sua *Yinchuan: Rural House* (2018) vedi mio testo in *Second Yinchuan Biennale. Starting from the Desert. Ecologies on the Edge*, Mousse Publishing, Milano 2019.

(non-official or interrupted) are reintroduced within a temporal duration in a plural and shared narrative, as if the tendency towards a form of auto-historicisation were operating there.[21] Will it therefore be straightforward if the most ambitious attempt at offering a history of Eastern European art from an Eastern European perspective is a project developed by an art collective such as IRWIN?[22] Far removed from all forms of nostalgia and fetishism, this huge operation of resistance that the Yugoslavian art scene has been carrying forward for thirty years begins with a vision of history itself as a common, a resource to be managed in a communitarian way, through horizontal networks. As the feminist theoretician Silvia Federici writes: "History is our collective memory, our extended body connecting us to a vast world of struggles that give meaning and power to our political practice. History then shows us that 'commoning' is the principle by which human beings have organised their existence for thousands of years."[23] Consequently, how should we think about rewriting a story that can be open to a cooperative and autonomous dimension, integrated with all those aspects such as gender, ethnic groups and environment that are both interconnected and interdependent? Commons are also at the centre of the research of Marjetica Potrč, who is one of the most attentive and radical interpreters of the practices of development of the global city.[24] Since the mid-1990s, Potrč has dealt with numerous case studies at different latitudes: from shanty towns in Africa to informal settlements in the Middle East, the reconstruction of the Balkans and Latin American favelas. Self-man-

21 It was not only artists who worked on history, but also numerous groups such as Prelom Kolektiv, Kuda.org, SCCA/pro.ba and the entire curatorial community, represented by radical female figures such as Zdenka Badovinac, Marina Gržinić and WHW. Regarding the concept of self-historicisation, see Anca Mihulet's interview with Zdenka Badovinac, "A one-question interview on the notions of historicization and the authenticity of Knowledge", in: *Reflection Center for Suspended Histories/an Attempt*, (Venice: Romanian Institute for Culture and Humanistic Research, 2013).

22 IRWIN (eds.), *East Art Map. Contemporary Art and Eastern Europe*, cit.

23 Silvia Federici with George Caffentzis, "Commons against and beyond Capitalism", in: *Community Development Journal*, vol. 49, (Jan. 2014), 92-105.

24 I have several times written about the work of Marjetica Potrč, to whom I am linked by a lengthy collaboration. Marco Scotini, "The ethic of bricolage. Dry Toilet. Liyat Esakov, Marjetica Potrč", in *Domus* n. 891, (Apr. 2006), 88-91. See also "Interview/Marjetica Potrč in conversation with Marco Scotini" in: *The Soweto Project*, edited by Marjetica Potrč & Design for the Living World, (Berlin: Archive Books, 2014), 6-11. See my text on her *Yinchuan: Rural House* (2018) in: *Second Yinchuan Biennale. Starting from the Desert. Ecologies on the Edge*, (Milan: Mousse Publishing, 2019).

comunitario di gestione dell'acqua, sono viste in questa prospettiva come un'estensione delle capacità dei cittadini di controllare e progettare le condizioni di base delle loro vite. Non c'è dubbio che dietro Potrč ci sia il retaggio dell'attività radicale del gruppo OHO. In fondo quello che OHO e Marko Pogačnik presentano dalla metà degli anni Sessanta è una messa in crisi dell'antropocentrismo che rimanda a molte teorie attuali su ecologia e salvaguardia della natura. Alla fine, il passaggio di OHO da Lubiana ad una fattoria nel villaggio di Šempas non fa che spostare ulteriormente la pratica del gruppo verso un modo di vita comunitario: la "Famiglia di Šempas"[25], appunto. Senza dubbio l'intero caso della scena artistica della ex Jugoslavia, nella sua intransigenza, appare oggi come un modello alternativo di produzione e archiviazione del tempo, della vita. Non si tratta di tamponare gli effetti devastanti del neoliberismo. La pandemia attuale li ha spinti troppo oltre ogni possibile rimedio. Nulla a che vedere, dunque, con la proposta di un "capitalismo dal volto umano". È tempo di riaprire un'altra storia.

25 Cfr. mia intervista con Marko Pogačnik in *The Rural* a cura di Myvillages, Whitechapel Gallery, The MIT Press, London/Cambridge, MA 2019, pp. 160-166.

aged planning, participatory design, self-sufficient individual initiatives such as community gardens and community water management systems are seen from this perspective as an extension of citizens' capacity to control and plan conditions on the basis of their lives. There is no doubt that behind Potrč is the legacy of the radical activity of the OHO group. Ultimately, that presented by OHO and Marko Pogačnik since the mid-1960s was a crisis of anthropocentrism that refers to many current theories on ecology and safeguarding nature. OHO's move from Ljubljana to a farm in the village of Šempas simply shifts the group's practice further towards a community way of life: the "Šempas Family" to be precise.[25] Undoubtedly, the entire case of the ex-Yugoslavian art scene, in its intransigency, appears today as an alternative model of production and archiving of time and life. It's not a question of buffering the devastating effects of neoliberalism. The current pandemic has driven them too far beyond any possible remedy. It therefore has nothing to do with the proposal of a "Capitalism with a Human Face". The time has come to reopen another story.

25 See my interview with Marko Pogačnik in *The Rural* edited by Myvillages, (London-Cambridge, MA: Whitechapel Gallery, The MIT Press, 2019), 160-6.

Miklavž Komelj

LA (NON) CONTEMPORANEITÀ DELL'EROISMO

I.

Agli abitanti della Jugoslavia socialista, la prima associazione che veniva in mente con la parola *eroe*, era "eroe/eroina nazionale" o "eroe/eroina popolare"[1]. Furono insigniti di questo titolo alcuni combattenti partigiani della Seconda Guerra Mondiale e i loro nomi apparivano di frequente nei discorsi ufficiali socialisti. Non a caso, tutte le scuole che ho frequentato riportavano i nomi degli eroi nazionali/popolari. I partigiani che durante la Seconda Guerra Mondiale[2] animarono la rivoluzione in Jugoslavia instaurarono dopo il conflitto un potere basato sull'estrema mitizzazione del loro movimento, presentato, anche attraverso l'arte, con una narrativa glorificante. Dall'infanzia mi ricordo che la figura del partigiano/partigiana era come un'apparizione dal mondo delle fiabe, nei discorsi ufficiali e accademici, ma anche nel mondo dei giochi. Nella vita quotidiana entravo in contatto con persone che venivano indicate come partigiane, erano spesso uomini molto comuni, normalissimi. Ricordo che provavo un imbarazzo inquietante: si confrontavano due mondi, uno mitico che glorificava i suoi protagonisti e uno quotidiano abitato dagli stessi personaggi che, alla luce di tutto questo, non sembravano piú gli stessi.

I pochi insigniti del titolo ufficiale di eroe/eroina avevano ai miei occhi "un'aureola speciale" che, almeno nella mia fantasia di bambino, si collegava al mondo degli eroi greci; erano una specie di semidei per discendenza divina, come Eracle, o perché divinizzati dopo la morte.

Già dopo la fine del periodo socialista ebbi occasione di conoscere più da vicino una di queste figure, Drago Flis-Strela (1921-2019). Durante la guerra fu a capo dei servizi segreti di una grande formazione militare che operava al confine tra Slovenia e Italia. Era un signore anziano interessantissimo, pieno di dignità, una mente sempre attenta e viva, con molti segreti e di poche parole, che girava con la sua bicicletta per le strade di Lubiana; era interessato a tutto, anche al centro

1 In serbocroato, la parola *narod* significa nazione o popolo.

2 La lotta dei partigiani negli anni 1941-1945 era ufficialmente la lotta contro l'invasore tedesco e italiano, allo stesso tempo, però, il movimento partigiano determinò anche la rivoluzione sotto la guida dei comunisti, riuscendo a mobilitare masse di popolazione di diversi orientamenti culturali e politici e stimolando una richissima produzione culturale e artistica. Tuttavia questa stessa rivoluzione causò anche una grande divisione della popolazione. La situazione, da un punto di vista militare, presentava già molti degli elementi dell'atroce conflitto civile che sfociò, alla fine della guerra, nelle orribili esecuzioni di massa dando luogo ad un vero e proprio massacro. La Slovenia, in particolare, è ancora oggi piena di fosse comuni del 1945.

Miklavž Komelj

THE (NON-) CONTEMPORANEITY OF HEROISM

I.

The first thing the inhabitants of socialist Yugoslavia would think of when they heard the word "hero" would be "national hero/heroine" or "popular hero/heroine".[1] Certain partisans in the Second World War were awarded this title and their names came up frequently in official socialist discussions. It is no coincidence that all the schools I attended bore the names of these national/popular heroes.

The partisans who drove the revolution in Yugoslavia during the Second World War established their power on the basis of the extreme mythologisation of their movement after the conflict, glorifying it through art too.[2] During my childhood, I remember that the figure of the partisan was like an apparition from the world of fairy tales in official and academic discussions, but also in the world of play. In everyday life I came into contact with people who were pointed out as partisans. They were often very normal, down-to-earth characters and this disturbed me a bit. The two worlds seemed to clash: the legendary world that glorified its protagonists and the everyday world inhabited by the same figures, who no longer seemed the same in the light of all this.

In my eyes, those chosen few awarded the official title of hero/heroine had a "special halo" that, in my child's mind at least, was linked to the world of Greek heroes: they were a species of demigods either through divine ancestry, as in the case of Heracles, or because they were deified after death.

After the end of the socialist period I had the opportunity to get to know one of these figures better: Drago Flis-Strela (1921-2019). During the war he headed the secret services of a major military formation that operated at the border between Slovenia and Italy. He was a very interesting old man, full of dignity, with a sharp and lively mind, lots of secrets and very few words. He wandered the streets

1 In Serbo-Croatian, the word *narod* means nation or people.

2 The partisan fight from 1941-5 was officially the fight against the German and Italian invader. However, the partisan movement also launched a revolution led by the Communists, mobilising the masses despite their cultural and political leanings and stimulating a wealth of cultural and artistic production. Nevertheless, this revolution also caused a great divide within the population. From a military point of view, the situation already featured many of the elements of the atrocious civil conflict that broke out at the end of the war. These were apparent in the awful mass executions, which gave rise to a real massacre. Slovenia, in particular, is still full of mass graves from 1945.

culturale alternativo di Metelkova. Durante la guerra fu in prima linea in un attacco partigiano a Gorizia; ma quando, anni dopo, un tipo molesto iniziò a insultarlo in un caffè dove eravamo seduti, chiamandolo "vecchio ubriaco", lui mi sussurrò con gentilezza che dovevamo andare via e cercare un altro locale. Dell'eroismo mi parlò una sola volta: quando venne a conoscere la mia famiglia disse con grande serietà che mia moglie era una vera eroina, perchè viveva con me... Mi ha fatto pensare molto.

II.

Uno dei primi reportage incentrati sulla vita dei partigiani in Jugoslavia fu scritto dal poeta sloveno Matej Bor (1913-1933). In questo racconto, intitolato *Nel campo partigiano*, incontriamo, in un bosco nevoso, il comandante sloveno Dolf Jakhel (1910-1942) che parla di eroi antichi. È convinto che non gli possa accadere nulla, questo senso di invulnerabilità lo avvicinava alle figure eroiche dei miti antichi, come Achille e Sigfrido. Nonostante ciò morí poco dopo, in seguito alle complicazioni di una ferita (probabilmente fu vittima dei conflitti interni del movimento). Si sentiva un combattente delle lotte rivoluzionarie di classe, tuttavia quando parlava di eroismo si riferiva all'antichità considerando i suoi combattenti come dei cavalieri.

In gran parte della Jugoslavia c'era un'importante tradizione eroica guerriera; su questa tradizione s'incentrava l'epica popolare serba; durante il romanticismo, questa poesia eroica divenne famosa in Europa e questo spirito trovò nuova espressione anche nel poema epico-drammatico *Serto della montagna* del poeta e sovrano montenegrino Petar II Petrović Njegoš (1813-1851). Nel 1943, nella seconda assemblea del Consiglio antifascista di liberazione popolare della Jugoslavia (AVNOJ), considerata momento fondante per la nascita della nuova Jugoslavia del maresciallo Tito (1892-1980), fu pronunciato anche il famoso verso di Njegoš: "*Neka bude što biti ne može*" (Lascia che sia ciò che non può essere). Un decennio più tardi Ivo Andrić (1892-1975), l'unico premio Nobel jugoslavo per la letteratura, scriveva di non aver mai sentito un grido di lotta così orribile. E aggiungeva:

> *Tuttavia senza un simile grido, assurdo e suicida, senza questo nichilismo positivo – per usare un'espressione paradossale –, senza una tale, accanita negazione della realtà e dell'evidenza, nessuna azione contro il male sarebbe stata possibile e nemmeno l'idea di tale azione*[3].

La Slovenia, a nord della Jugoslavia, con una tradizione centroeuropea e austro-ungarica, aveva una mentalità diversa. Gli sloveni non avevano tradizioni statali proprie e avendo sempre combattuto per gli interessi degli altri, generalmente non si sentiva-

3 Ivo Andrić, *Njegoš kao tragični junak kosovske misli*; disponibile a: https://www.vreme.com/cms/view.php?id=1094285 (consultato ad agosto 2020). Passaggio tradotto dall'autore.

of Ljubljana with his bike.
He was interested in everything, even in the alternative Metelkova cultural centre. During the war, he was in the front line during a partisan attack on Gorizia. However, years later, when a troublesome character began insulting him in a café where we were sitting, calling him an "old drunk", he whispered to me gently that we should go elsewhere. He only spoke to me about heroism once, when he got to know my family; he said very seriously that my wife was a true heroine because she lived with me... It really made me think.

II.

One of the first reportages centred around the life of partisans in Yugoslavia was written by the Slovenian poet Matej Bor (1913-33). In this story, entitled *In the Partisan Camp*, we meet the Slovenian commander Dolf Jakhel (1910-42) in a snowy wood, where he talks about ancient heroes. He is convinced that nothing can happen to him. This sense of invulnerability drew him closer to the heroic figures of ancient myths and legends: Achilles and Siegfried. Despite this, he died shortly afterwards due to complications from a wound (he probably fell victim to internal conflicts within the movement). He believed himself to be a fighter in the revolutionary class battles. Nevertheless, when it came to heroism he referred to antiquity, seeing his comrades as knights.

There was an important heroic warrior tradition throughout much of Yugoslavia.

The Serbian popular epic was centred around this tradition. During the era of Romanticism, this heroic poetry became famous across Europe and this spirit found new expression in the dramatic epic poem *The Mountain Wreath* by the Montenegrin poet and ruler Petar II Petrović-Njegoš (1813-51). In 1943, at the second assembly of the Anti-Fascist Council for the National Liberation of Yugoslavia (AVNOJ), considered a founding moment in the birth of the new Yugoslavia under Tito (1892-1980), a famous verse by Njegoš was read out: "*Neka bude* što *biti ne može*" [Let there be what cannot be]. A decade later, Ivo Andrić (1892-1975), Yugoslavia's only winner of the Nobel Prize for Literature, wrote that he had never heard such a terrible battle cry. And he added:

> *Nevertheless, without an absurd and suicidal cry such as this, without this positive nihilism (to use a paradoxical expression), without this stubborn negation of reality and evidence, no action against evil would have been possible, nor even the idea of this action.*[3]

Slovenia, to the north of Yugoslavia, with its Central European and Austro-Hungarian tradition, had a

3 Ivo Andrić, *Njegoš kao tragični junak kosovske misli*; available at: https://www.vreme.com/cms/view.php?id=1094285 (accessed Aug. 2020). Passage translated by Sonia Hill.

È una visione molto vicina a quella che incontriamo negli scritti di Njegoš, in cui la morte in combattimento è preferita alla morte "naturale" (la più tremenda maledizione per i suoi montenegrini è che in famiglia i maschi non siano uccisi da un fucile). Nel dramma *Il falso Tzar Stefano il Piccolo* (1851), dello stesso autore, quando risuonano parole dalla vocazione troppo "pacifista" tutto il popolo reagisce violentemente, dichiarando che non si può vivere senza guerra, perché la guerra è l'anima del popolo.

Questo entusiamo per la guerra sembra oggi orribile, tuttavia Evola evidenzia qualcosa di importante, sottolineando che una certa concezione antica di eroismo è del tutto incompatibile con la civiltà moderna. Non solo per il contrasto con gli altri valori della società ma anche per l'esistenza di condizioni materiali che hanno cambiato l'esperienza della guerra. Come afferma Karl Marx (1818-1883) in *Grundrisse*: "È possibile un Achille con la polvere da sparo e con il piombo?"

Evola sperava in un superamento della modernità, i partigiani invece combattevano per la modernizzazione della società. Nonostante ciò, il comandante partigiano si sentiva come Achille e parlava dei suoi combattenti come fossero i "suoi cavalieri". Nella specifica temporalità della situazione rivoluzionaria, l'avvenire si congiunge con il passato più remoto. Le parole di Marx su Achille sono state scritte in un contesto in cui si evidenzia il problema della relazione tra l'arte e il tempo; il testo che scrive parla infatti dell'impossibilità di avere l'*Iliade* al tempo della macchina tipografica: con le nuove condizioni materiali cessano quindi i presupposti della poesia epica. Alcuni testi dei partigiani sloveni affermano che dal coinvolgimento delle masse rivoluzionarie nel settore della cultura potrà emergere una nuova arte collettiva, simile all'antica poesia epica[4]. In questo senso è interessante citare la posizione dello scrittore giapponese Yukio Mishima (1925-1970) che, sebbene ideologicamente opposto al progetto sovietico, nella sua ultima intervista paragonò l'arte dell'Unione Sovietica a una nuova "arte gotica"[5].

Nelle condizioni che offre la modernità, l'aspirazione all'eroismo si confronta con la domanda su come questa condizione sia possibile in un mondo non eroico. Eppure già l'eroismo antico era qualcosa di "non contemporaneo", c'era una tensione tra due diversi tipi di esistenza e due temporalità in conflitto. Giambattista Vico (1668-1744), nel suo *Principi di una scienza nuova*, situava l'età eroica tra l'età primordiale, che era "poetica" o mitica e si fondava direttamente sulla relazione con il divino, e l'ultima tappa dello sviluppo di

4 In certe parti della Jugoslavia la poesia orale arcaica di argomento epico eroico era ancora viva al tempo della Seconda Guerra Mondiale e lo fu anche successivamente.

5 Takashi Furubayashi, Hideo Kobayashi, *Últimas palabras de Yukio Mishima*, Alianza Editorial, Madrid 2015, p. 83. Passaggio tradotto dall'autore.

anti-modern perspective) illustrates the traditional concept of heroism in these articles: a fighter's lifestyle, which attributes a sacred value to the eternal war, considered as an ascesis, a sacrifice and an overcoming of human limits through death.

This vision is very close to what we can observe in Njegoš's writings, in which death through combat is preferrable to "natural" death (the worst Montenegrin curse is that the men of the family are not killed by gunfire). In *The False Tsar Stephen the Little* (1851), by the same author, all the people react violently upon hearing words that are too "pacifist", declaring that they cannot live without war, because war is the soul of the people.

This enthusiasm for war seems horrible today, yet Evola highlights something important, emphasising that a certain ancient concept of heroism is completely incompatible with modern civilisation. This is not only because of the contrast with the other values of society, but also because of the existence of material conditions that have changed the experience of war. As Karl Marx (1818-83) states in *Grundrisse*: "Is Achilles possible with powder and lead?"

Evola hoped to overcome modernity, while the partisans fought for the modernisation of society. Despite this, the partisan commander felt like Achilles and spoke about his fighters as if they were "his knights". During the specific period of the revolutionary situation, the future merged with the most distant past. Marx's words about Achilles were written within a context in which the issue of the relationship between art and time is apparent. Indeed, his text talks about the impossibility of having the *Iliad* during the era of the typewriter: the prerequisites for the epic poem are lost under the new material conditions. Some texts by Slovenian partisans describe how the involvement of the revolutionary masses in the cultural sector can lead to the emergence of a new collective art, similar to ancient epic poetry.[4] In this sense it is also interesting to cite the position of the Japanese writer Yukio Mishima (1925-70) who, although ideologically opposed to the Soviet project, compared the art of the Soviet Union to a new "Gothic art" in his final interview.[5]

In the conditions offered by modernity, the aspiration for heroism encounters the question about how this condition is possible in a non-heroic world. And yet ancient heroism was already something "not contemporary". There was a tension between two different types of existence and two conflicting times. In his *Principi di una scienza nuova*, Giambattista Vico (1668-1744) placed the heroic age

4 In certain parts of Yugoslavia, archaic oral poetry on epic heroic subjects was still alive at the time of the Second World War and later.

5 Takashi Furubayashi, Hideo Kobayashi, *Últimas palabras de Yukio Mishima*, (Madrid: Alianza Editorial, 2015), 83. Passage translated by Sonia Hill.

una società umana e razionale.
La violenza dell'eroismo è connessa anche con l'incompatibilità dei due estremi. L'eroe tenta violentemente di rinnovare l'età dell'oro in un mondo che non si fonda più sul contatto con il divino. E così, nella sua esistenza è qualcosa di traumatico.

Eppure, dalla bocca del comandante partigiano Jakhel che si paragona ad Achille e Sigfrido udiamo il grido della contemporaneità. E questo accade quando Jakhel, (anche lui scrittore), comincia a parlare di arte. Definisce ciò che esige dall'arte perchè possa essere considerata veramente contemporanea, deve essere "la sintesi tra l'attuale e il cosmico". Così la tensione fra due distinte temporalità si colloca nella nozione stessa di contemporaneità.

IV.

La distanza dalla contemporaneità è anche al centro di quello che scrive Hegel (1770-1831) in merito all'eroismo; una distanza completamente differente da quella di Vico, che non si situa tra il mito e la storia umana, ma tra il corso degli eventi consacrato dal sistema e ciò che di spirituale vi è sotteso. Gli eroi sapevano cosa fosse necessario, conoscevano la verità del mondo contemporaneo, come fossero una nuova stirpe in seno alla vecchia.

Le parole di Hegel sono citate da Maurice Merleau-Ponty (1908-1961) nel suo testo *L'uomo, l'eroe*, scritto come ultimo capitolo del libro *Senso e non senso* (1948), quando, nel tempo del ritorno alla pace dopo la carneficina della Seconda Guerra Mondiale, apparvero voci che mettevano in dubbio e condannavano l'etica dell'erosimo come tale. Anche gli eroi di guerra dovevano ridefinire la nozione stessa di eroismo, renderla meno offensiva, più pacifica. Subito dopo la guerra i rivoluzionari jugoslavi, allora al potere, lanciarono questa parola d'ordine: "Agli eroi della lotta seguano gli eroi del lavoro". Nel suo testo, Merleau-Ponty considera superata la posizione di Hegel, perchè l'uomo crede più di essere governatore del mondo e non crede al senso visibile della storia; ritiene superata anche l'etica eroica di Nietzsche (1844-1900), distruttiva, perchè sempre alla ricerca dell'impossibile.
La vita conterrebbe in sé la morte e la consapevolezza di ciò sarebbe garantita una volta per tutte. Merleau-Ponty propone una visione esistenzialista dell'eroismo, definendo così la nozione dell'"eroe contemporaneo" in riferimento ai testi che descrivono le esperienze della Seconda Guerra Mondiale e della guerra di Spagna, in autori come Hemingway (1899-1961) e Saint-Exupéry (1900-1944). Due tratti essenziali di questo tipo di eroe possono essere rintracciati nel fatto che non lo guida il fascino della morte ma l'amore per la vita, l'eroe non pretende di andare oltre l'umano: "L'eroe contemporaneo non è Lucifero; non è nemmeno Prometeo; è l'uomo"[6].

6 Maurice Merleau-Ponty, *Sense and Non-Sense*, Northwestern University Press, Evanston 1964, p. 187.

between the primordial age, which was "poetic" or mythical and based directly on the relationship with the divine, and the final stage in the development of a human and rational society. The violence of heroism is also connected to the incompatibility of the two extremes. The hero makes a violent attempt to revive the golden age in a world that is no longer built upon contact with the divine. It consequently becomes something traumatic in his life.

Yet we hear the cry of contemporaneity from the lips of the partisan commander Jakhel, who compares himself to Achilles and Siegfried. Indeed, this is also the case when Jakhel (who was a writer too) talks about art. He describes what he requires from art in order for it to be considered truly contemporary. It has to be a "blend of the present and the cosmic". Consequently, the tension between two separate times is to be found within the very notion of contemporaneity.

IV.

The distance from contemporaneity is also at the centre of what Hegel (1770-1831) writes about heroism. It is a completely different distance from that of Vico, which is not poised between myth and human history, but between the course of events consecrated by the system and the spiritual aspect that underlies it. Heroes knew what was necessary, they knew the truth of the contemporary world, as if they were a new breed within the old one.

Hegel's words are cited by Maurice Merleau-Ponty (1908-61) in his essay "Man, the Hero", written as the final chapter in his book *Sense and Non-Sense* (1948) when, in the time of the return to peace following the carnage of the Second World War, voices emerged that questioned and condemned the ethics of heroism as such. War heroes also had to redefine the very notion of heroism, rendering it less offensive and more peaceful. Immediately after the war, the Yugoslavian revolutionaries, who were in power at the time, launched this slogan: "The heroes of the fight are followed by the heroes of work". In his essay, Merleau-Ponty considers Hegel's position to be surpassed, because men believe more strongly in ruling the world than in a tangible sense of history. He also deems the heroic ethics of Nietzsche (1844-1900) to be superseded, describing it as destructive because it always sought the impossible. Life incorporates death too and an awareness of this would be guaranteed for everyone once and for all. Merleau-Ponty proposes an existentialist vision of heroism, thereby pinpointing the notion of the "contemporary hero" in reference to texts that describe the experiences of the Second World War and the war in Spain, in authors such as Hemingway (1899-1961) and Saint-Exupéry (1900-44). Two existential traits of this type of hero can be discovered in the fact that he is not guided by the allure of death but love of life, and the hero does not claim to go

Questa definizione rende la nozione di eroismo accettabile per una società pacificata, ma allo stesso tempo rinuncia a una dimensione fondamentale dell'eroismo, la dimensione del sacro, che lo situava tra il divino e l'umano. È quindi una dimensione troppo traumatica per questa società, perchè si esprime sempre come *furore*, come afferma in *De gli eroici furori* Giordano Bruno (1548-1600), anche nelle manifestazioni non di guerra ma puramente spirituali. In questo modo si rinuncia infine anche a una parte dell'esperienza eroica che veniva descritta dai partecipanti alla Seconda Guerra Mondiale. Se leggiamo i testi dei partigiani sloveni, troviamo anche il concetto secondo cui il partigiano dovrebbe essere un "oltreuomo" o "superuomo", anche se non nel senso nietzschiano. D'altra parte, in una tale società la dimensione dell'eroismo incentrata sulla morte resta totalmente incompresa e giudicata come distruttiva.

In una società di questo tipo anche l'atto finale di Mishima, il suo terribile *seppuku*[7], non fu percipito come eroico ma oggetto di ridicolizzazione. Tre anni prima della sua morte, Mishima pubblicò un suo commento al famoso manuale samurai degli inizi del XVIII secolo, *Hagakure* di Jōchō Yamamoto (1659-1719), un testo in cui affermava deliberatamente un'etica totalmente opposta ai valori del mondo post-guerra. Jōchō Yamamoto esprime un'idea di eroismo che è racchiusa nel detto: "La via del samurai si trova nella morte"[8]. Per la società contemporanea, questo suona orribile e distruttivo. Mishima però ci ammonisce: l'organizzazione del mondo che ignora la morte in nome del progresso e del comfort, con il suo umanesimo razionale, ha soltanto rimosso il problema della morte dalla coscienza; e con questa repressione la pulsione di morte torna poi ad essere più pericolosa, esplosiva e concentrata; quando la pulsione di morte viene repressa, infatti, può poi esplodere in un modo inaspettato e incontrollato.

V.

E sono proprio l'arte e la poesia, con le loro alte tensioni interne, che possono confrontarsi con questa dimensione

7 *Seppuku* è un termine giapponese che indica un rituale nell'Antico Giappone per il suicidio obbligatorio o volontario privilegio esclusivo della casta dei samurai. Era il modo in cui il samurai evitava la pena capitale, manifestava cordoglio per la morte del proprio signore oppure protestava per un'ingiustizia subita.

8 Cfr. https://books.google.it/books?id=A_l0DwAAQBAJ&pg=PT110&lpg=PT110&dq=-Mishima+pubblic%C3%B2+il+suo+commento+del+famoso+manuale+samurai+-del+primo+secolo+XVIII&source=bl&ots=sbh3pJ61iz&sig=ACfU3U1PepSzXipSgzXOAGM6PVSvcnk9tw&hl=it&sa=X&ved=2ahUKEwikxZe3t73qAhW5wcQBHQtgBFcQ6AEwAXoECAwQAQ#v=onepage&q=Mishima%20pubblic%C3%B2%20il%20suo%20commento%20del%20famoso%20manuale%20samurai%20del%20primo%20secolo%20XVIII&f=false (consultato ad agosto 2020).

beyond the human: "The contemporary hero is not Lucifer; he is not even Prometheus; he is man".[6]

This definition makes the notion of heroism acceptable to a peaceful society, but also renounces a fundamental dimension of heroism, namely the dimension of the sacred, which placed it between the divine and the human. It is therefore a dimension that is too traumatic for this society, because it is always expressed as a furore, as Giordano Bruno (1548-1600) states in *De gli eroici furori*, even in its purely spiritual manifestations that have nothing to do with war.
It consequently also renounces an aspect of the heroic experience that was described by those involved in the Second World War. If we read the texts written by Slovenian partisans, we also find the concept according to which the partisan ought to be an "overman" or "superman", albeit not in the Nietzschean sense.
On the other hand, in a society such as this, the dimension of heroism centred around death remains totally misunderstood and judged as destructive.

In a society of this kind, even Mishima's final act – his terrible *seppuku*[7] – was not perceived as heroic but as an object of ridicule. Three years before his death, Mishima published a commentary on the famous early eighteenth-century samurai manual *Hagakure* by Jōchō Yamamoto (1659-1719), a text that deliberately set out an ethic totally opposed to the values of the post-war world. Jōchō Yamamoto expresses an idea of heroism that is incorporated within the saying: "The way of the Samurai is death".[8] This sounds horrible and destructive to contemporary society. However, Mishima gives us a warning: the world organisation that ignores death in the name of progress and comfort, with its rational humanism, has only removed the problem of death from the mind; and through this repression, the death drive becomes more dangerous, explosive and concentrated than ever.
Indeed, when the death drive is repressed, it can explode in an unexpected and uncontrolled fashion.

V.

And then we have art and poetry, with their high internal tensions, which can encounter this extreme dimension in a more direct fashion, making it conscious and alive in a beneficial,

6 Maurice Merleau-Ponty, *Sense and Non-Sense*, (Evanston: Northwestern University Press, 1964), 187.

7 *Seppuku* is a Japanese term referring to an honourable form of suicide practised by men of the samurai class in ancient Japan. It was a way of avoiding falling into the enemies' hands and could also be used to express grief for the death of their lord, to protest against injustice or to avoid capital punishment.

8 See https://www.google.co.uk/books/edition/The_Way_of_the_Samurai/AcwlAQAAMAAJ?hl=en&gbpv=1&bsq=mishima+%22the+way+of+the+samurai+is+death%22+hagakure&dq=mishima+%22the+way+of+the+samurai+is+death%22+hagakure&printsec=frontcover (accessed Aug. 2020).

estrema in modo più diretto, rendendola cosciente e viva in modo benefico, non distruttivo[9]. Anzi, è possibile creare con queste tensioni una vera e propria esperienza eroica che non è solamente meno intensa dell'azione vissuta, ma può anche superarla.

In questo contesto è interessantissima un'esperienza raccontata dallo scrittore Ernst Jünger (1895-1998), eroe della Grande Guerra 1914-1918, ripetutamente ferito e poi insignito con *L'Ordre pour le Mérite*. Nelle sue conversazioni con Antonio Gnoli e Franco Volpi, pubblicate nel libro *I prossimi titani*, Jünger dice che lo spinse all'eroismo la lettura dell'*Orlando furioso* di Ariosto (1474-1533) le cui rime, nelle pause tra un combattimento e l'altro, lo motivarono durante la guerra. E retrospettivamente Jünger affermò che la guerra fu per lui un'esperienza importante ma anche molto limitata se confrontata con quelle vissute attraverso la letteratura; anche durante la guerra la lettura dell'Ariosto era per lui più appassionante delle esperienze reali di vita vissuta.
Una buona premessa per pensare all'eroismo in modo non distruttivo, senza rinunciare al suo furore.

Il nome di Ariosto lo incontriamo anche tra le opere dei partigiani jugoslavi. Vladimir Nazor (1876-1949), uno dei più famosi poeti croati del suo tempo, divenne partigiano già in età avanzata e nel 1943 l'Unione della gioventù antifascista partigiana pubblicò un piccolo libro di sue poesie partigiane, tra cui una intitolata *L'avventura*, dedicata ad Ariosto.
In questa poesia, Nazor spiega che non è il capo dei partigiani Tito a guidarlo per il bosco, ma la dea Avventura, e che non è l'Idea, ma Angelica, la donna in carne e ossa, quella che lui sta cercando tra albero e albero, da monte a monte.
E afferma eroicamente al "Messer Lodovico con l'espressione ambigua sulle labbra" che non teme il suo sorriso.

9 Nella Slovenia del dopoguerra, un personaggio che pensava e viveva l'eroismo fino alle ultime consequenze era il grande poeta Jure Detela (1951-1992): il suo era l'eroismo della non-violenza; Detela considerava come lotta personale i suoi radicali tentativi di instaurare una relazione tra gli uomini e gli esseri non-umani totalmente nuova, basata sulla non-violenza radicale; nella sua ultima carta, dettata due giorni prima della sua morte, parlava degli antichi eroi cinesi, mentre in un'altra occasione scriveva di se stesso che non sapeva se essere un essere umano o no.

non-destructive fashion.[9] Indeed, it is possible to use these tensions to create a real heroic experience that is not only less intense than the action experienced, but also able to overcome it.

Within this context, an experience described by the writer Ernst Jünger (1895-1998), hero of the Great War (1914-8), who was repeatedly wounded and then awarded *L'Ordre pour le Mérite*, is very interesting. In his conversations with Antonio Gnoli and Franco Volpi, published in the book *I prossimi titani*, Jünger says that he was driven towards heroism by reading the *Orlando furioso* by Ariosto (1474-1533) whose rhymes, during the pauses between one battle and the next, motivated him during the war. Retrospectively, Jünger stated that the war was an important experience for him, but also one that was very limited if compared to those experienced through literature. Even during the war, reading Ariosto was more exciting than the actual experiences he was going through.

9 In post-war Slovenia, a figure who conceived and lived heroism right through to its ultimate consequences was the great poet Jure Detela (1951-92): his was the heroism of non-violence. Detela considered his radical attempts to install a totally new relationship between humans and non-human beings to be a personal battle, based on radical non-violence. In his final work, dictated two days before his death, he talked about ancient Chinese heroes, while in another text he wrote that he did not know whether or not he was a human being.

A good premise for conceiving heroism in a non-destructive fashion, without renouncing its furore.

We also encounter the name of Ariosto in the works of the Yugoslavian partisans. Vladimir Nazor (1876-1949), one of the most famous Croatian poets of his time, became a partisan at an advanced age and, in 1943, the Unified League of Anti-Fascist Youth published a small book of his partisan poems, including one entitled *The Adventure*, dedicated to Ariosto. In this poem, Nazor explains that he is not guided through the forest by Tito, head of the partisans, but by the goddess Adventure, and it is not the Idea, but Angelica, the flesh-and-blood woman, that he is seeking from tree to tree and from mountain to mountain. And he heroically states to "Messer Lodovico, with an ambiguous expression on his lips", that he does not fear his smile.

Branislav Dimitrijević

GLI *SHOCK-WORKER* SOTTOPOSTI A ELETTROSHOCK

È bloccato lassù, sotto il melo. Il cadavere! I piedi rivelano senz'ombra di dubbio che è morto: i piedi sono rigidi, le calze sono tirate su ma non aderiscono alle gambe. Il terreno è pronto, ma solo la voce umana lo renderà emozionante. Dovremo seppellirlo in silenzio, per impedire che lo trovino e mutilino il cadavere! E per cosa, poi? Vogliono strappare la carne già maledetta, marcescente, evanescente. La sepoltura, questa e una volta di più, ritrova appieno il suo antico significato.

E tu non sai nemmeno se hai amato quest'uomo. Ciò che hai di fronte ora è meno di una fotografia. Perché non è veritiero, perché non c'è un domani di presenza e cameratismo.

Coloro i cui ricordi non sono toccati da quest'invadente figura senza vita piangeranno in modo molto più composto. Ehi! Bisogna piangere in anticipo![1]

Ecco come Koča Popović, scrittore e poeta surrealista, nonché comandante della 1° Brigata proletaria d'assalto, descrive sul suo diario la morte di Filip Kljajić, commissario politico della stessa divisione che morì il 5 luglio 1943 nella periferia di Zvornik, in seguito al famoso sfondamento compiuto proprio dalla Divisione durante la battaglia della Sutjeska. Quello stesso anno Kljajić fu insignito, dopo la morte, del titolo di Eroe popolare, decorazione che il Comando supremo delle forze partigiane aveva istituito nel dicembre 1941. Nel 1945, alla fine della guerra, in Jugoslavia furono nominati 163 Eroi popolari, di cui soltanto 32 erano ancora in vita. Il titolo fu assegnato per la prima volta nel 1942 allo scalpellino Petar Leković per l'eccezionale coraggio dimostrato, per esempio quando catturò da solo un'intera unità tedesca. L'ultimo Eroe popolare fu il maggiore dell'esercito jugoslavo Milan Tepić, che nel luglio 1991 rifiutò di arrendersi ai ribelli croati nei pressi della città di Bjelovar e si fece saltare in aria insieme al deposito di munizioni che stava proteggendo.

Popović conclude la descrizione con un invito (surrealista) a *piangere in anticipo* per le tragedie future, anziché struggersi sui cadaveri degli eroi scomparsi. Il fervore della lotta partigiana aveva un impellente bisogno di nuovi eroi da seguire come esempi e provocò la mobilitazione poetica della lotta, ma aveva anche bisogno della forte organizzazione militare e delle istituzioni del nuovo Stato proclamato durante la guerra, nel novembre 1943. Negli ultimi anni il nome di Koča Popović è comparso in numerosi testi,

1 Koča Popović, *Beleške uz ratovanje*, BIGZ, Beograd 1988, pp. 157-158. Passaggio tradotto da Aurelia Di Meo.

Branislav Dimitrijević

SHOCK-WORKERS ON SHOCK-THERAPY

He is laid up there below the apple tree. The corpse! His feet faultlessly reveal that he is dead – his feet are stiff, his socks pulled up but they do not clasp his legs. The soil is ready but only a human voice will make it exciting. We shall bury him secretly to prevent them from finding and mutilating his corpse! And what for? They want to rip off the flesh that is already doomed, rotten, vanishing. The burial, here, and again, gains its full, ancient meaning.

And you don't know any more if you loved this man. What is in front of you now is less than a picture. Because it is not truthful, because there is no tomorrow of presence and comradeship.

Those whose memories are not affected by this obtrusive, lifeless figure will cry in a much nicer way. Hey! One needs to cry in advance![1]

This is how, in his notebook, the surrealist writer and poet Koča Popović, the commander of the First Proletarian Division, describes the death of Filip Kljajić, the same division political commissar who died on 5 July 1943 on the outskirts of Zvornik, following the famous breakthrough that the Division made during the battle of Sutjeska. That very year, Kljajić was posthumously decorated with the Order of the People's Hero, the title that the Supreme command of Partisan forces had already established in December 1941. By the end of the war in 1945, 163 People's Heroes were nominated in Yugoslavia, of whom only 32 were then alive. The first People's Hero title was awarded in February 1942 to the stoneworker Petar Leković for his outstanding bravery, which included the episode in which he single-handedly captured an entire German unit. The last People's Hero was the major of the Yugoslav Army Milan Tepić, who in July 1991 refused to surrender to the Croatian insurgents near the town of Bjelovar and blew himself up along with the ammunition store he was protecting.

Popović ends his description with a (surrealist) call to *cry in advance* for the tragedies that are yet to come, rather than to mourn over the corpses of the heroes that are gone. The fervour of the partisan struggle called for new heroes as immediate role models, it required the poetic mobilisation of the struggle, but it also needed the strong military organisation and the institutions of the new state that was proclaimed during the war, in November 1943. In recent years, the name of Koča Popović has resonated in many texts, films, and research projects,

1 Koča Popović, *Beleške uz ratovanje*, (Belgrade: BIGZ, 1988), 157-8. Passage translated by the author.

film, progetti di ricerca e artistici[2] come modello dell'intellettuale (borghese) pronto ad abbandonare la torre d'avorio della cultura autonoma per farsi coinvolgere nelle lotte politico-sociali. Popović incarnò la necessità della lotta partigiana di un'organizzazione militare, oltre alla necessità di un'*organizzazione poetica* della lotta che avrebbe reso possibile l'impossibile, e che avrebbe articolato la soggettività rivoluzionaria collettiva creando "lo spazio per ciò che ancora non esisteva" attraverso una "tematizzazione dell'insostenibile tensione all'interno della quale questa nuova autonomia *sfidava con eroismo la propria impossibilità*"[3]. A metà degli anni Trenta, Popović decise di "smetterla di scribacchiare poesie quasi incomprensibili"[4] e dedicò la propria vita alla rivoluzione: nella guerra civile spagnola e nella lotta per la liberazione jugoslava, ma anche nel dopoguerra, durante lo sviluppo della Jugoslavia socialista, quando compì una svolta rivoluzionaria in ambito diplomatico e si rivelò fondamentale per la nascita del Movimento dei Paesi non allineati.

Popović ricevette la medaglia dell'Ordine dell'Eroe popolare insieme a 1.231 uomini e 91 donne, alcuni dei quali furono celebrati nel corso dello sviluppo socialista e ancora oggi vengono ricordati come leggendari combattenti per la libertà. Nel 1945, alla fine della guerra, le nuove circostanze resero però chiaro che i modelli rappresentati dai guerrieri coraggiosi e dai grandi intellettuali non bastavano più. L'intera *narrazione* della rivoluzione jugoslava era incentrata sulle sue due fasi: la prima riguardava la liberazione del Paese dalle forze fasciste autoctone e straniere; la seconda la radicale trasfor-

2 Citiamo l'esempio del progetto avviato dall'artista Zoran Todorović e dal teorico Stevan Vuković, entrambi di Belgrado, che hanno chiesto a vari gruppi artistici e politici appartenenti all'odierna sinistra serba di "ri-articolare le opinioni polemiche dei due membri del Surrealismo di Belgrado" degli anni Trenta, ovvero Koča Popović e Marko Ristić. I partecipanti hanno rimesso in scena queste posizioni rappresentando i due poli di un costante dilemma che vede contrapporsi l'abbandono del nido dell'arte critica autonoma in favore dell'adozione della lotta sociale diretta e il mantenimento di un atteggiamento critico e riservato nei confronti di quest'interrogativo pratico-ideologico. Per il progetto si veda: Stevan Vuković, *Performativne reartikulacije sukoba na levici*, in *Studije savremenosti*, https://www.studijesavremenosti.org/2018/03/10/performativne-reartikulacije-sukoba-na-levici/#_ftnref22 (consultato a settembre 2020).

3 Come riassume Miklavž Komelj nella sua ricerca sulla poesia e sull'arte dei partigiani: Miklavž Komelj, *Kako misliti partizansku umetnost?*, in Zorana Dojić, Dušan Grlja e Jelena Vesić (a cura di), *Političke prakse (post)jugoslovenske umetnosti*, Prelom Kolektiv, Beograd 2010, pp. 36-41. Passaggio tradotto da Aurelia Di Meo.

4 Aleksandar Nenadović, *Razgovori s Kočom*, Globus, Zagreb 1989, p. 13. Passaggio tradotto da Aurelia Di Meo.

as well as in art projects,[2] as a model of the (bourgeois) intellectual who is prepared to leave the ivory tower of autonomous culture and invest himself in social and political struggles. Popović epitomised the need for a military organisation of the partisan insurgency as well as the need for a *poetic organisation* of the struggle that would turn the impossible into the possible, and that would articulate collective revolutionary subjectivity by opening "the space for the still non-existent" through a "thematisation of the unbearable tension within which this new autonomy heroically *defied its own impossibility*".[3] By the mid-1930s, Popović decided to "stop scribbling down some semi-intelligible poems"[4] and dedicated his entire life to revolution – as in the Spanish Civil War and the Yugoslav liberation struggle, but also during the post-war development of socialist Yugoslavia, when he conducted a revolutionary shift in diplomacy and was pivotal for the emergence of the Non-Aligned Movements.

Popović also received the People's Hero medal along with 1,231 men and 91 women, some of whom were celebrated during the socialist development and are also remembered today as legendary freedom fighters. However, when the war was over in 1945, the new situation needed not just role models in the form of brave warriors and great intellectuals. The entire *narrative* of the Yugoslav revolution was constituted around its two phases: the first phase involving the liberation of the country from foreign and local fascist forces, and the second involving the radical socio-political and economic transformation of the devastated country. But socialist

2 To mention the example of the project initiated by the Belgrade artist Zoran Todorović and the theoretician Stevan Vuković, who have gathered different groups from the political and artistic Left in Serbia today, and asked them to "re-articulate polemical arguments of the two members of the Belgrade surrealists" from the 1930s – namely Koča Popović and Marko Ristić. The participants performed their positions representing two opposite extremes of a constant dilemma between, on the one hand, leaving the nest of autonomous critical art and adopting direct social struggle or, on the other, staying reserved and critical towards this ideological-practical interpellation. On this project, see Stevan Vuković, "Performativne reartikulacije sukoba na levici", in: *Studije savremenosti*, https://www.studijesavremenosti.org/2018/03/10/performativne-reartikulacije-sukoba-na-levici/#_ftnref22, (accessed Sept. 2020).

3 As summed up by Miklavž Komelj in his research about poetry and art of the Partisans: Miklavž Komelj, "Kako misliti partizansku umetnost?", in: Zorana Dojić, Dušan Grlja, Jelena Vesić (eds.), *Političke prakse (post)jugoslovenske umetnosti*, (Belgrade: Prelom Kolektiv, 2010), 36-41. Passage translated by the author.

4 Aleksandar Nenadović, *Razgovori s Kočom*, (Zagreb: Globus, 1989), 13. Passage translated by the author.

mazione socio-politica ed economica di un Paese devastato. Ma la Jugoslavia socialista affrontò molto presto la sua crisi principale: una crisi nei rapporti con il suo maggiore alleato, l'Unione Sovietica, nel 1948. La situazione, già delicata, fu aggravata dal blocco sovietico delle merci e dai toni generali del "tradimento" compiuto dagli jugoslavi ai danni dell'alleanza, che appariva come un tradimento del socialismo stesso[5]. Come reazione al rifiuto del "revisionismo" jugoslavo da parte dei sovietici, il governo del Paese si appropriò di molte delle loro pratiche[6], tra cui il titolo di "Eroe del lavoro socialista" introdotto nell'URSS nel 1938. Nel dicembre 1948, pochi mesi dopo l'espulsione della Jugoslavia dal Cominform, fu istituito l'Ordine dell'Eroe del lavoro socialista, che sarebbe diventato la seconda onorificenza di Stato in ordine d'importanza. L'appropriazione del titolo sovietico fu perlopiù incarnata dalla figura di Alija Sirotanović, un minatore di carbone che lavorava nel sito bosniaco di Breza. Si raccontava che il 24 luglio 1949 Sirotanović, insieme a un gruppo di colleghi, avesse estratto 158 tonnellate di carbone nell'arco di un unico turno: 50 tonnellate più di quante ne avesse estratte nel 1935 Stakhanov, il modello sovietico del lavoratore infaticabile. Il "documentario" *100 dana u Brezi* [100 giorni nella miniera di Breza], regia di Zoran Markuš, 1950, fu un exploit propagandistico diretto ai sovietici e al loro sabotaggio dell'industria jugoslava. Sirotanović è pressoché l'unico "operaio modello" ancora presente nella memoria popolare, benché alla fine degli anni Cinquanta il concetto stesso di *udarnik*[7] sia sprofondato gradualmente nell'oblio, man mano che il Paese modernizzava l'industria, migliorava i rapporti internazionali e introduceva ulteriori riforme economiche.

Nei primi anni Settanta questa vicenda ispirò un altro film: *Slike iz života udarnika* [Vita di un udarnik], regia di Bato Čengić, 1972, esempio rappresentativo del movimento cinematografico jugoslavo dell'Onda nera, si concentrava sulla costruzione propagandistica dell'eroe del lavoro socialista, presentata in modo critico e ironico grazie alla sceneggiatura di Branko

5 "Il Partito Comunista di Jugoslavia si lascia illudere dalla teoria, perversa e opportunistica, dell'imperterrita crescita degli elementi capitalisti nel socialismo." Tratto dalla lettera inviata dal Comitato centrale del Partito Comunista dell'URSS al suo omologo jugoslavo il 27 marzo 1948. Cfr. Dušan Bilandžić, *Društveni razvoj socijalističke Jugoslavije*, Centar društvenih delatnosti SSOH, Zagreb 1975, p. 112. Passaggio tradotto da Aurelia Di Meo.

6 Tra le possibili spiegazioni dell'iniziale reazione jugoslava c'è quella dell'*eccessiva identificazione* ideologica: il Partito comunista jugoslavo voleva essere più sovietico dei sovietici.

7 Solitamente tradotto in inglese come *shock-worker* (letteralmente "lavoratore d'assalto"), un'espressione vagamente ridicola se si pensa all'uso della parola *šok* ("shock") nelle lingue jugoslave, che implica un concetto piuttosto borghese derivato dal tedesco *schockieren*, ovvero "stupire, meravigliare, sbalordire".

Yugoslavia faced its major crisis very early: a crisis of relations with its main ally, the Soviet Union, in 1948. The already vulnerable situation was worsened by the Soviet economic blockade, and by the general tone of the Yugoslav "betrayal" of the alliance, which appeared to be a betrayal of socialism as such.[5] Responding to the Soviet dismissal of Yugoslav "revisionism", the Yugoslav leadership appropriated many practices from the Soviets,[6] including the title of the "Hero of Socialist Labour". which had already been introduced in the USSR in 1938. In December 1948, only a few months after Yugoslavia had been expelled from the Cominform, the Order of the Hero of Socialist Labour was proclaimed, and went on to become the second most prestigious state decoration. The appropriation of the Soviet title was most famously personified in the figure of Alija Sirotanović, the pitman of the Bosnian coal mine of Breza. It was said that on 24 July 1949, Sirotanović and a group of comrades had dug 158 tons of coal in a single shift – 50 tons more than the model Soviet shock-worker Stakhanov had done in 1935. The "documentary" film *100 dana u Brezi* [100 days in the mine of Breza], dir: Zoran Markuš, 1950, was a propaganda endeavour aimed at the Soviets and their sabotage of Yugoslav industry. Sirotanović has become practically the only "model worker" that has remained in popular memory, whilst by the end of the 1950s the very notion of *udarnik*[7] faded into gradual oblivion as the country modernised its industry, improved its foreign relations, and undertook further economic reforms.

By the early 1970s, another kind of film was inspired by this story. In the film *Slike iz života udarnika* [Life of a Shock Force Worker], dir: Bato Čengić, 1972, a representative example of the so-called Yugoslav "black wave" cinema focused on the propagandist construction of the hero of socialist labour presented in a critical and tongue-in-cheek manner thanks to the script by Branko Vučićević. The main angle of Čengić's film is to show how a figure of the hero-worker declined due to the petty interests, backwardness and envy of his immediate surround-

5 "The Communist Party of Yugoslavia is lulled by the rotten opportunistic theory of the unperturbed in-growing of the capitalist elements in socialism." From the letter sent by the Central Committee of the Communist Party of the Soviet Union to the Yugoslav side on March 27, 1948. See: Dušan Bilandžić, *Društveni razvoj socijalističke Jugoslavije*, (Zagreb: Centar društvenih delatnosti SSOH, 1975), 112.

6 One of the ways to understand the Yugoslav initial response is by ideological *overidentification* – the Yugoslav CP attempted to be more Soviet than the Soviets.

7 Usually translated into English as "shock-worker" which sounds somewhat ridiculous, given the usage of the word "šok" (shock) in Yugoslav languages, which implies a rather bourgeois notion taken from the German "schockieren", to stun, scandalise, stupefy.

produttivo la figura idealizzata dell'operaio fu feticizzata, e privata di qualsiasi realtà fisica e di "nuda vita", a un punto tale che non poteva più essere paragonata alla fisiologia di un uomo "in carne e ossa". Un operaio vero, sudato, sporco e stanco del lavoro, quello che trascorre il tempo libero a bere in un bar, e non a migliorare ulteriormente la trasformazione della propria coscienza, non poteva competere con l'immagine ideologica tenuta in così alta considerazione, non poteva eguagliare l'ideale costruito. Ma d'altronde gli impieghi più desiderati e le posizioni meglio pagate si potevano trovare nell'apparato burocratico in crescita. L'operaio svanì non appena l'utopia produttivista venne trasformata in un'utopia consumistica: non vantando più alcuna simbolizzazione culturale rilevante, sparì nello sguardo troppo critico del suo sé ideale[15]. La vita stessa costituiva un importante ostacolo a qualsivoglia rappresentazione codificata, soprattutto nel momento in cui la svolta consumistica offrì una nuova forma di immaginazione sociale, quella fondata su una certa riconosciuta ingenuità di qualsiasi immaginazione utopica. Ma la svolta consumistica presentava un proprio tipo di *utopismo*, la propria forma d'ingenuità che è oggi più rilevante che mai. Il filosofo Radomir Konstantinović nel suo *Filosofia provinciale*, pubblicato per la prima volta nel 1969[16], definisce questo tipo di *utopismo* "un utopismo contro-utopico", o "un utopismo del possibile", poiché la cultura consumistica è diventata una pratica culturale dominante, e uno standard di vita più alto è diventato l'unica aspirazione sociale.

La storia della Jugoslavia socialista mostra come l'utopismo del possibile abbia gradualmente sostituito l'utopismo rivoluzionario che "sfidava con eroismo la propria impossibilità" sognato da Koča Popović e dagli altri poeti e artisti che si unirono alla rivoluzione. Eppure tendere l'orecchio alla proposta surrealista di Popović di *piangere in anticipo*, anziché struggersi sui cadaveri degli eroi del passato, si rivela una scelta appropriata. Un invito a commemorare, nella "sala d'aspetto" della nostra contemporaneità, gli eroismi ancora impossibili di alcuni futuri possibili che derivano dalla catastrofe dell'ordine neoliberista, dagli elettroshock che ha imposto ai più svantaggiati e dalle richieste di sostenibilità di mercato che ha fatto a qualsiasi attività e produzione umana. Le forme del lavoro spaziano oggi dalle privazioni assolute negli *sweatshop* asiatici ai cosiddetti "*bullshit jobs*" (letteralmente, "lavori del cavolo") nell'Occidente

15 Quando si iniziò a discutere più apertamente della questione, ovvero dell'attitudine dei media nel processo di creazione di una nuova società dei consumi, si concluse che "l'eroe della produzione" era stato sostituito dall'"eroe del consumo". Cfr. *Odnos sredstava informisanja prema potrošačkom društvu*, Jugoslovenski Institut za novinarstvo, Beograd 1981. Passaggio tradotto da Aurelia Di Meo.

16 Radomir Konstantinović, *Filozofija palanke*, Treći program, Beograd 1969.

swelling bureaucratic apparatus. The worker disappeared as the productivist utopia was transformed into a consumerist one – the worker no longer possessed any significant cultural symbolisation and disappeared in the excessive glare of his ideal self.[15] Life itself presented a major obstacle to any coded representation, and particularly when the consumerist turn provided a new form of social imagination based on the perceived naiveté of any utopian imagination. But the consumerist turn presented its own type of *utopianism*, its own form of naiveté that is more relevant than ever today. The philosopher Radomir Konstantinović, in his *Small-town Philosophy* originally published in 1969,[16] calls this type of *utopianism* "a counter-utopian utopianism", or "a utopianism of the possible", for which consumer culture became a dominant cultural practice and a higher standard of living the only social aspiration.

The history of socialist Yugoslavia shows how the utopianism of the possible gradually replaced the revolutionary utopianism that "heroically defied its own impossibility", which Koča Popović and other poets and artists joining the revolution dreamed about. Yet, to lend an ear to Popović's surrealist call to *cry in advance*, rather than to lament the corpses of past heroes, becomes an apt proposition. A proposition to commemorate, in the "waiting room" of our contemporary world, the still impossible heroisms of possible futures that may ensue from the catastrophe of the neo-liberal order, with its shock-therapies imposed on the underprivileged and its demands for the market-sustainability of any human activity and production.

Forms of labour today range from the utmost deprivation in Asian sweat shops to the so-called "bullshit jobs" in the developed West. Labour today is in no way seen any more as a source of income: it is merely an ideological instrument in a world dominated by those who have no job but only assets and debts creating their wealth from "passive income". When David Graeber introduced his famous argument about "bullshit jobs" he made the following argument about how perverse the meaning of labour is in the current phase of capitalism:

> *Sure, in the old inefficient socialist states like the Soviet Union, where employment was considered both a right and a sacred duty, the system made up as many jobs as they had to (this is why in Soviet department stores it took three clerks to sell a piece*

15 When this issue – the attitude of the media in the process of forming a new consumer society – began to be discussed more openly, it was concluded that "the production hero" had been replaced by "the consumption hero". See *Odnos sredstava informisanja prema potrošačkom društvu*, (Belgrade: Jugoslovenski Institut za novinarstvo, 1981).

16 Radomir Konstantinović, *Filozofija palanke*, (Belgrade: Treći program, 1969).

sviluppato. Oggi il lavoro non è più considerato la fonte di reddito: è un mero strumento ideologico in un mondo dominato da coloro che non hanno impieghi ma beni e debiti, che traggono la propria ricchezza dai "redditi passivi". Quando David Graeber presentò la sua famosa teoria sui *bullshit jobs*, spiegò quanto sia perverso il significato del lavoro nell'attuale fase del capitalismo:

> *Certo, nei vecchi e inefficienti Stati socialisti, come l'Unione Sovietica, dove l'occupazione era considerata tanto un diritto quanto un sacro dovere, il sistema inventava tutti i lavori che potevano servirgli. (È il motivo per cui nei grandi magazzini sovietici occorrevano tre commessi per vendere un pezzo di carne.) Ma, ovviamente, questo è appunto il tipo di problemi che la concorrenza di mercato dovrebbe risolvere. In base alla teoria economica, se non altro, l'ultima cosa che un'impresa a scopo di lucro farà, sarà sborsare soldi a lavoratori di cui non ha affatto bisogno. Eppure, per qualche ragione, succede proprio questo*[17].

17 David Graeber, *Bullshit Jobs*, Garzanti, Milano 2018, p. 10.

of meat). But, of course, this is the very sort of problem market competition is supposed to fix. According to economic theory, at least, the last thing a profit-seeking firm is going to do is shell out money to workers they don't really need to employ. Still, somehow, it happens.[17]

17 David Graeber, "On the Phenomenon of Bullshit Jobs: A Work Rant", in: *Strike*, 3, (Aug. 2013), https://www.strike.coop/bullshit-jobs/ (accessed Sept. 2020).

Boris Buden

L'EROE È UN MODESTO AMATORE.

SU BLAISE, BOND E KORCIAGHIN

L'incendio scoppiato questa notte nel campo di Moria, a Lesbo, è devastante. Migliaia di bambini e adolescenti sono rimasti per strada, senza riparo e ad alto rischio di violenza e sfruttamento. I minori non accompagnati hanno abbandonato il campo in fiamme da soli e ora sono alla disperata ricerca di un posto sicuro dove andare. Sono spaventati, affamati e infreddoliti[1].

DOVEVA NASCERE NEL SANGUE E NELLE OSSA

Di solito viene presentata con un'allusione al suo più illustre omologo maschile: *Il suo nome è Modesty... Modesty Blaise.* A renderla tanto diversa dalla spia-eroe di Ian Fleming, James Bond, a parte il genere, è il modo in cui è diventata ciò che è, ovvero l'eroina più importante della cultura popolare moderna. Se quasi non vale la pena evocare la storia famigliare dello 007 – genitori scozzesi di cui non sappiamo pressoché nulla –, il passato immaginario di Modesty Blaise è invece ben elaborato e, cosa più importante in questa sede, realmente trasponibile nel presente, nel mondo del capitalismo globale contemporaneo e delle sue disastrose contraddizioni.

Se questi due eroi si fossero incontrati di persona – e dove, se non nella Londra dei primi anni Sessanta, città in cui entrambi (lui quarantenne, lei trentenne) hanno lavorato per i servizi segreti britannici, stando alla loro biografia fittizia? –, lei avrebbe potuto raccontargli la sua straordinaria storia personale[2]. Lui, invece, non avrebbe potuto rivelarle nulla di sé e dei motivi per cui si trovava lì: il suo passato, la sua infanzia e adolescenza sarebbero stati inventati soltanto quarant'anni più tardi nei romanzi di spionaggio di Charlie Higson, in cui sarebbe retroattivamente diventato un ragazzino che negli anni Trenta frequentava l'Eton College.

1 Karen Mets, esperta del programma "Children on the Move" di Save the Children, 9 settembre 2020, https://www.savethechildren.it/blog-notizie/incendio-moria-conseguenze-devastanti-sui-bambini (consultato a settembre 2020).

2 "Immaginando Modesty come una 'super donna', O'Donnell doveva fornirle un passato, una storia che la rendesse credibile. 'Non credo si possa prendere la commessa di un negozio e trasformarla in una Modesty Blaise. Doveva nascere nel sangue e nelle ossa.'" R.C. Harvey, *Modesty Blaise and Peter O'Donnell and the Last Great Adventure Strip,* "Toucan", il blog ufficiale del Comic-con & del WonderCon, 5 settembre 2015, http://www.tcj.com/modesty-blaise-and-peter-odonnell-and-the-last-great-adventure-strip/ (consultato ad agosto 2020). Passaggio tradotto da Aurelia Di Meo.

Boris Buden

THE HERO IS A MODEST AMATEUR.

ON BLAISE, BOND AND KORCHAGIN

The fire in Moria Camp is absolutely devastating. Thousands of children have been left on the streets, without shelter, and at high risk of violence and exploitation. Unaccompanied children left the burning camp on their own and are now desperately searching for a safe place to go. They are scared, hungry, and cold.[1]

IT HAD TO BE BORN IN THE BLOOD AND THE BONE

She is usually introduced by an allusion to her more prominent male counterpart: *Her name is Modesty... Modesty Blaise*. What, beyond gender, makes her so different from Ian Fleming's spy-hero James Bond is how she became what she is – probably the most impressive female hero of modern popular culture. While the family background of *007* is almost not worth mentioning – Scottish parents of whom we know almost nothing – the fictional past of Modesty Blaise is well elaborated and, what is more relevant here, genuinely translatable into the present day, the world of contemporary global capitalism and its disastrous contradictions.

If these two heroes had ever met in person – where else than in London in the early 1960s, where, in their fictional lives (he in his forties and she in her thirties), they both worked for the British Secret Service – she could have told him her personal, breath-taking story.[2] He, on the contrary, could not have told her anything about himself and what had led him there. His past, his childhood and youth, were invented only forty years later in the spy novels by Charlie Higson, where he became retroactively a young teenage boy, who in the 1930s attended school at Eton College.

The childhood and youth of Modestly Blaise could not have been more different. We first meet her in 1945 when she, probably aged twelve, slips away from a refugee camp

1 Karen Mets, Save the Children's Senior Advisor for Children on the Move, 9 Sept. 2020. https://www.savethechildren.org/us/about-us/media-and-news/2020-press-releases/moria-camp-fires-destroy-largest-migrant-camp-on-lesbos# (accessed Sept. 2020).

2 "In imagining such a 'super woman' as Modesty, O'Donnell had to give her a background, a history, that would make her plausible. 'I don't think you could take a girl from behind a counter in a shop and turn her into a Modesty Blaise. It had to be born in the blood and the bone.'" R.C. Harvey, "Modesty Blaise and Peter O'Donnell and the Last Great Adventure Strip", in: *Toucan*, the official blog of comic-con & wondercon, (5 Sept. 2015), http://www.tcj.com/modesty-blaise-and-peter-odonnell-and-the-last-great-adventure-strip/ (accessed Aug. 2020).

Modesty Blaise non avrebbe potuto avere un'infanzia e una giovinezza più diverse. La incontriamo per la prima volta nel 1945 quando, sui dodici anni, fugge da un campo profughi in Grecia. In quel momento è un'orfana senza nome e senza patria, con ogni probabilità di origini balcaniche. Benché segua il percorso inverso rispetto ai migranti che oggi fuggono dalla Grecia verso l'Europa (Modesty si sposta fra Turchia, Iran e lungo il Mediterraneo meridionale fino al Nord Africa), la direzione è la stessa: lontano dalla guerra e dalla confusione. Lo scrittore Peter O'Donnell, suo padre letterario, descrive senza mezzi termini la condizione esistenziale di una rifugiata in fuga. La sua eroina, neppure adolescente, è in uno stato di shock che rende la sua memoria "una macchia indistinta di orrore"[3], motivo per cui non sa chi sia né da dove provenga. Nonostante tutto, prosegue per la sua strada ("Il fuoco ha cancellato da tempo la sua paura e la sua tristezza"). Di tanto in tanto si unisce a nomadi in cammino o si ferma in città e bazar ("Per mangiare lavorava o supplicava... o rubava"). In un campo profughi ("C'erano dei campi per le persone come lei, per quelli senza una patria, senza averi, senza speranza. Ma erano luoghi tristi, cupi") incontra Lob, un uomo anziano e indifeso, un accademico ebreo di Budapest. La ragazzina lo protegge da alcuni malintenzionati che vogliono derubarlo e i due fanno amicizia.
È Lob a darle finalmente un nome – Modesty – e a occuparsi della sua istruzione. Dopo la sua morte lei, ormai una splendida giovane donna, non soltanto "espertissima nell'arte della sopravvivenza", ma pure colta e in grado di parlare diverse lingue, si trasferisce a Tangeri; lì, ancora adolescente, diventa il capo di una gang criminale, che trasforma in un'associazione a delinquere internazionale, il Network, con cui guadagna una fortuna. Prima di compiere trent'anni, Modesty abbandona la carriera criminale e va a vivere a Londra, in un attico a Hyde Park. È qui che cominciano le avventure dell'eroina del fumetto e dei romanzi di O'Donnell: annoiata dalla quotidianità della ricca élite londinese, inizia a lavorare per i servizi segreti britannici.

Ed è solo in questo momento che Modesty Blaise – il cognome lo sceglie da sé – avrebbe potuto conoscere il suo omologo maschile: James Bond, la spia della Guerra Fredda. Ma lui non avrebbe avuto nessuna storia da raccontarle, poiché si tratta di un personaggio privo di storia pregressa, di un eroe privo di una Genesi. Lo stesso Bond non sa com'è diventato un eroe, anche se questo non significa che non serbi nessun ricordo. In realtà è una sorta di archivio in carne e ossa, solo che i ricordi che custodisce non appartengono a lui ma a qualcun altro. Il suo creatore, Ian Fleming, ha ammesso apertamente di aver dato al personaggio le caratteristiche di svariati colleghi conosciuti durante la Seconda Guerra

3 Questa e le successive citazioni sono tratte da un passaggio del fumetto. Cfr. R.C. Harvey, *Modesty Blaise and Peter O'Donnell and the Last Great Adventure Strip*, cit.

in Greece. At that moment she is a nameless, stateless orphan originating, presumably, from somewhere in the Balkans. Although she takes the opposite route to that of today's migrants escaping from Greece towards Europe – Modesty wanders through Turkey, Persia, and further along the South Mediterranean to North Africa – the direction is the same: away from war and chaos. Her literary father, the writer Peter O'Donnell, is quite explicit in describing the existential condition of a refugee on the run. His heroine, hardly a teenager, is in a state of shock that has made her memory "a shapeless blur of horror",[3] which is why she does not know who she is and where she comes from. Nevertheless, she moves on ("All fear and sorrow had long since been burnt out of her."). Sometimes she joins nomads on their treks or stops in cities and bazaars ("To eat she would work or beg... or steal."). In one of the refugee camps ("Here there were camps for such people – for those without a country, without belongings, without hope. But they were sad, grim places.") she meets Lob, a helpless old man, a Jewish scholar from Budapest. The little girl protects him from some thugs who try to rob him and they become friends. Lob finally gives her a name – Modesty – and takes care of her education. After his death, now a beautiful young woman, who is not only "highly skilled in the art of survival" but also well-educated and fluent in several languages, she moves to Tangier where, still a teenager, she becomes the boss of a criminal gang. She expands it into an international crime syndicate called Network and earns a fortune. Before turning thirty, Modesty retires from her criminal career and moves to London, where she lives in a Hyde Park penthouse. This is where the hero of O'Donnell's comic strip and novels begins her adventures: bored by the life of London's rich elite, she begins to work for the British Secret Service.

Only now, Modesty Blaise – the last name she chose herself – could have met her male counterpart, the Cold War spy James Bond. But he has no story to tell. He is a character without a pre-history, a hero without Becoming. Bond himself has no knowledge of how he has become the hero he is. This, however, does not imply that he has no memory whatsoever. In fact, he is a sort of living memory storage, only this memory is not his own but someone else's. His creator, Ian Fleming, admitted openly that he composed his fictional character based on the qualities he had previously found on a number of his colleagues whom he met working for the special and intelligence units of the British Army during the Second World War. Fleming's Bond "was a compound of all the secret agents and commando types I met during the war". He wanted his

3 This and the following quotes are taken from a sequence of the comic strip. See R.C. Harvey, "Modesty Blaise and Peter O'Donnell and the Last Great Adventure Strip", cit.

Mondiale lavorando per le unità speciali d'intelligence dell'esercito britannico. Il Bond di Fleming "era la *summa* di tutti gli agenti segreti e dei commandos che ho incontrato nel corso della guerra". Voleva che il suo eroe fosse "un uomo incredibilmente piatto e poco interessante a cui capitavano delle cose". O, per dirla in modo più esplicito: "Volevo che fosse un oggetto contundente"[4].

L'EROE DI TUTTI I TEMPI

Nel caso di James Bond non abbiamo di fronte la rappresentazione romanzata di un eroe umano. Le sue caratteristiche affascinanti, la sua forza e le sue abilità, che lo rendono un agente segreto virtuoso, sono infatti di natura diversa, non umana. L'eroe è una macchina; per usare le parole di Karl Marx, è "la macchina, che possiede abilità e forza al posto dell'operaio, è essa stessa il virtuoso, che possiede una propria anima [...]"[5]. Ecco perché non ha consapevolezza di come abbia acquisito tali caratteristiche e non ha ricordi di come sia diventato la persona che conosciamo. Bond possiede forza e abilità e il suo virtuosismo sostituisce le qualità che gli agenti, le spie e gli ufficiali delle forze speciali dei servizi segreti e dell'intelligence britannici hanno acquisito nel mondo reale. Qualità che essi hanno processato a livello cognitivo attraverso la riflessione sulle proprie esperienze individuali, hanno protetto e immagazzinato nella memoria e hanno tramandato, sotto forma di storie (quelle della loro genesi personale), all'industria culturale. Che, a sua volta, ha usato tali storie per creare un eroe, non come semplice prodotto composito, bensì come suo dispositivo tecnologico; o, per essere più precisi, come suo dispositivo psicotecnologico: non soltanto perché ha "una propria anima" (come direbbe Marx), ma perché è in grado di catturare l'anima altrui[6].

Ciò spiega inoltre altre due notevoli caratteristiche di James Bond, spia-eroe della Guerra Fredda: la sua longevità e la sua traducibilità. Innanzitutto, perdura nel tempo senza mai invecchiare. Sì, cambia, tuttavia i suoi

4 Si veda la voce "James Bond" su Wikipedia, in inglese: https://en.wikipedia.org/wiki/James_Bond#cite_note-Macintyre_(2008)-2 (consultato ad agosto 2020). Passaggio tradotto da Aurelia Di Meo.

5 Karl H. Marx, "Frammento sulle macchine", in *Lineamenti fondamentali della critica*, vol. II, La Nuova Italia Editrice, Firenze 1969, p. 390.

6 Il concetto di "dispositivo psicotecnologico" è tratto da Bernard Stiegler che, tuttavia, parla di come esso catturi l'attenzione. Si veda Bernard Stiegler, "Within the limits of capitalism, economizing means *taking care*", in Tom Cohen (a cura di), *Telemorphosis: Theory in the Era of Climate Change*, vol. 1, Open Humanities Press, Michigan 2012, https://quod.lib.umich.edu/o/ohp/10539563.0001.001/1:6/--telemorphosis-theory-in-the-era-of-climate-change-vol-1?rgn=div1;view=fulltext (consultato ad agosto 2020).

hero "to be an extremely dull, uninteresting man to whom things happened". Or more explicitly: "I wanted him to be a blunt instrument."[4]

THE HERO OF ALL TIMES

In the case of James Bond, we are not dealing with the fictional portrayal of a human hero. His fascinating qualities, his strength, and his skills, which make for his virtuosity as a secret agent, are actually those of a different, non-human character. The hero is a machine: he is, to use Karl Marx's words, "the machine which possesses skill and strength in place of the worker, [the machine] is itself the virtuoso, with a soul of its own [...]".[5] This is why he does not have any knowledge of how he has acquired these qualities and lacks any memory of how he has become who he is. Bond possesses his strength and skills, his virtuosity in the place of all those real agents, spies, and special forces officers of the British secret services and intelligence agencies who acquired them in the real world. They cognitively processed them by self-reflecting on their individual experiences, preserved and stored them in their memory and, in the form of stories, i.e., of the histories of their personal becoming, passed them on to the cultural industry. This, in turn, has used these stories to compose a hero, not simply as its product, but rather as its technological device or, to put it more precisely, as its psychotechnological device – not only because it has, as Marx would say, a "soul of its own" but rather because it can capture the souls of others.[6]

This also explains two more striking qualities of the Cold War spy-hero James Bond: his longevity and translatability. First, he persists through time without ever growing old. He does change, however, but these changes come in the form of technological updates. The hero continually adapts to an ever-changing technological environment. On the other hand, a transformation of the historical context does not seem to have any impact on him. Bond easily survives the end of the Cold War. In fact, we cannot

4 See Wikipedia entry for James Bond. https://en.wikipedia.org/wiki/James_Bond#cite_note-Macintyre_(2008)-2 (accessed Aug. 2020).

5 Karl H. Marx, "Fragments on Machines", in: *Grundrisse. Introduction to the Critique of Political Economy*, trans. by Martin Nicolaus, (New York: Random House, 1973), 692-3.

6 The notion "psychotechnological device" is taken from Bernard Stiegler. He, however, talks of the psychotechnological device capturing attention. See Bernard Stiegler, "Within the limits of capitalism, economising means *taking care"*, in: Tom Cohen (ed.), *Telemorphosis: Theory in the Era of Climate Change*, vol. 1, (Michigan: Open Humanities Press, 2012). https://quod.lib.umich.edu/o/ohp/10539563.0001.001/1:6/--telemorphosis-theory-in-the-era-of-climate-change-vol-1?rgn=div1;view=fulltext

in senso stretto. Come le parole di una lingua che sono in grado di lasciare un'impronta sulla superficie di un'altra senza penetrarne la struttura a livello semantico. Si può fare un paragone con i tatuaggi: James Bond, "l'eroe di tutti i tempi", trova spazio sulla pelle di tutti, senza però penetrarla. Oggi non è difficile immaginare un tatuaggio dell'elmetto nazista con tanto di stemma delle SS sul braccio di un ragazzo russo. Ciò che più colpisce di questa immagine non è il suo evidente messaggio politico (probabilmente riconducibile ai suprematisti bianchi dell'estrema destra di tutto il mondo), ma come essa contraddica brutalmente il contesto storico cui appartiene: chi, più dei russi, ha sofferto l'occupazione nazista durante la Seconda Guerra Mondiale?

Come oggi la testa di chiunque può adattarsi a un elmetto nazista, così l'eroe James Bond si accompagna a qualsiasi storia, ma senza adattarsi a essa: è piuttosto la storia ad adattarsi all'eroe o all'eroina, senza però adottarli davvero. Come già detto, qualsiasi storia può essere arbitrariamente – e retroattivamente – aggiunta a questo tipo di eroe, ed è questo a renderlo "universale" ed "eterno". Già negli anni Cinquanta, James Bond veniva inventato come eroe post-storico *avant la lettre*.

L'EROE DEI NOSTRI TEMPI

Modesty Blaise è figlia della storia. È nata come eroe immaginario in un luogo, un campo profughi nella Grecia del 1945, dotato di coordinate spaziotemporali. La sua storia, qualsiasi strada segua, trova sempre un'àncora storica, ed è per questo che non fatichiamo a immaginare che, dopo la fuga, possa imboccare la direzione opposta. Non verso est, attraverso le colonie britanniche, in un "ritorno" alla metropoli in cui è stata inventata, bensì verso ovest, lungo la cosiddetta "via dei Balcani" dei rifugiati e dei migranti di oggi. Si sarebbe così ritrovata in quella che allora era la Jugoslavia, un Paese appena uscito vincente dalla Seconda Guerra Mondiale. Era un Paese pieno di eroi. Anzi, di eroine: quasi due milioni di donne parteciparono alla guerra di liberazione e oltre centomila prestarono servizio nelle unità di combattimento, duemila di esse in veste di ufficiali. Novantuno donne ricevettero l'onorificenza di Eroe popolare. Vie e piazze, scuole e fabbriche furono intitolate a queste eroine. Se la storia fosse uno spettacolo teatrale, le donne di questo Paese occuperebbero un ruolo di primaria importanza sul palco, anziché sedersi passivamente in mezzo al pubblico – almeno in quel periodo.

L'eroina Modesty non si sentirebbe sola in quel Paese, né probabilmente sarebbe annoiata dalla vita tra gli indolenti ricchi londinesi. Molti degli eroi e delle eroine nazionali furono personaggi straordinari, tanto reali quanto immaginari. Il più famoso della seconda categoria fu probabilmente Pavel Korciaghin, protagonista del romanzo *Come fu temprato l'acciaio* di Nikolaj Ostrovskij, pubblicato nell'Unione Sovietica all'incirca nel periodo della nascita di Modesty Blaise, nei primi anni Trenta. In una delle sue prime

young Russian having a tattoo of a Nazi helmet with SS insignia on his upper arm. What is most striking about this image is not its obvious political message (most probably of the right-wing white supremacists we find everywhere in the world), but rather how crassly it contradicts its historical context: who, if not the Russians, suffered most under the Nazi occupation in the Second World War?

Just as every head may now fit under a Nazi helmet, so James Bond the hero fits every period of history. Not, however, by adapting himself to it. Rather it is history that adapts to the hero, without ever really adopting him or her. As we have said, any history can be arbitrarily – and retroactively – added to this sort of hero, which is what makes him so "universal" and "eternal". Already in the 1950s, James Bond was invented as a post-historical hero *avant la lettre*.

THE HERO OF OUR TIME

Modesty Blaise is a child of history. Her birthplace as a fictional hero has real spatiotemporal coordinates. Once again: a refugee camp in Greece in 1945. Her story, whichever path it takes, always finds a historical anchorage. This is why we can easily imagine her, after her escape, going in the opposite direction. Not towards the east, through the British colonies and "back" to the metropole, where she was invented, but rather westward, along the so-called "Balkan route" of today's refugees and migrants. Soon she would find herself in what was then Yugoslavia, a country just emerging victoriously from the Second World War. It was full of heroes. Moreover, it was full of heroines. Almost two million women participated in the liberation war. More than a hundred thousand served in fighting units, two thousand of them as officers. Ninety-one women were officially declared "People's Heroes". Streets and squares, schools and factories were named after these heroines. If history were a theatre piece, women in this country would have featured prominently on the stage, not sitting passively in the audience, at least at that time.

As a hero, Modesty would not feel alone in this country, nor would she, most probably, be so bored as she was among London's idle rich. Plenty of her fellow heroes and heroines were quite extraordinary figures. Both real and fictional. Among the latter, the most famous was probably Pavel Korchagin, the main character of Nikolai Ostrovsky's novel *How the Steel Was Tempered,* published in the Soviet Union around the time when Modesty Blaise would have been born, in the early 1930s. In one of its first translations into English, the book appeared under a different title: *The Making of a Hero*. It is an autobiography of its author Ostrovsky, written in the most classical socialist realist style, the story of the young Bolshevik Korchagin, who sacrificed his whole life for the Communist revolution. In his case, however, the notion of "hero" does not apply to an individual. Rather, it is organically

traduzioni in inglese, il libro uscì con un titolo diverso: *The Making of a Hero* ("La creazione di un eroe"). Si tratta di un'autobiografia di Ostrovskij, scritta nel più classico stile realista del socialismo, e racconta la storia del giovane bolscevico Korciaghin, che sacrifica la propria vita in nome della rivoluzione comunista. Nel suo caso, tuttavia, il concetto di "eroe" non si applica a un individuo, bensì è naturalmente subordinato al servizio di una collettività che lavora, lotta e impara. "Pavel Korciaghin è l'eroismo intrinseco alla classe operaia russa"[9], e tutti i personaggi del romanzo "si fondono in un'unica immagine del popolo, che può esserne definito l'eroe principale"[10]. È questa teleologia storica della rivoluzione comunista, incarnata dalla "singola collettività creativa", con il popolo guidato dalla classe operaia e dalla sua avanguardia politica, i bolscevichi, a costruire, "attraverso un piano generale, una nuova vita per la Madrepatria" ed è quest'ultima che, a sua volta, li ha resi eroi individuali.

È difficile immaginare che, di fronte a Korciaghin, Modesty Blaise avrebbe compreso la nobile causa che l'aveva reso un eroe; era troppo individualista, per lei concetti come "collettività", "popolo", "responsabilità sociale" o "uguaglianza sociale" non avevano alcun significato. Korciaghin, invece, non avrebbe giustificato la storia di una "nobile criminale" che ruba ai ricchi per diventare ricca a sua volta. Nel passato criminale in cui lei aveva accumulato una fortuna, lui, un marxista, avrebbe visto piuttosto una mistificazione piccolo-borghese di un processo storico reale, una primitiva accumulazione di capitale[11]. Sarebbe stato disgustato soprattutto dalla decisione di Modesty, presa per pura noia, di lavorare per i servizi segreti britannici. Dalla sua prospettiva, un servitore obbediente del padrone imperialista non avrebbe mai potuto essere un eroe. Eppure i due avrebbero avuto molti punti di contatto, per esempio il semplice fatto di avere una propria preistoria, una storia unica del processo che li ha resi degli eroi, qualcosa che mancava totalmente alla figura di James Bond.

James Bond e Modesty Blaise arrivarono nell'ex Jugoslavia come eroi immaginari della cultura popolare (occidentale) negli anni Sessanta, periodo in cui Korciaghin, non più in grado di attirare il giovane pubblico, aveva pressoché abbandonato la scena

9 Natan Vengrov, *Foreword: Nikolai Ostrovsky and his novel*, in Nikolai Ostrovsky, *How the Steel Was Tempered*, trad. Roza Prokofieva, Foreign Languages Publishing House, Moskva 1952, p. 11. Passaggio tradotto da Aurelia Di Meo.

10 Ivi, pp. 13-14.

11 Ecco un'altra differenza tra Modesty Blaise e James Bond, il quale sembra in un certo senso al di là dell'antagonismo (sociale) tra ricchi e poveri, ovviamente perché diamo per scontato che sia ricco. Nessuno, tuttavia, gli chiede come abbia guadagnato il primo milione. Modesty Blaise, al contrario, ce lo rivela: l'ha rubato.

subordinated to serve a working, fighting, and learning collective. "Pavel Korchagin's is the heroism inherent in the Russian working class."[9] Moreover, all the individual characters of the novel "blend into a single image of the people, who may be said to be its main hero".[10] It is this historical teleology of the Communist revolution, embodied in the "single creative collective", the people led by the working class and its political avant-garde, the Bolsheviks, that build "under a master plan, a new life for the Motherland", which, in turn, makes them individual heroes.

It is hard to imagine that, in meeting Korchagin, Modesty Blaise would have understood the lofty cause that made him a hero. She was too individualistic. Notions like "collective", "people", "social responsibility" or "social equality" meant nothing to her. Korchagin, on his part, would not have had any understanding for the story of a "noble criminal" who steals from the rich – to become rich herself. In her criminal past, in which she earned her fortune, he, a Marxist, would see a cheap petty-bourgeois mystification of a real historical process, the primitive accumulation of capital.[11] Her decision to work for British Secret Service, simply to relieve her boredom, would have disgusted him the most. In his view, an obedient servant to the imperialist master could never be a hero. Nevertheless, they would still have had a lot in common, especially the fact that they both had their own prehistory, a unique history of becoming a hero, something that was totally absent in the figure of James Bond.

As fictional heroes of (Western) popular culture, both James Bond and Modesty Blaise arrived in former Yugoslavia in the 1960s, at the time when Korchagin had almost completely vacated the scene, retreating to dusty bookshelves with no more appeal to the youth.[12] Once their greatest hero, he now turned into a Stalinist bogyman, wretched, pitiful, and ridiculous. It was clear even then: his time has gone... although, to be honest, he had never been created to be, like James Bond,

9 Natan Vengrov, "Foreward: Nikolai Ostrovsky and his novel", in: Nikolai Ostrovsky, *How the Steel Was Tempered,* trans. by Roza Prokofieva, (Moscow: Foreign Languages Publishing House, 1952), 11.

10 Ibidem, 13-4.

11 Therein lies another difference between Modesty Blaise and James Bond. He somehow seems to go beyond the (social) antagonism between rich and poor–since we naturally assume that he is rich. However, nobody asks how he has earned his first million. Modesty Blaise, on the contrary, lets us know: she stole it.

12 There was probably not a single comic magazine in the former Yugoslavia that did not publish at least one series of Modesty Blaise comics. https://headliner.rs/2019/02/22/ko-je-bila-prava-modesti-blejz-strip-heroina-nastala-po-uzoru-na-devojcicu-sa-balkana/ (accessed Aug. 2020).

ed era relegato a librerie polverose[12]. Non più eroe di prima grandezza, era diventato una sorta di uomo nero stalinista, squallido, pietoso e ridicolo. Era chiaro già allora: la sua epoca si era conclusa... anche se, a essere sinceri, non era stato creato con l'intento di essere "l'eroe di tutti i tempi" come James Bond. Come disse Nikolaj Ostrovskij, suo padre letterario, Korciaghin era piuttosto "l'eroe dei nostri tempi"[13], ovvero l'eroe di un periodo molto particolare e limitato, un "periodo dello sviluppo della società sovietica durante il quale il nuovo essere umano, un nuovo arrivato nella storia, prendeva forma"[14]. Korciaghin non era semplicemente un eroe con una missione storica, era un eroe per via di questa missione storica. Quando la missione si concluse e l'evento storico in cui aveva giocato un ruolo finì, fu libero di andare in pensione o morire, lasciando spazio agli eroi futuri, agli eroi di una nuova epoca. L'eroe è genuinamente esposto all'irriducibile contingenza della prassi storica, che influenza persino il significato del concetto di "essere un eroe": questa prassi modella e rimodella di continuo la natura dell'eroismo dell'eroe che, come in questo caso, "cambia in ogni nuovo periodo della vita di Korciaghin"[15]. Di conseguenza, contrariamente a quanto in genere si pensa degli eroi, quelli veri sono figure mortali, transitorie come il periodo storico che conferisce loro una particolare forma eroica. Il comunismo storico, infine, non era meno mortale: nella sua forma politica concreta, è morto a settantadue anni, ha vissuto quanto l'essere umano medio. Chiunque può leggerlo sulla sua lapide: 1917-1989.

È quest'autentica esperienza di finitezza che accomuna Modesty Blaise e Korciaghin e la sua causa, il comunismo storico. Nel libro conclusivo delle avventure dell'eroina (*The Cobra Trap*), il suo padre letterario O'Donnell la lascia morire a cinquant'anni, "con dignità, in battaglia, come si addice ai leggendari 'soldati di fortuna'"[16]. Nell'ultimo fumetto, pubblicato l'11 aprile 2001, Modesty si congeda dal pubblico con queste parole: "Niente cattivi, niente vittime, niente sangue, sudore e lacrime..."[17]. Una visione astratta e utopica della pace eterna? No, piuttosto un'eco di una causa politico-ideologica da sempre molto concreta, il pacifismo del movimento anti-bellico risalente all'epoca della Guerra Fredda. Nata nella storia, nella storia Modesty Blaise muore.

12 Praticamente tutte le riviste a fumetti dell'ex Jugoslavia pubblicarono almeno una serie di Modesty Blaise, https://headliner.rs/2019/02/22/ko-je-bila-prava-modesti-blejz-strip-heroina-nastala-po-uzoru-na-devojcicu-sa-balkana/ (consultato ad agosto 2020).

13 Nikolai Ostrovsky, *How the Steel Was Tempered*, cit., p. 9.

14 Ivi, p. 15.

15 Ivi, p. 11.

16 R.C. Harvey, *Modesty Blaise and Peter O'Donnell and the Last Great Adventure Strip*, cit.

17 Ibidem.

the "hero of all times". In the words of his literary father Ostrovsky, Korchagin was rather "the hero of our time",[13] meaning the hero of a very particular, limited time, in practical terms a "period in the development of Soviet society, during which the new human being, a newcomer in history, took shape".[14] Korchagin was not simply a hero with a historical mission – he was a hero because of this historical mission. Once the mission was over and the historical event in which he had played a role had come to an end, he was free to retire or die, making way for the heroes to come, the heroes of another age. The hero is genuinely exposed to the irreducible contingency of historical praxis. Such praxis affects the very meaning of "being a hero", i.e., it constantly shapes and reshapes the nature of heroes' heroism, which, as in this case, "changes with each new period in Korchagin's life".[15] Thus, contrary to what people usually think of heroes, true heroes are actually mortal figures, as transient as the historical time that has given them their particular heroic shape. Finally, historical Communism was no less mortal. In its existing political form, it passed away in its 73rd year, having the lifespan of an average human. Anybody can read it on its tombstone: 1917-89.

13 Nikolai Ostrovsky, *How the Steel Was Tempered*, cit., 9.

14 Ibidem, 15.

15 Ibidem, 11.

This genuine experience of finitude is what Modesty Blaise shares with Korchagin and his cause, historical Communism. In the last book on her adventures (*The Cobra Trap*) her literary father O'Donnell let her die in her fifties "gracefully, in battle, as befits such legendary soldiers of fortune".[16] In the last comic strip, published on 11 April 2001, she bids farewell to the audience with the words: "No villains, no victims, no blood, sweat, and tears [...]"[17] An abstract, utopian vision of eternal peace? No, rather an echo of a historically very concrete ideological-political cause, the pacifism of the anti-war movement from the age of the Cold War. Born in history, Modesty Blaise dies in history.

NO HERO WITHOUT LOVE

Heroes like Modesty Blaise are not the only ones with a criminal past. Sometimes great philosophers have one too. This is true of Bernard Stiegler, in his youth a convicted criminal who spent five years in prison for armed robbery. This experience might (although not necessarily) have influenced his thinking and prompted him to argue that true philosophers – like true artists – are amateurs. He himself did not acquire philosophi-

16 R.C. Harvey, "Modesty Blaise and Peter O'Donnell and the Last Great Adventure Strip", cit.

17 Ibidem.

NON ESISTONO EROI SENZA AMORE

Gli eroi come Modesty Blaise non sono gli unici a vantare un passato criminale; può essere una prerogativa anche dei grandi filosofi, ed è il caso di Bernard Stiegler, che da ragazzo fu condannato a cinque anni di reclusione per una rapina a mano armata. Quest'esperienza potrebbe (si sottolinea l'uso del condizionale) aver influenzato il suo pensiero e averlo portato a sostenere che i veri filosofi – al pari dei veri artisti – sono amatori. Lui stesso non aveva appreso la filosofia attraverso un'istruzione accademica "canonica": l'aveva studiata in prigione, per corrispondenza.

La condizione di amatore riguarda in larga misura una conoscenza particolare, una conoscenza che è "una prassi e non una teoria"[18]. Per Stiegler, un amatore è una persona che sa *come* le cose vengono fatte. A prescindere da cosa sia – un artefatto di qualsiasi tipo, un'opera d'arte come per esempio un brano musicale, una forma di pratica sociale o un discorso –, il modo in cui è fatto e funziona è noto all'amatore perché lui o lei è stato un partecipante attivo nella sua realizzazione.

18 Bernard Stiegler, *Mystagogies. De l'art contemporaine, de la litérature et du cinéma* (di prossima pubblicazione) citato in Benoît Dillet, *Proletarianization, Deproletarianization, and the Rise of the Amateur*, in "boundary 2: an international journal of literature and culture", vol. 44, n. 1, febbraio 2017, p. 103. Passaggio tradotto da Aurelia Di Meo.

Come già accennato, alcune traduzioni in inglese del romanzo di Ostrovskij furono pubblicate con il titolo alternativo di *The Making of a Hero* che, in modo più esplicito rispetto a quello originale, rivela la caratteristica essenziale dell'eroe o dell'eroina: la sua genesi. Il concetto viene espresso anche nel titolo tradotto letteralmente, ovvero *Come fu temprato l'acciaio*: l'eroe di cui il romanzo racconta la storia non si identifica tanto nella metafora dell'"acciaio" e nelle sue caratteristiche intrinseche, bensì nel *modo* in cui questo acciaio è stato temprato. E il discorso vale anche per Modesty Blaise. Nessun racconto delle avventure dell'eroe inizia prima che venga narrato il racconto della sua genesi. La storia di entrambi gli eroi, Korciaghin e Blaise, non si rivolge semplicemente a un anonimo pubblico composto da consumatori passivi di un "eroe-merce": tale pubblico è formato da partecipanti potenzialmente attivi nella genesi dell'eroe. Parla all'eroe-amatore che vive in ognuno di noi, che deve sapere come l'eroe è diventato tale per potersi identificare in lui o in lei.

Nella visione di Stiegler, l'"amatore" è una figura rivoluzionaria che il filosofo contrappone a quella del consumatore. Se quest'ultimo rimanda al pubblico, esso stesso una merce dell'industria culturale avanzata e dei mercati digitalizzati in generale, l'amatore è invece al cuore di ciò che viene tradizionalmente definito "pubblico critico". Secondo Stiegler, la nuova tecnologia digitale – che intende sulla falsariga del *pharmakon* di Derrida, poiché è poten-

cal knowledge through a "proper" academic education. Rather, he learned philosophy in prison, by correspondence.

Being an amateur is to a large extent a matter of particular knowledge, a knowledge that is "a praxis, not a theory".[18] For Stiegler, an amateur is a person who knows *how* things are made. Regardless of what it is, an artefact of any sort, an artwork like a piece of music, a form of social practice, or a discourse, the way it is made and functions is well known to the amateur because he or she was an active participant in its making.

As said before, some of the English translations of Ostrovsky's novel appeared under an alternative title: *The Making of a Hero*. In a more explicit way, this title reveals what is essential about a hero – the way he or she is made. Finally, this also appears in the more literally translated title: *How the Steel Was Tempered*. The hero in the novel is not identified so much by the metaphor of "steel" and its implied qualities as by *how* this steel was tempered. That applies to Modesty Blaise too. No story of the hero's adventures begins before the story of how she became the hero is told. The stories of both heroes, Korchagin and Blaise, do not simply address an anonymous audience composed of passive consumers of a "hero-commodity" but rather potentially active participants in the hero-making. They talk to the hero-amateur in each of us, who must know how the hero is made so as to be able to identify with him or her.

In Stiegler's view, the "amateur" is a revolutionary figure, which he contrasts with the figure of the consumer. While the latter refers to the audience, itself a commodity of advanced cultural industry and digitalised markets in general, the amateur, on the contrary, is at the core of what is traditionally called the critical public. Stiegler believes that the new digital technology – which he understands in terms of Derrida's *pharmakon*, having the potential of being both poison and cure – allows us "to imagine a passage from the age of the consumer (who consumes himself believing that it is possible to consume works [...]) to the age of amateur, who *loves* because, in his own way and by his own practices (which are not to be reduced to uses) he *opens*, and is, in this way, opened: his eyes, his ears and his senses are wide open to sense."[19]

As a reminder, "amateur" etymologically comes from the Latin *amare*, to love. It is "the name given to one who

18 Bernard Stiegler, *Mystagogies. De l'art contamporain, de la litérature et du cinéma* (forthcoming) quoted after Benoît Dillet, "Proletarianization, Deproletarianization, and the Rise of the Amateur", in: *boundary 2, an international journal of literature and culture*, vol. 44, no. 1, (Feb. 2017), 103.

19 Bernard Stiegler, *Symbolic Misery. Vol. II. The Catastrophe of the Sensible,* trans. by Barnaby Norman, (Cambridge: Polity Press, 2005), 13. In the consumption of works, Stiegler sees "the *covert death sentence on every form of art*" (the italics are his own). Ibidem.

zialmente sia veleno sia cura – ci consente di "immaginare un passaggio dall'epoca del consumatore (che si consuma nel credere che sia possibile consumare le opere [...]) all'epoca dell'amatore, che *ama* perché, a suo modo e nelle sue pratiche personali (che non si riducono a degli utilizzi), *apre* e, così facendo, è aperto: i suoi occhi, le sue orecchie e i suoi sensi si spalancano al senso"[19].

Ricordiamo che "amatore", deriva etimologicamente dal latino *amare*: è "il nome dato a colui o colei che ama le opere o che si realizza attraverso di esse. [...] [L''amatore'] partecipa a ciò che [lui o lei] desidera ed è così che si riconosce. Amare significa contribuire all'essere e/o al divenire di ciò che si ama"[20].

È chiaro che Korciaghin ama la società, tanto nel senso più sublime, che consiste nel vedere nell'essere sociale il significato della sua stessa vita, quanto in un senso decisamente pratico, che consiste nel contribuire in modo concreto, come lavoratore e combattente, al suo essere e, più ancora, al suo divenire. Per lui la società deve avere un futuro; lui, tuttavia, non deve necessariamente averne uno. Sono proprio quest'attenzione per la società e la totale attenzione per il suo futuro, l'amore per la società che lo spinge al sacrificio, a rendere Korciaghin un eroe e – contrariamente all'odierna e dilagante propaganda anticomunista e antisocialista – a definirlo nel profondo.

Benché sia nata nell'ideologica fabbrica dei sogni dell'industria della cultura occidental-liberale, che considera l'individualismo il valore primario, anche Modesty Blaise è un eroe capace di provare amore, di dimostrare cura e attenzione. Fin dall'inizio Peter O'Donnell crea "l'amore della sua vita", un certo Willie Garvin. Al loro primo incontro è un gangster di bassa lega, un perdente infelice, un farabutto che odia se stesso; Modesty lo tira fuori di prigione e dall'abisso in cui si trova, trasformandolo in un uomo sicuro di sé, dotato di un'intelligenza raffinata e di abilità (criminali) degne di nota, rendendolo il partner più fidato per il resto dei suoi giorni. A voler essere più precisi, sono le cure e l'attenzione che dedica alla persona che ama – o, per citare Stiegler, il suo "contribuire all'essere e/o al divenire" della persona amata – a innescare questo cambiamento "miracoloso". In altre parole, la creazione di un eroe implica la sua capacità di rendere eroi altre persone, e solo un amatore può riuscire nell'impresa. Dire che il vero eroe è un amatore significa semplicemente che la condizione di eroe è un rapporto sociale generato dall'amore, il più sublime

19 Bernard Stiegler, *De la misère symbolique*, Flammarion, Paris 2013, p. 48. Nel consumo delle opere Stiegler vede "la *surrettizia condanna a morte di qualsiasi forma d'arte*" (corsivo dell'autore). Passaggio tradotto da Aurelia Di Meo.

20 Bernard Stiegler, "Amateur", in *Ars Industrialis*, http://arsindustrialis.org/amateur-english-version (consultato ad agosto 2020). Passaggio tradotto da Aurelia Di Meo.

loves works or who realises him- or herself in traversing such works. [...]

> *[The "amateur"] participates in what [he or she] desires and is thereby individuated. To love is to contribute to the being and/or the becoming of that which is loved."*[20]

Korchagin, it is clear, loves society, both in the most sublime way of seeing the very sense of his life in the social being and in a very practical way of concretely contributing, as a worker and fighter, to its being and, even more, to its becoming. For him, society must have a future. He himself, however, does not necessarily have to have one. It is this care for society and total attention to its future, his love of society to the point of self-sacrifice, which makes Korchagin a hero and – contrary to today's overly-dominant anti-communist and anti-socialist propaganda – truly individuates him.

Despite being herself rigged up in the ideological dream factory of the Western, liberal culture industry, celebrating individualism as its highest value, Modesty Blaise is also a hero capable of love, care, and attention. Already at the beginning of the story, Peter O'Donnell created for her a "love of her life", a certain Willie Garvin, who, when she met him for the first time, was a petty gangster, a miserable, self-hating low-life loser. She bought Willie out of jail and raised him from the gutter and made him a man of self-confidence, sharp intelligence, and superior (criminal) skills, her most trustful partner for the rest of her life. To put it more precisely, it was her attention and care for the person she loves – or in Stiegler's words, her "contribution to the being and becoming" of whom she loves – that brought about this "miraculous" life change. In other words, the making of a hero implies their making heroes out of others. Only an amateur can accomplish this. Finally, to say that the true hero is an amateur means simply that being a hero is a social relation generated by love – the most sublime libidinal investment in the potential of human change. This, however, takes time. But amateurs are precisely those who have time, those whose love knows how to take the time it needs. This is why there are no heroes outside of history. History is but a time taken by the amateur-heroes to change the world.

TO LIVE SO THAT, IN DYING, ONE CAN SAY: ALL MY LIFE...

Saying with Stiegler that the eyes, the ears, and the senses of an amateur are wide open to sense, means also that the particular knowledge on how things are made, which distinguishes an amateur from a consumer, presupposes a more general sensibility, one that is open to (the sense of) life. In other words, "know-how" (*savoir-faire*)

20 Bernard Stiegler, "Amateur", in: *Ars Industrialis*, http://arsindustrialis.org/amateur-english-version (accessed Aug. 2020).

investimento libidinoso nel potenziale del cambiamento umano. Un processo che, però, richiede tempo. Ma sono proprio gli amatori a disporre di tempo, il loro amore sa come prendersi il tempo necessario. Ecco perché non esistono eroi al di fuori della storia. La storia è il tempo che gli eroi-amatori si prendono per cambiare il mondo.

VIVERE IN MODO DA POTER DIRE MORENDO: TUTTA LA MIA VITA...

Dire con Stiegler che gli occhi, le orecchie e i sensi di un amatore sono spalancati al senso significa anche dire che il particolare sapere riguardante il modo in cui sono fatte le cose, che distingue l'amatore dal consumatore, presuppone una sensibilità più ampia, che sia aperta alla vita (o, meglio, al senso della vita). In altre parole il "*know-how*" (*savoir-faire*) implica – anzi: ri-genera – un "*know-how* della vita", un "saper vivere" (*savoir-vivre*).[21]

È su questa scia che sapere come creare un eroe implica il saper vivere. Tutti i sensi di un eroe sono spalancati al senso della vita. Korciaghin è molto esplicito al riguardo; la citazione più nota di *Come fu temprato l'acciaio* recita: "La vita è la cosa più preziosa che l'uomo possiede. Gli viene data una volta sola, e bisogna viverla in modo da non dover rimpiangere amaramente gli anni trascorsi senza uno scopo, in modo da non dover provare vergogna di un passato vile e meschino; e in modo da poter dire morendo: ho dedicato tutta la mia esistenza e tutte le mie forze a ciò che di più bello esiste al mondo, la lotta per la liberazione dell'umanità"[22].

Non è una coincidenza che queste parole affiorino nella mente di Korciaghin mentre si trova in un cimitero, sulle tombe dei compagni impiccati dai Bianchi. Ed è ancora meno casuale il fatto che i sensi dell'eroe si spalanchino al senso della vita proprio di fronte alla morte. Potremmo definirlo, usando le parole di Heidegger, "l'essere per la morte dell'eroe", pensando all'esperienza autentica dell'esistenza umana (*Dasein*). È quest'esperienza di finitezza degli esseri umani, quest'ansia (*Angst*) in cui si rivela la possibilità di un mondo senza di noi, che rende il mondo e la vita del singolo in questo mondo intrinsecamente – o, meglio, ontologicamente – inintelligibile, spingendoci innanzitutto a porre domande (e a rispondervi) su *come* vivere e su *come* prendersi cura (*Sorge*) del senso della nostra vita. La cosa più preziosa di un eroe o di un'eroina è il suo *savoir-vivre*, che si articola nella previsione della morte.

21 Il "savoir-vivre" di Stiegler è stato tradotto in inglese in vari modi: "living-knowledge", in *Symbolic Misery. Volume 2. The Katastrophe of the Sensible*, trad. Barnaby Norman, Polity Press, Cambridge 2005, p. 25, o "life-knowledge", in *The Age of Disruption. Technology and Madness in Computational Capitalism*, trad. Daniel Ross, Polity Press, Cambridge 2019, per esempio a p. 83.

22 Nikolaj Ostrovskij, *Come fu temprato l'acciaio*, Red Star Press, Roma 2015, Parte seconda, cap. III.

implies – or, shall we say, re-generates – a "knowing how *to live*" (*savoir-vivre*).[21]

In the same vein, knowing how to make a hero implies knowing how to live. All the senses of a hero are wide open to the sense of life. Korchagin is very explicit about this. The most famous quote from *How the Steel Was Tempered* reads: "Man's dearest possession is life, and it is given to him to live but once. He must live so as to feel no torturing regrets for years without purpose, never know the burning shame of a mean and petty past; to live so that, dying, he can say: all my life, all my strength were given to the finest cause in all the world – the fight for the Liberation of Mankind."[22]

It is no coincidence that these words came to Korchagin's mind in a cemetery, on the graves of his comrades hanged by the Whites. And it is even less coincidental that the hero's senses open themselves to the sense of life precisely in the face of death. We may call it, in Heidegger's terms, the "hero's being-toward-death", having in mind the authentic experience of human existence (*Dasein*). It is this experience of the finitude of human beings, this anxiety (*Angst*) in which the possibility of a world without us reveals itself, that makes the world and our own life in this world intrinsically – or rather, ontologically – unintelligible. This prompts us, in the first place, to ask and answer such questions as *how* to live and take care (*Sorge*) of the sense of our life. A hero's dearest possession is his or her *savoir-vivre*, which articulates itself in the anticipation of death.

It is for this reason that a true hero also knows how to die. *Savoir-mourir* naturally complements a hero's *savoir-vivre*. After revealing to Willie that she has a terminal brain disease, Modesty adds: "I'd rather go with a bang than a whimper." Shortly after she takes the fatal bullet in gunfire. It is somewhere in South America.[23]

James Bond does not belong to this story. He is rather a professional hero. As such he never dies and, consequently, does not need to know how to do it. The only death he faces in his eternal life is the death of others, his best-selling product and a highly sought-after commodity among the hero-consumers. Without ever facing his own finitude, a hero like Bond has no relation to the sense of life and does not

21 There are different translations of Stiegler's *"savoir-vivre"*. Sometimes it is "living-knowledge", as in *Symbolic Misery,* (at page 25) or "life-knowledge", as in Bernard Stiegler, *The Age of Disruption. Technology and Madness in Computational Capitalism,* trans. by Daniel Ross (Cambridge: Polity Press, 2019), (for instance on page 83).

22 Eloise M. Boyle, Genevra Gerhart (eds.), *The Russian Context: The Culture Behind the Language,* (Bloomington: Slavica, 2002).

23 See John Cunningham, "Adventures in Old Fleet Street", in: *The Guardian,* (16 Sept. 2000). https://www.theguardian.com/books/2000/sep/16/fiction.reviews6 (accessed Aug. 2020).

È per questo motivo che un vero eroe sa anche come morire. Il *savoir-mourir* è naturalmente complementare al suo *savoir-vivre*. Dopo aver rivelato a Willie di essere affetta da una patologia cerebrale terminale, Modesty aggiunge: "Preferirei andarmene con un botto piuttosto che con un lamento". Poco dopo, verrà colpita dal proiettile fatale durante una sparatoria, avvenuta in un luogo imprecisato del Sud America[23].

James Bond non trova spazio in questa storia. Lui è un eroe professionista: in quanto tale non muore mai e, quindi, non ha bisogno di sapere come farlo. L'unica morte che incontra nella sua vita eterna è quella altrui, il suo prodotto di maggior successo nonché un bene molto ricercato tra i consumatori di eroi. Senza mai affrontare la propria finitezza, un eroe come Bond non ha legami con il senso della vita e non necessita neppure di un *savoir-vivre*. Questo vale anche per l'esperienza dell'amore, del tutto assente nel suo caso, quello di un eroe che va al di là della vita, della morte e della storia: l'eroe dell'"epoca dell'assenza d'epoca"[24]. La sua modalità di esistenza è quella di una macchina simbolica ripetitiva – un dispositivo[25] – che ci priva di sapere, amore e storia. Ciò nonostante Bond è un eroe, seppur altamente *tossico*[26].

NESSUNA VERGOGNA

Cosa sarebbe successo se Modesty Blaise, dopo essere fuggita dal campo profughi in Grecia, avesse davvero preso la direzione opposta e fosse arrivata nell'ex Jugoslavia? Oltre a trovarsi fra numerosi eroi ed eroine, sarebbe certamente diventata una di loro. Nella cultura popolare locale avrebbe avuto anche la possibilità di incontrare James Bond, ma probabilmente gli avrebbe mostrato lo scarso interesse che avrebbe potuto manifestare a Londra. Conoscere Korciaghin, invece, sarebbe stato più realistico; in effetti, è accaduto davvero, in un film di Dušan Makavejev del 1971: *W.R. - Misterije organizma* ("W.R. – I misteri dell'organismo"), la storia d'amore tra la giovane eroina rivoluzionaria Milena, una seguace di Wilhelm Reich che lotta contro il patriarcato e non può immaginare il comunismo senza "le scopate libere",[27] e Vladimir Ilyich, un eroe dello sport sovietico, un pattinatore in visita in Jugoslavia. Quasi tutte le battute che

23 Si veda John Cunningham, *Adventures in old Fleet Street*, in "The Guardian", 16 settembre 2000, https://www.theguardian.com/books/2000/sep/16/fiction.reviews6 (consultato ad agosto 2020).

24 Bernard Stiegler, *The Age of Disruption*, cit., p. 5.

25 Bernard Stiegler, *Symbolic Misery*, cit., p. 19.

26 Nell'accezione di "tecnologia" di Stiegler, che la considera un *pharmakon* in quanto è allo stesso tempo un veleno e una cura.

27 N.B.: Modesty Blaise ama davvero Willie Garvin, ma solo in modo romantico. Per il resto, è del tutto promiscua.

need any *savoir-vivre* either. This also applies to the experience of love, which is completely absent in his case, the case of a hero beyond life, death, and history – the hero of "the epoch of the absence of epoch".[24] His mode of existence is that of a repetitive symbolic machine – a device[25] – that deprives us of knowledge, love, and history. Nevertheless, Bond is a hero, but a highly *toxic*[26] one.

NO SHAME

What if Modesty Blaise, after escaping from the refugee camp in Greece, really had gone in the opposite direction and come to former Yugoslavia? Not only would she have found herself among many heroes and heroines, but would, for sure, have become one of them. In the country's popular culture, she would also have had a chance to meet James Bond, but she would probably have shown as little interest in him as she did in London. Meeting Korchagin, on the contrary, would have been more realistic. In fact, it really happened – in a 1971 film: Dušan Makavejev's *W.R.: Mysteries of the Organism*, a love story between the young revolutionary heroine Milena, a follower of Wilhelm Reich who fights patriarchy and cannot imagine Communism without "free fucking".[27] and Vladimir Ilyich, a hero of Soviet sport, an ice-skater visiting Yugoslavia at that time. Almost all he says in the film are direct quotations from his namesake, Lenin, turned into empty phrases of Marxist-Leninist ideology. Their short love story ends tragically. Ilyich, after failing as a lover, kills Milena. Yet her head, cut off by Ilyich with the blade of one of his skates, still manages to utter her last words from the autopsy table, her final judgment on the Soviet Hero and the whole story: "Ilyich was a man of high ambition, of immense energy... romantic, ascetic, a genuine Red Fascist." immediately followed by: "Comrades! Even now I am not ashamed of my communist past."[28]

While these words end a tragic love story between two heroes, they also stand as an epitaph to the entire epoch. What has become of Pavel Korchagin, the most splendid embodiment of Communist ideals and the supreme hero of historical Communism? – a criminal. And how did the greatest female hero of modern popular culture, Modesty Blaise, end up? As a hero with an afterlife, in which she is not only

24 Bernard Stiegler, *The Age of Disruption*, cit., 5.

25 Bernard Stiegler, *Symbolic Misery*, cit., 19.

26 In terms of Stiegler's concept of technology as *pharmakon*, having the quality of being both a poison and a cure.

27 *Nota bene,* Modesty Blaise truly loves Willie Garvin, but only romantically. Otherwise, she is totally promiscuous.

28 See Boris Buden, "Behind the Velvet Curtain: Remembering Dušan Makavejev's *W.R.: Mysteries of the Organism"*, in: Id., *Transition to Nowhere. Art in History after 1989,* (Berlin: Archive, 2010), 170.

quest'ultimo pronuncia nel film sono citazioni dell'omonimo Lenin, trasformate in frasi vuote dell'ideologia marxista-leninista. La loro breve storia d'amore si conclude in tragedia. Ilych, dopo una défaillance a letto, uccide Milena; la testa della donna, decapitata da Ilych con la lama di un pattino, pronuncia però le ultime parole dal tavolo dell'autopsia, e riesce a esprimere il suo giudizio finale sull'Eroe sovietico e sull'intera vicenda: "Ilych era un uomo dalle grandi ambizioni, dall'energia immensa [...] romantico, ascetico, un vero Fascista Rosso", subito seguito da: "Compagni! Nemmeno ora mi vergogno del mio passato comunista"[28].

Queste parole pongono fine a una tragica storia d'amore tra due eroi, ma sono anche un epitaffio dell'intera epoca. Cos'è stato di Pavel Korciaghin, la più splendida incarnazione degli ideali comunisti nonché eroe supremo del comunismo storico? È diventato un criminale. E qual è la fine della più grande eroina della cultura popolare moderna, Modesty Blaise? Quella di un eroe con un aldilà in cui, oltre a essere in grado di formulare un giudizio storico, non si vergogna del proprio passato criminale.

Sia Blaise sia Korciaghin incontrano un destino tragico, è vero, eppure ciò non li rende meno eroici. Sono stati comunque degli eroi, gli eroi della loro epoca.

28 Si veda Boris Buden, *Behind the Velvet Curtain: Remembering Dušan Makavejev's W.R.: Mysteries of the Organism*, in id., *Transition to Nowhere. Art in History after 1989*, Archive, Berlin 2010, p. 170. Passaggio tradotto da Aurelia Di Meo.

capable of historical judgment but also unashamed of her criminal past.

Indeed, both Blaise and Korchagin end tragically, but this does not make them any less heroic. They are heroes nevertheless, the heroes of their time.

Tomaž Mastnak

PIÙ GRANDE DELL'INDIVIDUO

Durante la sua ascesa al potere, Mussolini proclamò un ritorno all'individuo: "Al di fuori dell'individuo, non esiste realtà umana". Quando arrivò al potere, fece la nota dichiarazione: "Tutto nello Stato, niente al di fuori dello Stato, nulla contro lo Stato"[1].

Si trattava di una contraddizione? Io non credo.

Poco meno di un secolo di incessante propaganda liberale ci ha condizionati a credere che esista una contrapposizione tra l'individuo e lo Stato totalitario, e che il secondo reprima il primo. In realtà esso, inventato dai fascisti, presuppone la presenza dell'individuo: l'individuo e lo Stato totalitario vanno di pari passo.

A livello storico, il fascismo segnò l'affermazione dell'individuo e lo fece in modo, potremmo dire, assoluto. Il regime nazista, "ben lungi dal reprimerlo, ha emancipato l'individuo umano nei suoi istinti e aspetti più sinistri", scrisse Herbert Marcuse negli anni Trenta. Aveva mobilitato con successo "persino le più nascoste aree di pericolo della società individualista"[2]. A livello storico, spiega Karl Mannheim, il fascismo segnò l'affermazione dell'individuo attraverso una "disorganizzazione sistematica della società". Il fascismo emancipò l'individuo dalla famiglia, dalla comunità, dai gruppi e dalle istituzioni di cui faceva parte, dal partito politico, dal movimento operaio e sindacale[3]. Come granchi senza carapace, senza alcuna realtà al di fuori di se stessi, i singoli individui diventarono elementi di costruzione attivi del potere totalitario, al di fuori del quale non esisteva alcuna realtà. Non esisteva nulla di più grande dell'individuo, e nulla era più grande del potere totalitario.

Tale emancipazione non pose fine all'oppressione. L'individuo emancipato gradiva e perpetuava il mondo che lo sfruttava "soltanto come mezzo di oppressione"[4]. La congiunzione dell'individuo emancipato dalla società e dello Stato totale o totalitario creò un poderoso macchinario di oppressione, aggressione e distruzione; diede vita alla "forma di imperialismo più aggressiva e distruttiva" che l'epoca moderna avesse

1 Le citazioni di Mussolini sono tratte da "Popolo d'Italia", 12 dicembre 1919, 1 dicembre 1920, in: Bernhard Walpen, *Die offenen Feinde und ihre Gesellschaft: Eine hegemonietheoretische Studie zur Mont Pèlerin Society*, VSA, Hamburg 2004, p. 45.

2 Herbert Marcuse, *State and Individual under National Socialism*, in Douglas Kellner (a cura di), *Technology, War and Fascism. Collected Papers of Herbert Marcuse*, vol. 1, Routledge, London 1998, p. 92.

3 Karl Mannheim, *Diagnosis of Our Time,* Oxford University Press, New York 1944, pp. 104-106.

4 Herbert Marcuse, *State and Individual under National Socialism*, cit., p. 92.

Tomaž Mastnak

BIGGER THAN ONESELF

On his way to power, Mussolini professed a return to the individual: "Outside the individual, there is no human reality." Once in power, he famously declared: "Everything within the state, nothing against the state, nothing outside the state."[1]

Was that a contradiction? I do not think so.

We have been conditioned by almost a century of unceasing liberal propaganda to believe that there is an opposition between the individual and the totalitarian state, and that the latter represses the former. Actually, the totalitarian state, invented by the Fascists, presupposes the individual. The individual and the totalitarian state go hand in hand.

In actual history, Fascism affirmed the individual – and affirmed it totally, one might say. The Nazi regime, "far from suppressing him, has emancipated the human individual in his most sinister instincts and aspects", Herbert Marcuse wrote in the 1930s. It had successfully mobilised "even the most hidden danger-zones of individualist society".[2] In actual history, Karl Mannheim explained, Fascism affirmed the individual through a "systematic disorganisation of society". Fascism emancipated the individual from the family, community, groups, and institutions to which the individual belonged, from the political party, labour movement, and trade union.[3] Like crabs without a shell, with no reality outside themselves, the pure individuals became active building blocks of a total power with no reality outside itself. Nothing was bigger than the individual and nothing was bigger than the total power.

That emancipation did not bring an end to oppression. The emancipated individual liked and perpetuated the world that used him "only as a means of oppression".[4] The conjunction of the individual emancipated from society and the total, or totalitarian, state generated a huge machinery of oppression,

1 Mussolini's citations are from the *Popolo d'Italia*, 12 December 1919, and 1 December 1920, cited in: Bernhard Walpen, *Die offenen Feinde und ihre Gesellschaft: Eine hegemonietheoretische Studie zur Mont Pèlerin Society* (Hamburg: VSA, 2004), 45.

2 Herbert Marcuse, "State and Individual under National Socialism", in: Id., *Technology, War and Fascism, Collected Papers of Herbert Marcuse,* vol. 1, ed. Douglas Kellner (London: Routledge, 1998), 92.

3 Karl Mannheim, *Diagnosis of Our Time* (New York: Oxford University Press, 1944), 104-6.

4 Herbert Marcuse, "State and Individual under National Socialism", 92.

visto fino a quel momento[5]. Migliaia di abitanti del Paese da cui provengono le opere di questa mostra, e del Paese che ospita la mostra stessa, lottarono contro quel mostro. La lotta fu un tributo a qualcosa di più grande del singolo individuo, affondava le radici in un'entità più grande di esso, e gli uomini e le donne che lottarono lo fecero per qualcosa di più grande di loro stessi. Erano più grandi del singolo individuo. Sono gli eroi ricordati, celebrati, contemplati e analizzati (a tratti forse dimenticati) da questa mostra, che ci invita a riflettere sulle loro figure.

Vinsero la guerra. Ma persero quella immediatamente successiva, che dalla prospettiva privilegiata dell'Occidente chiamiamo "Guerra Fredda". A pagare il prezzo più alto furono i popoli meno fortunati di tutto il mondo. La Guerra Fredda non fu una guerra contro i nostri eroi, non direttamente; mirava a colpire piuttosto ciò che li rendeva eroi, prese di mira ciò che li rendeva più grandi di se stessi e anche ciò che li riconosceva e accoglieva come eroi. Prese di mira il contesto sociale, politico, storico e culturale che li aveva generati e per la cui difesa e libertà avevano deciso di lottare; la loro lingua, gli innumerevoli legami sociali e quelli con la loro terra, con i campi e i boschi, con le montagne e le vallate che diedero loro vigore e che protessero con tutta la loro forza; gli ideali di una società futura migliore e più equa, scevra da oppressione e sfruttamento, di un mondo pacifico abitato da popoli e nazioni liberi e uguali, senza povertà; il loro cameratismo, la solidarietà, il collettivismo, il profondo senso di un bene comune[6].

Man mano che il sottobosco che circondava questi eroi veniva eliminato, e la terra che li aveva generati veniva rimossa, e il cielo cui tendevano veniva squarciato, sulla scena comparve un nuovo tipo di eroe. Spuntò dal nulla, nessuno sapeva chi fosse, e cavalcò verso il tramonto aggirando i cadaveri. E poi ci furono i supereroi privi di qualsiasi residuo sociale, con mandibole squadrate, muscoli gonfi e poteri magici così sconfinati da rendere impossibile l'esistenza di qualsiasi cosa di più grande. Per quanto potessero essere transumani e precursori del postumanesimo, per quanto potessero trascendere la nostra miserabile umanità, erano sprovvisti di autotrascendenza. Erano figure del totalitarismo.

La tendenza storica sembra quindi puntare a una ridefinizione degli eroi, anziché alla loro eliminazione. Ma a interessarmi di più in questa sede non è

5 Ibidem.

6 Una poesia scritta da un partigiano sloveno immagina un geologo di un lontano futuro che si aggira tra le macerie segnate dalla guerra della nostra epoca, e giunge alla conclusione che gli uomini di quel tempo abbiano vissuto come animali. Ma, se "sapesse quant'erano ardenti i nostri cuori a quell'epoca, che il cameratismo significava per noi più delle nostre individualità", forse avrebbe una considerazione diversa di loro. Poesia citata in Gal Kirn, *Partizanski prelomi in protislovja tržnega socializma v Jugoslaviji*, Sophia, Lubiana 2014, pp. 1-2. Passaggio tradotto da Aurelia Di Meo.

aggression, and destruction. It gave birth to "the most aggressive and destructive form of imperialism" which the modern age had hitherto seen.[5]

Thousands of people in the country where this exhibition comes from, as well as in the country that hosts it, fought against that monster. That fight was a tribute to something bigger than the individuals themselves, it was rooted in something bigger than the individuals themselves, and the men and women who fought it, fought for something bigger than themselves. They were bigger than themselves. They were the heroes this exhibition remembers, celebrates, contemplates, explores, perhaps at moments misses, and makes us think about.

They won the war. But they lost the war that immediately followed. From the privileged Western standpoint, we call it the Cold War. The less fortunate peoples elsewhere in the world took the heat. The Cold War was not directly a war on our heroes. It rather aimed at what made them heroes. It took aim at what made them bigger than themselves and what then also recognised and embraced them as heroes. It aimed at the social, political, historical, and cultural milieu out of which they grew and for the defence and liberation of which they fought. It aimed at their language and at countless social ties and ties with their land, with the fields and woods, mountains and valleys that gave them strength and for which they stood up with all their force. It aimed at the ideas of a better, more just society in the future, without oppression and exploitation, of a peaceful world of free and equal peoples and nations, with no poverty. And it aimed at their comradeship, solidarity, collectivism, and a deep sense of the common good.[6]

As the undergrowth from around these heroes was being cleared, the soil from which they grew removed, and the sky towards which they reached torn down, a new type of hero entered. He came from nowhere, no one knew him, and then he rode, past a few corpses, into the setting sun. And there were superheroes washed clean of all social dust, with square jaws and bursting muscles and magic powers so big that there could not possibly be anything bigger than themselves. They may have been transhuman, precursors of posthumanism, transcending our wretched humanity, but they lacked any self-transcendence. They were figures of totalitarianism.

The historical tendency thus seems to run towards a redefinition of heroes

5 Ibidem.

6 A Slovenian partisan poem imagines a geologist from a very distant future sifting through the rubble of our times, marred by war, coming to the conclusion that humans then had lived like beasts. But if he had been "able to know how warm our hearts were at that time, that comradeship meant more to us than we ourselves did," he might have looked at us differently. Cited in Gal Kirn, *Partizanski prelomi in protislovja tržnega socializma v Jugoslaviji* (Ljubljana: Sophia, 2014), 1-2. Passage translated by the author.

il mondo distopico verso cui corriamo, e nemmeno il destino dell'eroismo. A interessarmi è il destino di ciò che ha reso eroi gli eroi antifascisti, quell'autotrascendenza nata dal sociale, attraverso il sociale, per il sociale, che è stata una difesa della società e ha inoltre tenuto aperta la prospettiva della sua autotrascendenza. In ultima analisi, dovremmo esplorare il destino della società, di società particolari e di società "in quanto tali".

La guerra all'antifascismo fu avviata dalle principali potenze occidentali, nello specifico dai due Paesi firmatari della Carta Atlantica, ancora in guerra con il fascismo, prima che terminasse la guerra contro le potenze dell'Asse. L'Alleanza bellica tra le potenze occidentali e l'Unione Sovietica non si fondava sull'antifascismo. I movimenti antifascisti di resistenza e di liberazione erano intrecciati al socialismo, al comunismo e al nazionalismo. Soprattutto l'anticomunismo rappresentò la linea di faglia tra i poteri occidentali e le forze antifasciste in seno all'Alleanza anti-Asse, e un collegamento tra il contingente degli Alleati della Carta Atlantica e i nazifascisti.

Sotto il generale Alexander, l'invasione alleata dell'Italia nel 1943 si bloccò, offrendo all'esercito tedesco sei mesi in più per combattere contro la Resistenza, e indebolirla, nel Nord della penisola. Tra il 1943 e il '44, alcuni ufficiali nazisti concentrati sul futuro negoziarono con Allen Dulles, a capo dei servizi segreti americani di stanza in Svizzera (nonché futuro primo direttore della CIA), proponendo un coordinamento della guerra contro "la rivoluzione mondiale ordita dai bolscevichi"[7]. Nel maggio 1945, Churchill fece mettere a punto dalle forze armate britanniche dei piani bellici ai danni dell'Unione Sovietica. Dopo Hiroshima e Nagasaki, i generali americani iniziarono a pianificare degli attacchi nucleari contro l'Unione Sovietica, mentre i diplomatici americani organizzavano i terroristi anticomunisti nell'Europa dell'Est. Regno Unito e Stati Uniti appoggiarono il massacro degli antifascisti greci che iniziò nel 1946 e si protrasse fino al 1949. Un forte intervento americano nella politica francese e italiana tentò di neutralizzare i movimenti e i partiti antifascisti-comunisti galvanizzati dalla vittoria sui nazifascisti. All'epoca, gli europei videro che "gli Stati Uniti d'America sostenevano le istituzioni fasciste"[8]. Fu brutale e intransigente, benché potesse apparire benevolo

7 Karl H. Roth, *Von der Offiziersopposition zur Aktionsgruppe des 20. Juli 1944*, in Karl H. Roth e Angelika Ebbinghaus (a cura di) *Rote Kapellen – Kreisauer Kreise – Schwarze Kapellen: Neue Sichtweisen auf den Widerstand gegen die NS-Diktatur 1938-1945*, VSA-Verlag, Hamburg 2004, pp. 173-174. Passaggio tradotto da Aurelia Di Meo.

8 Josiah E. DuBois, Jr., in collaborazione con Edward Johnson, *Generals in Grey Suits: The Directors of the International 'I.G. FARBEN' Cartel, their conspiracy and trial at Nuremberg*, Bodley Head, London 1953, pp. 360-361. Passaggio tradotto da Aurelia Di Meo.

rather than towards their erasure. But what primarily concerns me here is not the dystopian world we seem to be rushing into, nor the fate of heroism. It is the fate of that which made anti-fascist heroes, heroes: that self-transcendence coming from the social, through the social and for the social, which was a defence of society and also kept open the prospect of its self-transcendence. In the final analysis, we should be looking into the fate of society: of particular societies and of society "as such".

The war against antifascism was initiated by the leading Western powers, specifically by the two signatories of the Atlantic Charter, while they were still at war with fascism, that is, even before the war against the Axis powers ended. The wartime Alliance between Western powers and the Soviet Union was not based on antifascism. Anti-fascist resistance and liberation movements were intertwined with socialism, communism, and nationalism. Anti-communism in particular was the fault line between the Western powers and the anti-fascist forces within the anti-Axis Alliance, and a bridge between the Atlantic Charter contingent of the Allies and the Nazi-fascists.

Under General Alexander, the 1943 Allied invasion of Italy stalled, conveniently giving the German army an extra half a year to fight and weaken the *Resistenza* further north on the peninsula. In 1943-4, forward-looking Nazi officers were negotiating with Allen Dulles, the head of the US intelligence office in Switzerland (and the future first chief of the CIA), proposing a coordination of the war against "the Bolshevik world revolution".[7] In May 1945, Churchill had British Armed Forces draw up plans for war against the Soviet Union. After Hiroshima and Nagasaki, US generals began to plan nuclear attacks on the Soviet Union, while American diplomats were organising anti-communist terrorists in Eastern Europe. The UK- and US-sponsored butchery of Greek anti-fascists began in 1946 and lasted till 1949. Massive American intervention in French and Italian politics sought to neutralise anti-fascist-communist movements and parties that had the wind of the victory over Nazi-fascism in their sails. The European public at the time saw that "the United States of America was supporting Fascist institutions".[8] It was brutal and uncompromising, even though it might have looked as

7 Karl H. Roth, "Von der Offiziersopposition zur Aktionsgruppe des 20. Juli 1944", in: Karl H. Roth, Angelika Ebbinghaus (eds.), *Rote Kapellen – Kreisauer Kreise – Schwarze Kapellen: Neue Sichtweisen auf den Widerstand gegen die NS-Diktatur 1938-1945*, (Hamburg: VSA-Verlag, 2004), 173-4.

8 Josiah E. DuBois, Jr., in collaboration with Edward Johnson, *Generals in Grey Suits: The Directors of the International "I.G. FARBEN" Cartel, their conspiracy and trial at Nuremberg* (London: The Bodley Head, 1953), 360-1.

quanto la vittoria della destra alle elezioni: *Vi ricordate quel 18 aprile*[9].

Questa prospettiva geopolitica appare molto distante dalla vita sociale della lotta antifascista, ma fu proprio questa a soffrire. Pensiamo al fitto retroterra sociale – che si potrebbe descrivere come la resistenza della "gente comune" e dei suoi "piccoli" gesti d'eroismo, perlopiù passati in sordina – senza il quale non sarebbe stato possibile neppure un gesto solitario come quello di Georg Elser, che quasi riuscì a uccidere Hitler[10]. L'apparato di sicurezza nazista l'aveva capito e agì sulla base di quella consapevolezza (come mostra la repressione dell'Orchestra Rossa), e Allen Dulles prese esempio dalla Gestapo.

Elser trascorse il resto dei suoi giorni in un campo di concentramento, l'istituzione antisociale per eccellenza. Fu nei campi dei prigionieri di guerra, luoghi di individualizzazione radicale, che l'esercito americano cercò candidati per l'"addestramento alla leadership democratica"[11], i leader della nuova Germania. Significativamente, alle figure del "Duce" e del "Führer" si affiancò quindi quella del "leader". Il Paese che ha preservato e proiettato nel futuro la logica del *Führertum* si proclama leader del mondo ("libero") senza apparente imbarazzo.

Ancor più significativo è il fatto che le potenze d'occupazione occidentali decisero di non collaborare in alcun modo con il movimento antifascista tedesco, nato in modo spontaneo in tutto il Paese quando il regime nazista aveva iniziato a crollare. Al contrario lo repressero e misero fine, talvolta ricorrendo alle armi, alla rivolta collettiva contro il nazismo; ostacolarono, bandirono e annientarono le organizzazioni antifasciste. Inoltre bandirono – e poi sottoposero a stretto controllo e depoliticizzazione – il movimento operaio che stava rialzando la testa e si era unito alla rivolta collettiva per sradicare il nazismo.

E fu nel mezzo del crollo dell'ordine sociale, nella *Stunde Null* (l'ora zero) della

9 Cfr. https://www.youtube.com/watch?v=a-3tEY158qgw&list=RD1wLQ06tqgoU&index=2. Viene ricordato anche a distanza di cinquant'anni: https://www.youtube.com/watch?v=5j6OCbWyCSs (consultati ad agosto 2020).

10 Cfr. Ludwig Eiber, *Widerstand der 'kleinen Leute' 1938/1939 bis 1945*, in Karl H. Roth e Angelika Ebbinghaus (a cura di), *Rote Kapellen - Kreisauer Kreise - Schwarze Kapellen: Neue Sichtweisen auf den Widerstand gegen die NS-Diktatur 1938-1945*, cit.; e Karl H. Roth, *Das Elser-Problem: Die Misere der Geschichtschreibung über den antinazistischer Widerstand in der Ära des Kalten Kriegs und ihre Auswirkungen aud den Paradigmawechsel der neunzigemn Jahre*, in Erik Hemmer e Edgar Zimmer (a cura di), per la Georg-Elser-Initiative Bremen, *Georg Elser - Ein Attentäter als Vorbild*, Achim Rogoss, Edition Temmen, Bremen 2006.

11 Uta Gerhardt, *A Hidden Agenda of Recovery: The Psychiatric Conceptualization of Re-education for Germany in the United States during World War II*, in "German History", vol. 14, pp. 320-321, 1996. Passaggio tradotto da Aurelia Di Meo.

benign as the right party's winning elections: *Vi ricordate quel 18 aprile*.[9]

This is a geopolitical perspective, which seems far removed from the social life of the anti-fascist struggle. But it was precisely the social life of the anti-fascist struggle that suffered. Think about the dense social background – one could describe it as the resistance of the "little people" and their mostly unrecorded "small" acts of heroism – without which even a lonely act like that of Georg Elser's, who almost succeeded in killing Hitler, would not have been possible.[10] The Nazi security apparatus understood that, and acted on that understanding (as the repression of the *Rote Kapelle* exemplifies), and Allen Dulles learned from the Gestapo.

Elser spent the rest of his life in a concentration camp, the anti-social institution *par excellence*. It was in war prisoner camps, which were places of radical individualisation, that the American military was looking for candidates for "training in democratic leadership",[11] for leaders of the new Germany. The figures of the *Duce* and the *Führer* were joined by that of the *leader*, which is telling in itself. The country that preserved and projected the logic of *Führertum* into the future, even calls itself the leader of the ("free") world without any visible embarrassment.

Even more telling is that the Western occupation powers chose not to have any collaboration with the spontaneous German anti-fascist movement that had emerged all over the country at the time when the Nazi regime was collapsing. Moreover, they suppressed it. They put an end to collective action against Nazism, occasionally by the force of arms. They thwarted, banned, and dissolved anti-fascist organisations. They also first banned, and then subjected to strict control and depoliticisation, the reemergent labour movement, which had

9 See: https://www.youtube.com/watch?v=a3tEY158qgw&list=RD1wLQ06tqgoU&index=2
Still remembered 50 years later: https://www.youtube.com/watch?v=-5j6OCbWyCSs (both accessed Aug. 2020).

10 See: Ludwig Eiber, "Widerstand der 'kleinen Leute' 1938/1939 bis 1945", in: Karl H. Roth, Angelika Ebbinghaus (eds.), *Rote Kapellen – Kreisauer Kreise – Schwarze Kapellen*, cit.; and Karl H. Roth, "Das Elser-Problem: Die Misere der Geschichtschreibung über den antinazistischer Widerstand in der Ära des Kalten Kriegs und ihre Auswirkungen aud den Paradigmawechsel der neunzigemn Jahre," in: Achim Rogoss, Erik Hemmer, Edgar Zimmer (for the Georg-Elser-Initiative Bremen) (eds.), *Georg Elser – Ein Attentäter als Vorbild*, (Bremen: Edition Temmen, 2006).

11 Uta Gerhardt, "A Hidden Agenda of Recovery: The Psychiatric Conceptualization of Re-education for Germany in the United States during World War II," in: *German History*, vol. 14, (1996), 320-1.

società distrutta dal regno del terrore nazista, dalla guerra, dai bombardamenti degli Alleati, che i movimenti antifascisti e operai iniziarono a ricostruirla, a restaurare la cooperazione e la solidarietà sociali, a occuparsi della sicurezza essenziale, a fornire i beni primari, a riavviare la produzione e a gestire la denazificazione. Questi sforzi, tuttavia, conobbero un epilogo drammatico. Le potenze d'occupazione occidentali impedirono all'azione collettiva, alla cooperazione e alla solidarietà sociali di proseguire, repressero il movimento e assunsero il controllo del processo di denazificazione per interromperlo rapidamente. Impedirono ai tedeschi di sconfiggere il nazismo sul piano politico e di ricostruire da zero la propria società. Tutelarono l'economia e le strutture amministrative naziste, e soffocarono la dominante visione antifascista che sognava una Germania socialista, democratica e politicamente neutrale. Nell'arco di pochi anni, sotto l'egida del governo militare americano, il neoliberalismo fu introdotto in Germania come la politica economica ufficiale.

Nell'Europa dell'Est, il socialismo crollò a causa della pressione esterna e dei problemi e delle contraddizioni interni, esacerbati proprio dalla pressione e dall'ostilità esterne. Perse la Guerra Fredda. Da quando era salito al potere, nel 1917, il socialismo aveva vissuto in un mondo ostile e aveva dovuto affrontare una perenne guerra ibrida ai propri danni. Si trattò di una *guerre mortelle*, di un conflitto volto all'eliminazione completa del nemico. Il socialismo era il nemico poiché rappresentava un sistema politico, economico e sociale alternativo rispetto a quello liberale dell'economia politica, al capitalismo. Durante la Guerra Fredda, il socialismo ebbe la peggio e il liberalismo trionfò.

Il liberalismo che trionfò era il neoliberalismo, cioè il liberalismo della nostra epoca, il suo livello più alto. Il processo iniziato nella Germania occupata all'indomani della Seconda Guerra Mondiale proseguì, alimentato dal Piano Marshall, sospinto dalle prime fasi dell'integrazione che si sarebbe sviluppata nell'Unione Europea, e rafforzato dalla nascita della NATO: tutti elementi che istituzionalizzarono la dipendenza dell'Europa occidentale – ovvero la cessione della sua indipendenza – dagli Stati Uniti. Il neoliberalismo non era nato in America, tuttavia fu introdotto nell'Europa del dopoguerra come politica ufficiale sotto l'occupazione militare americana, e progredì nel processo di americanizzazione dell'economia e delle pratiche economiche (istituite in realtà durante il nazismo), della cultura e della politica europee.

Il neoliberalismo si diffuse in tutta Europa. In Germania si liberò gradualmente dell'aspetto "sociale" presente nell'"economia sociale di mercato". La democrazia sociale postbellica fu abbandonata dalla Francia dopo gli "accadimenti" del '68. In Italia, fu necessario ricorrere al terrorismo. Il Regno Unito diventò il Paese modello dell'economia politica priva dell'elemento sociale. L'Europa dell'Est, dove al potere era salita la "società civile", si smarrì in un'orgia di liberalizzazione e

joined the collective action for uprooting Nazism.

In the midst of the breakdown of the social order, in the *Stunde Null* (zero hour) of society, which had been destroyed by the Nazi rule of terror, the war, and Allied bombing, the anti-fascist and labour movements began to rebuild society, to revive social cooperation and solidarity, taking care of basic security, supplying necessities, restarting production, and carrying out denazification. Yet those efforts were ill-fated. The Western occupation powers did not allow collective action, social cooperation, and solidarity to continue, they suppressed the movement, and took denazification into their own hands only to abort it soon after. They blocked the Germans from politically defeating Nazism and building their society anew. They preserved Nazi economic and administrative structures and suffocated the prevailing anti-fascist vision of a socialist and democratic, and politically neutral, Germany. Within a few years, under the auspices of the US military government, neoliberalism was introduced in Germany as an official economic policy.

In Eastern Europe, socialism collapsed under outside pressure and because of internal problems and contradictions, which were exacerbated by this outside pressure and hostility. It lost the Cold War. Since socialism first came to power, in 1917, it lived in a hostile world and a permanent hybrid war was waged against it. That was a *guerre mortelle*, a war to the total elimination of the enemy. Socialism was the enemy because it stood for an alternative political-economic and social system – alternative to the liberal system of political economy, to capitalism. In the Cold War, socialism succumbed and liberalism triumphed.

The triumphant liberalism was neoliberalism, that is, neoliberalism is the liberalism of our time: the highest stage of liberalism. The process that started in the occupied Germany in the aftermath of the Second World War continued. It was fuelled by the Marshall Plan, advanced by the initiation of European integration, which would gradually develop into the European Union, and strengthened by the formation of NATO, all of which institutionalised Western Europe's dependence on – that is, the surrender of its independence to – the United States. Neoliberalism was not of American origin, yet it was introduced to post-war Europe as official policy under American military occupation and made progress through the process of Americanisation of the European economy and economic practices (which actually started under Nazism), culture and, finally, politics.

Neoliberalism spread all over Europe. In Germany, it gradually shed the "social" in the "social market economy". French post-war social democracy was abandoned after the "events" of '68. In Italy, terrorism had to be applied. Great Britain became the model country of a society-less political economy. Eastern Europe, where "civil society" came to power, was lost in an orgy of *enrichissez-vous* liberalisation

disintegrazione sociale all'insegna dell'*enrichissez-vous*. La Jugoslavia fu distrutta dalla guerra. Gli ideali di fraternità e unità dei suoi popoli, radicati nella lotta di liberazione antifascista, non la protessero dalla violenza, e anzi ne diventarono vittime essi stessi. L'Unione Sovietica crollò e la Russia fu saccheggiata.

Tutto ciò fu considerato il lieto fine della storia; fu, com'è noto, definito la "fine della storia". La storia, che i liberali hanno sempre identificato con il progresso della civiltà occidentale e con la divisione del lavoro, si realizzò nella creazione di un governo liberale privo di frontiere e limiti: privo di frontiere perché, a livello globale, ha superato i propri confini; privo di limiti perché è sfuggito a qualsiasi tipo di controllo sociale. Comincia ad apparire chiaro che ci troviamo ad affrontare il totalitarismo liberale.

Non si tratta più del totalitarismo dello Stato, bensì di un totalitarismo che gode dell'aiuto dello Stato che sceglie di sacrificarsi; è un totalitarismo del potere economico. Gli interessi delle grandi aziende sono penetrati nello Stato sotto forma di autorità pubblica almeno dall'Era progressista americana in poi. La conferenza di pace di Versailles organizzata dopo il primo conflitto mondiale vide partecipare per la prima volta "uomini d'affari, banchieri e investitori internazionali" al processo politico decisionale di più alto livello. Durante il regime nazista, le grandi società commerciali ebbero un grande peso nelle politiche governative; eppure un importante passo avanti fu compiuto negli Stati Uniti nel corso della Seconda Guerra Mondiale.

In America, gli interessi commerciali sfruttarono la mobilitazione industriale bellica per affermare la propria influenza sul governo: modificarono il rapporto tra potere economico privato e autorità pubblica affinché le grandi aziende potessero esercitare un controllo sempre maggiore sull'apparato statale, guidandone l'operato, e, soprattutto, gestire i canali d'azione del governo. Non c'è bisogno di dire che questo provocò una progressiva scomparsa delle leggi che vincolavano il potere economico e il suo controllo pubblico, al punto che, grazie a un processo complementare, la rappresentazione politica democratica fu delegata e la sovranità del popolo decostruita.

Il potere economico libero e incontrollato appare più grande di noi stessi, tanto più in un mondo in cui gli eroi antifascisti si sono estinti. Come per lo Stato totalitario, però, il potere economico emancipato dal controllo sociale, dagli obiettivi e dai regolamenti pubblici, è più grande di noi poiché convive con individui emancipati. Il potere economico totale è più grande di noi stessi poiché, e nella misura in cui, non c'è nulla di più grande dell'individuo.

Il totalitarismo del potere economico convive con l'individuo al di fuori del quale, come disse Mussolini, "non esiste realtà umana". Da una parte, il potere economico privo di controllo e limiti, perseguito ed esercitato per il profitto privato, è un elemento distruttivo della società; dall'altra parte, anche l'individuo che non conosce nulla di più grande di

and social disintegration. Yugoslavia was destroyed by war. The ideas of the fraternity and unity of its peoples, rooted in the anti-fascist liberation struggle, not only did not protect it from the violence but themselves became its victim. The Soviet Union collapsed and Russia was pillaged.

All that was deemed to be the happy end of history. It was notoriously called the "end of history". History, which liberals had always equated with the progress of Western civilisation and division of labour, was fulfilled in the establishment of a frontierless and limitless liberal rule. It is frontierless, because it has spilled over borders, globally. And it is limitless, because it has escaped any social control. We are beginning to see that what is confronting us is liberal totalitarianism.

This is not totalitarianism of the state any more, but a totalitarianism with the help of a self-abnegating state. It is the totalitarianism of economic power. Big business interests had been penetrating the state as public authority at least from the American Progressive Era onward. The Versailles Peace Conference after the First World War introduced "business men, bankers, and investors of the world" to political decision-making at the highest levels. Under the Nazi regime, big corporations had a big say in government policies. Yet a crucial step forward was made in the United States during the Second World War.

In the United States, business interests succeeded in using the wartime industrial mobilisation to assert influence within the government. They changed the relationship between private economic power and public authority in such a way that big business could increasingly control and direct the working of the state apparatus and, in particular, control the channels through which the government normally operates. Needless to say, that brought about a progressive elimination of legal limits to, and public control of, economic power – and all the more so because, through a complementary process, democratic political representation was devolved and the sovereignty of the people was deconstructed.

Free and uncontrolled economic power appears as bigger than ourselves – as that which is bigger than ourselves in a world where anti-fascist heroes have gone extinct. But as with the totalitarian state, economic power emancipated from social control and public goals and regulations is bigger than ourselves because it coexists with emancipated individuals.
Total economic power is bigger than ourselves because, and to the extent to which, there is nothing bigger than the individual.

Totalitarianism of economic power coexists with the individual, outside of whom, as Mussolini said, "there is no human reality". On the one hand, uncontrolled and unrestrained economic power, pursued and exercised for private gain, is destructive of society. On the other hand, the individual with nothing bigger than himself, is also a socially destructive force. Society is not even the infamous "sack of potatoes"

se stesso è una forza distruttrice della società. La società non è nemmeno più il famigerato "sacco di patate", bensì una moltitudine di bolle di sensazioni e autoidentificazioni soggettive: fiocchi di neve immersi nel riscaldamento globale[12].

Già agli albori della storia del liberalismo è stato riconosciuto che la società non era "un semplice aggregato di individui"[13] e che l'individualismo liberale era "una base troppo fragile [...] per un'efficace vita comune"[14].
È risultato chiaro molto tempo fa che l'individualismo metodologico non poteva offrire un resoconto convincente del funzionamento della società; che l'avidità privata e individuale non poteva essere allineata al bene della società[15]; e che i profitti economici privati degli uomini d'affari avevano scopi diversi dagli interessi materiali della comunità[16]. Già un secolo fa, era "storicamente indubbio che il semplice conflitto tra interessi privati non possa mai produrre un commonwealth equo"[17]. Inoltre, l'assimilazione dell'individuo in tale conflitto come la forza dinamica dei rapporti sociali ha prodotto l'incapacità cognitiva di comprendere la "costruzione dei legami sociali"[18].

Nel tardo liberalismo, ovvero nel neoliberalismo, le tendenze asociali e antisociali del liberalismo sono in piena maturazione e cominciano a dare frutti. Le società occidentali cadono a pezzi. Senza società non possono esistere eroi. Gli eroi nascono dalla società, che deve accoglierli come tali. In questa sede, tuttavia, ci concentriamo sugli eroi antifascisti, una specie ormai estinta non soltanto perché la società, in senso astratto, va a pezzi e si disintegra. Dobbiamo osservare in modo concreto il processo di estinzione. Il governo globale dell'attuale neoliberalismo, che segna la fine degli eroi antifascisti, è la sintesi di due tendenze storiche.

12 Per l'immagine del "sacco di patate", che descrive l'esistenza asociale, si veda Karl H. Marx, *Il diciotto brumaio di Luigi Bonaparte*, Editori Riuniti, Roma 2006, cap. 7.

13 John Stuart Mill, *Coleridge*, in id., *Bentham e Coleridge. Due saggi,* Guida Editori, Napoli 1999.

14 Harold J. Laski, *The Decline of Liberalism*, L.T. Hobhouse Memorial Trust Lectures, n. 10, lezione tenuta il 24 maggio 1940 presso la Canterbury Hall (London School of Economics) a Londra, Humphrey Milford, Oxford University Press, London 1940, p. 11, in riferimento a T.H. Green. Passaggio tradotto da Aurelia Di Meo.

15 John A. Hobson, *Ruskin as Political Economist*, in John H. Whitehouse (a cura di), *Ruskin the Prophet, and Other Centenary Studies*, George Allen & Unwin, London 1920, pp. 92-93.

16 Thorstein Veblen, *An Inquiry into the Nature of Peace and the Terms of Its Perpetuation*, B.W. Huebsch, New York 1919, pp. 162, 169.

17 Harold J. Laski, *The Decline of Liberalism*, cit., p. 23.

18 Harold J. Laski, *Democracy in Crisis*, The University of North Carolina Press, Chapel Hill 1933, pp. 55-56.

any longer, but a multitude of bubbles of subjective feelings and self-identifications: snowflakes under global warming.[12]

It had been recognised early in the history of liberalism that society was "not merely an aggregation of individuals",[13] and that liberal individualism was too "frail a foundation [...] for an effective common life".[14] It was clear long ago that methodological individualism could not offer a compelling account of how society works; that private, individual greed could not be aligned with what was good for society;[15] and that businessmen's private financial gain was at cross-purposes with the material interests of the community.[16] Already a century ago, it was "historically beyond discussion that the mere conflict of private interests can never produce a just commonwealth".[17] Moreover, the individual's absorption in that conflict as the dynamic force of social relations produced the cognitive inability to understand the "building of social relationships".[18]

In late liberalism, that is, neoliberalism, the asocial and antisocial tendencies of liberalism are in full swing and beginning to bear fruit. Western societies are falling apart. Without society, there can be no heroes. Heroes are born out of society, and society has to embrace them as heroes. Here, however, we are specifically concerned with anti-fascist heroes. They have become an extinct species not simply because society, abstractly speaking, is breaking up and disintegrating. We need to look into the extinction process concretely. The global rule of neoliberalism today, as it marks the end of anti-fascist heroes, is a synthesis of two historical tendencies.

12 For the image of the "sack of potatoes", depicting asocial existence, see Karl H. Marx, "Der achtzehnte Brumaire des Louis Bonaparte", in vol. 11 of Karl H. Marx, Friedrich Engels, *Gesamtausgabe, Erste Abteilung: Werke, Artikel, Entwürfe* (Berlin: Dietz Verlag, 1985), 180.

13 John S. Mill, "Coleridge", in: Id., *Essays on Ethics, Religion, and Society*, ed. John Robson, in vol. 10 of *The Collected Works of John Stuart Mill* (Toronto-London: University of Toronto Press, Routledge & Kegan Paul, 1985), 131 *sqq.*

14 Harold J. Laski, *The Decline of Liberalism*, L.T. Hobhouse Memorial Trust Lectures, No. 10, Delivered on 24 May 1940 at Canterbury Hall (London School of Economics), London (London: Humphrey Milford, Oxford University Press, 1940), 11, referring to T.H. Green.

15 John A. Hobson, "Ruskin as Political Economist", in: John H. Whitehouse (ed.) *Ruskin the Prophet, and Other Centenary Studies*, (London: George Allen & Unwin, 1920), 92-3.

16 Thorstein Veblen, *An Inquiry into the Nature of Peace and the Terms of Its Perpetuation* (New York: B.W. Huebsch, 1919), 162, 169.

17 Harold J. Laski, *The Decline of Liberalism*, cit., 23.

18 Harold J. Laski, *Democracy in Crisis* (Chapel Hill: The University of North Carolina Press, 1933), 55-6.

Una riguarda il fascismo. Poco tempo dopo che i fascisti salirono al potere in Italia, un deputato del Partito nazionale, Massimo Rocca, definì "neoliberalismo" il fascismo[19]. Quando il fascismo salì al potere, numerosi liberali italiani applaudirono il colpo di Stato, e altrettanto fecero intellettuali e politici liberali europei e americani. Quando nacque il concetto di neoliberalismo Ludwig von Mises, uno dei suoi padri fondatori, lodò il fascismo per aver "salvato la civiltà europea"[20]. L'introduzione del neoliberalismo come politica ufficiale dopo il secondo conflitto mondiale si fondava sulla repressione del movimento antifascista e sull'arresto della denazificazione, si fondava addirittura sulla ri-nazificazione.

Il neoliberalismo, nella sua storia intellettuale e nella sua ascesa al potere, era più avverso all'antifascismo che al fascismo, e la sua diffusione dopo la Seconda Guerra Mondiale creò un ambiente ostile agli eroi antifascisti. L'Unione Europea ha da poco imposto come "nostra" storia ufficiale una versione del revisionismo storico, che in ultima analisi si traduce nella "decomunistizzazione" e nella riabilitazione del fascismo.

L'altra tendenza è antisociale. Se in linea di principio il liberalismo, nella metamorfosi che l'avrebbe trasformato in neoliberalismo, non si contrapponeva al fascismo, rese però chiara la sua ostilità fondamentalista al socialismo. Nel contesto della formulazione teorico-ideologica del neoliberalismo, socialismo non significava soltanto controllo sociale dell'economia, ma pure di qualsiasi opinione di produttori o gruppi sociali (eccetto i monopolisti) nella produzione e distribuzione della ricchezza; qualsiasi regolamentazione del processo produttivo (per esempio la durata della giornata lavorativa, la sicurezza sul posto di lavoro, il lavoro minorile); qualsiasi organizzazione di lavoratori che difendevano i propri interessi; qualsiasi misura riguardante sussidi e sistema previdenziale, per non parlare delle preoccupazioni legate alla giustizia sociale. Il neoliberalismo è l'economia politica dell'antisocialismo e, nella sua guerra al socialismo, sta distruggendo la società. La distruzione della società coincide con la distruzione degli eroi antifascisti.

Qui non si parla di nostalgia per l'antifascismo storico, per quanto sarebbe più che comprensibile, bensì di affrontare la situazione in cui ci troviamo. In una situazione in cui il fascismo è in crescita – e non intendo i soliti noti dell'estrema destra del centro liberale, né gli illiberali, ma il fascismo del centro politico liberalista e l'élite economica globalista – e la società sta andando in pezzi, chi di noi si considera antifascista (o perlomeno rifiuta di essere un fascista o un sociopatico) non può sopravvivere. In una situazione in cui gli eroi antifascisti non possono sopravvivere, nemmeno noi possiamo farlo.

19 Massimo Rocca, "Un neo-liberalismo?", in *Risorgimento*, settembre 1921, ristampato in Id., *Idee sul fascismo*, Società Anonima Editrice "La Voce", Firenze 1924, p. 32.

20 Ludwig von Mises, *Liberalismo*, Rubbettino, Soveria Mannelli 1997, p. 87.

One of those tendencies concerns fascism. Shortly before the Fascists took power in Italy, a member of the national directorate of the Fascist party, Massimo Rocca, defined fascism as neoliberalism.[19] When the Fascists took power, numerous Italian liberals applauded the *coup d'état*. So did liberal intellectuals and politicians elsewhere in Europe and in the United States. When neoliberalism was first intellectually conceived, Ludwig von Mises, one of its founding fathers, praised fascism as the "salvation of European civilisation".[20] The introduction of neoliberalism as official policy in the aftermath of the Second World War rested on the suppression of the anti-fascist movement and the blocking of denazification, even on re-Nazification. Neoliberalism, in its intellectual history and its rise to power, was inimical to antifascism rather than to fascism. The rise of neoliberalism after the Second World War created an environment that was hostile to anti-fascist heroes. The European Union has lately imposed as "our" official history a version of historical revisionism, which boils down to "decommunisation" and the rehabilitation of fascism.

The other tendency is antisocial. While liberalism, undergoing its metamorphosis into neoliberalism, was not in principle opposed to fascism, it made clear its fundamental hostility to socialism. In the context of the theoretical and ideological formulation of neoliberalism, socialism meant not only social control over the economy, but any say of producers or social groups (except for the monopolists) in the production and distribution of wealth, any regulation of production processes (such as the length of the working day, safety at work, child labour), any organisation of workers for the defence of their interests, any measures of welfare and social security, not to speak of concerns for social justice. Neoliberalism is the political economy of antisocialism. In its war on socialism, neoliberalism is destroying society. The destruction of society is *eo ipso* the destruction of anti-fascist heroes.

This is not nostalgia for historical antifascism, even though some nostalgia may be more than understandable. This is about facing the situation we are in. In a situation where fascism is on the rise – and I do not mean the usual culprits on the right extreme of the liberal centre, not the illiberals, but the fascism of the liberal political centre and the globalist economic elite – and society is breaking up, those of us who are anti-fascist or at least refuse to be fascists and sociopaths, cannot survive. In a situation where anti-fascist heroes cannot survive, we cannot survive.

19 Massimo Rocca, "Un neo-liberalismo?" in: *Risorgimento,* September 1921, reprinted in: Id., *Idee sul fascismo* (Florence: Società Anonima Editrice "La Voce," 1924), 32.

20 Ludwig von Mises, *Liberalismus* (Jena: Gustav Fischer, 1927), 45.

Mladen Dolar

TRE FRAMMENTI SUGLI EROI

Il tema dell'eroe evoca immancabilmente una magnificenza e un passato mitologici, ma può essere trattato anche in termini più modesti, come qualcosa che accompagna il nostro atteggiamento quotidiano; il miglior esempio è il famoso incipit di *David Copperfield*: "Queste pagine diranno se sono proprio io l'eroe della mia vita o se questo posto tocca a qualcun altro". Il protagonista del romanzo di Dickens inizia il lungo resoconto della sua vita fissando una sorta di misura, uno standard in base al quale valutare le fortune e le sventure personali. Cosa significa essere l'eroe della propria vita? Quali sono i requisiti per esserlo? Ecco la risposta più semplice: l'eroe dovrebbe avere il controllo della sua vita, modellarla in modo attivo, senza lasciarsi influenzare dalle circostanze e dalle tribolazioni, né soverchiare dai progetti altrui. L'eroe dovrebbe essere in grado di raggiungere l'autonomia e capace di stabilire le proprie leggi, contrapponendosi all'eteronomia della dipendenza e della condiscendenza. Ma tutto ciò non basta, questa descrizione è forse ancora troppo legata al buonsenso non definisce appieno l'eroe, occorre qualcosa in più. La vita stessa, per essere vissuta in modo propriamente eroico, deve andare oltre la vita normale; straordinaria, deve superare i suoi stessi limiti, deve sovvertire i limiti che contraddistinguono la vita in senso generale. La vita è quindi eccesso di vita, ma la natura di tale eccesso non può essere fissata o inquadrata da una definizione o da una descrizione. Condurre una vita autonoma e dignitosa non basta, bisogna soprattutto dimostrare fedeltà all'eccesso per poter essere sì l'eroe della propria vita, ma anche per rappresentare un esempio e toccare le vite altrui. Un eroe non è contraddistinto soltanto da dignità, integrità, onestà, decoro e autonomia; l'eroe può contravvenire a tutti i princìpi lodevoli ed estendere la vita alla dimensione dello scandaloso o persino del mostruoso.

Il concepimento del famoso incipit di Dickens, scritto nel 1849 (il romanzo uscì a puntate e fu pubblicato in volume, per intero, alla fine del 1850), fu sicuramente influenzato da uno dei più famosi saggi sugli eroi, ovvero *Gli eroi* di Thomas Carlyle, nato come ciclo di lezioni nel 1840 e pubblicato in volume l'anno seguente. Dickens conosceva bene l'opera, aveva incontrato Carlyle, e gli esperti sono concordi nell'individuare un rapporto di influenza. Fu Carlyle a creare il canovaccio per la venerazione romantica (e non solo) dell'eroe. Se l'eroe è colui che supera il concetto canonico di vita e la sua misura, vale la pena studiare la storia proprio perché è stata guidata dagli eroi; gli eroi sono la materia di cui è fatta la storia, che senza di loro non esisterebbe.

> *Quei grandi furono gli informatori, i modelli, e, in un largo senso, i creatori di quanto la massa generale degli uomini riuscì a compiere od a raggiungere; tutte le cose, che vediamo compiute nel mondo sono propriamente l'esteriore materiale*

Mladen Dolar

THREE FRAGMENTS ON HEROES

The question of the hero spontaneously evokes a mythical past and a sense of grandeur but it can be seen, in more modest terms, as something that accompanies our day-to-day demeanour – the best example of this is the famous opening sentence of Dickens's *David Copperfield*: "Whether I shall turn out to be the hero of my own life, or whether that station will be held by anybody else, these pages must show." David Copperfield starts the long account of his life by establishing a measure, a standard by which to gauge one's fortunes and misfortunes. What does it mean to be the hero of one's own life? How does one qualify as a hero? The simple answer could be that the hero should be in control of his life, actively shaping it, not letting himself be swayed by circumstances and tribulations, nor imposed upon by the agendas of others. The hero is he who achieves autonomy, literally establishing his own law, as opposed to the heteronomy of dependence and compliance. But this is not enough. This description is perhaps still too tied to common sense and does not quite address the hero. More is required. To be heroically lived, life itself must be more than life, "larger than life", it must exceed the common measure. The life of the hero must subvert the very measure of what life commonly is. Life is the excess of life, but the nature of this excess cannot quite be spelled out nor pinned down by a definition or description. It is not enough to lead an autonomous and decent life for, above all, one must show fidelity to excess in order to be not just the hero of one's own life, but to set an example and engage other lives. It is not merely decency, integrity, honesty, propriety, and autonomy that make a hero, for the hero may contravene all laudable principles and extend life into the dimension of the outrageous, or even the monstrous.

Dickens's famous opening sentence, written in 1849 (the novel was serialised and finally published as a book at the end of 1850), was no doubt conceived under the influence of one of the most famous treatises on heroes, Thomas Carlyle's *On Heroes, Hero-Worship and the Heroic in History*, which was first given as a series of lectures in 1840 and then published as a book in 1841. Dickens knew it well and he met Carlyle, and there is a consensus among scholars about its influence. Carlyle was the one who wrote the script for romantic hero-worship – romantic and beyond. If the hero is someone who exceeds life and its common measure, then history is only worth considering because it is driven by heroes; heroes are the stuff of history and there would be no history without them.

> *They were the leaders of men, these great ones; the modellers, patterns, and in a wide sense creators, of whatsoever the general mass of men contrived to do or to attain; all things that we see standing accomplished in the world are*

resultato, la pratica attuazione e incarnazione di pensieri, che albergarono nei grandi quaggiù inviati: la loro storia potrebbe giustamente considerarsi come l'anima della storia di tutto il mondo[1].

La grandezza degli eroi può manifestarsi in vari modi, che per Carlyle si articolano sostanzialmente in sei categorie: l'eroe quale divinità (come Odino nel paganesimo norreno), l'eroe quale profeta (come Maometto), l'eroe quale poeta (come Dante e Shakespeare), l'eroe quale sacerdote (come Lutero), l'eroe quale letterato (come Samuel Johnson o Rousseau), l'eroe come re (Cromwell e Napoleone). David Copperfield riesce a compiere il proprio destino diventando il letterato, la versione eroica dello stesso Dickens; e l'eroismo del letterato pare l'unica categoria rimasta agli eroi, dopo la caduta degli altri loro illustri avatar avvenuta nella modernità. L'artista è l'eroe sopravvissuto. Carlyle, che assistette alla rivoluzione industriale e scrisse una storia paradigmatica della Rivoluzione francese, rimase tuttavia irremovibilmente convinto che la storia fosse fatta da Grandi Uomini, dagli Eroi. È l'eroe a creare l'uomo, è l'eccezione a creare la regola universale: una posizione che andrebbe mantenuta anche malgrado e a dispetto del contesto di "libertà, uguaglianza, fratellanza", contro ogni progresso materialista della modernità.

Certo, ora dappertutto è generale il grido di libertà ed eguaglianza, indipendenza e così via; invece di re, s'invocano urne da votazione e suffragi elettorali: sembra chiarito che ogni eroe sovrano; od ogni leale obbedienza di uomini ad uomo, in cose temporali o spirituali, sia svanita dal mondo, per sempre. Io dispererei affatto del mondo ove fosse così. Una delle mie più profonde convinzioni è che così non sia[2].

La bandiera dell'epoca annuncia l'uguaglianza, ma ciò pare implicare l'esilio degli eroi, la cui grandezza sfida qualsiasi tipo di uguaglianza. L'epoca annuncia inoltre le masse come l'agente della storia e l'inesorabile progresso dei mezzi di produzione, delle anonime forze materialiste, dell'impersonale visione scientifica del mondo. Ma per Carlyle gli eroi non dovrebbero risultare antiquati in questo contesto, la loro venerazione non dovrebbe essere un residuo romantico, un avanzo nostalgico, un'illusione del passato eroico ormai perso per sempre. L'epoca moderna ha bisogno di eroi? Dove sono quando più ci servono? L'incipit di Dickens può essere interpretato come una glossa all'opera di Carlyle: dopo la caduta degli eroi, resta il tentativo di essere gli eroi della propria vita. Una modesta proposta.

Per quanto lo stesso Carlyle possa apparire antiquato, datato e ingenuo rispetto alle sue posizioni, la domanda da lui posta permane e contiene una mordente punta di verità. Non c'è bisogno di abbracciare la venerazione romantica dell'eroe per capire che il rigetto degli eroi, relegati nell'eroico passato pre-moderno ormai svanito, potrebbe indicare

1 Thomas Carlyle, *Gli eroi*, G. Barbera Editore, Firenze 1926, p. 52.

2 Ivi, p. 207.

properly the outer material result, the practical realization and embodiment, of Thoughts that dwelt in the Great Men sent into the world: the soul of the whole world's history, it may justly be considered, were the history of these.[1]

The greatness of heroes can be achieved in many guises, basically under six main headings in Carlyle's view: the hero as divinity (like Odin in Norse paganism), as prophet (like Mohammed), as poet (like Dante and Shakespeare), as priest (like Luther), as man of letters (like Samuel Johnson or Rousseau), or as king (like Cromwell and Napoleon). David Copperfield eventually fulfils his singular destiny by becoming the man of letters, the heroic version of Dickens himself – and the heroism of the man of letters seems to be the one slot left for heroes, after the downfall of their other illustrious avatars in modernity. The artist is the hero left standing. Carlyle, who witnessed the industrial revolution and who wrote a paradigmatic history of the French Revolution, nevertheless remained adamant and unperturbed in his belief that history was made by Great Men, the Heroes. It is the hero that makes the man, it is the exception that makes the universal rule – a stance that should be maintained in the face of, and in spite of, the backdrop of "freedom, equality, brotherhood"; against all the materialist progress of modernity.

And now, sure enough, the cry is everywhere for Liberty and Equality, Independence and so forth; instead of Kings, Ballot-boxes and Electoral suffrages: it seems made out that any Hero-sovereign, or loyal obedience of men to a man, in things temporal or things spiritual, has passed away forever from the world. I should despair of the world altogether, if so. One of my deepest convictions is, that it is not so.[2]

If the age heralds equality on its banner, this appears to entail a ban on heroes, whose greatness defies equality. This age also heralds the masses as the agent of history and the inexorable progress of the means of production, anonymous materialist forces, and an impersonal scientific worldview. But heroes, for Carlyle, should not be antiquated against the backdrop of all this, their worship should not be a romantic left-over, a nostalgic remnant, an illusion of the heroic past now irretrievably lost. Does the modern age need heroes? Where are they when we need them most? Dickens's opening line can be read as a gloss on Carlyle: after the downfall of heroes, what remains is the attempt to be the hero of one's own life. A modest proposal.

Carlyle may himself sound antiquated, dated, and naïve in his stance, and yet the question he asks persists and contains a mordant grain of truth. One need not espouse romantic hero-worship to see that the dismissal of heroes, relegated to the now-vanished heroic pre-modern past, may well

1 Thomas Carlyle, *On Heroes, Hero-Worship and the Heroic in History*, (London: The Electric Book Company, 2001), 5.

2 Ibidem, 144.

banale, alla sempre più invadente penetrazione nella vita privata, agli elementi fin troppo umani: i capricci, le storie di sesso, i tornaconti e gli interessi privati, le inclinazioni bizzarre, i piaceri scabrosi, la presunta verità dietro la facciata pubblica. La verità è la sporca verità. Il pubblico è insaziabile, esige più dettagli, vuole avvicinarsi sempre di più, vuole demistificare i presunti eroi e i personaggi famosi, sorprenderli nella loro corporea e banale umanità e oscenità. Ma esiste un'altra possibilità, ancora più perversa, ovvero poter ottenere la fama – un vero status da eroe (o, meglio, una sua caricatura) – mostrando la nostra vita privata, lasciando che i media sbircino nelle nostre opinioni confuse, nei nostri gusti, nella nostra casa, nella nostra camera da letto: l'urgenza di presentare la realtà più banale come uno show, anzi, un "reality show". È una creazione dell'eroe al contrario, in cui si ostenta proprio il lato che un tempo solo il cameriere poteva vedere, per trasformare il privato in spettacolo. Non è necessario che i camerieri spiino dal buco della serratura: sono i media a farlo per noi, assecondando i nostri impulsi da camerieri, i meno eroici in assoluto. Hegel, sulla soglia della modernità, aveva visto tutto ciò profilarsi all'orizzonte, non era estraneo ai media benché questi fossero ancora in fase embrionale. Una delle sue battute più famose sosteneva che leggere il giornale fosse diventato l'equivalente moderno della preghiera del mattino. *In nuce*, il concetto era già presente.

Se la modernità è quindi l'epoca della caduta degli eroi, essa è anche caratterizzata da una duplice brama: il desiderio degli eroi dopo la loro scomparsa e il desiderio di demistificare qualsiasi eroe che possa comparire. Smascherare, rivelare, svelare, smontare, screditare: ecco gli impulsi che si accompagnano al (presunto) disincanto del mondo. I media sono senza dubbio vittime di questa duplice brama: producono eroi sempre nuovi, in grandi quantità, perlopiù dotati di un'aspettativa di vita breve, e si impegnano inevitabilmente nella demistificazione di qualsiasi eroe possa presentarsi (o sia stato creato dai media stessi). L'aspetto che dovrebbe preoccuparci di più è l'attitudine da cameriere che viene imposta a livello universale e che tendiamo ad adottare in modo spontaneo. Se esiste un modo corretto di parlare degli eroi, questo potrebbe trovare una collocazione soltanto al di fuori della prospettiva del cameriere.

Ed ecco la terza e ultima citazione di questo saggio, anch'essa piuttosto famosa: "Sventurata la terra che ha bisogno di eroi". È di Bertolt Brecht, quindi proviene da un contesto molto diverso rispetto alle altre, ed è tratta dall'opera teatrale *Vita di Galileo* (1938)[5]. Andrea, allievo di Galileo, esclama: "Sventurata la terra

5 La battuta compare soltanto nella seconda versione – la cosiddetta "americana", nota semplicemente come *Galileo* –, andata in scena per la prima volta a Los Angeles nel 1947. Charles Laughton collaborò alla stesura con Brecht e interpretò il ruolo di Galileo. Esiste inoltre una terza versione, messa a punto da Brecht a Berlino nel 1955, che fu messa in scena solo dopo la sua morte.

affairs, into private gains and interests, bizarre penchants, dirty enjoyment, all this figuring as an alleged truth behind the public façade. The truth is the dirty truth. The audience is insatiable, it wants more details, it wants to get ever closer, it wants to debunk alleged heroes and famous personalities, catch them in their trivial bodily humanity and filth. But there is also the further perverse turn, namely that one can gain prominence, indeed a hero-like stature (or rather its caricature) by displaying one's private life, letting the media in on one's haphazard opinions and tastes, into one's house, one's bedroom – with the urge to present the most banal reality as worthy of a show, indeed a "reality show". This is like creating the hero in reverse, precisely by ostentatiously displaying the side that once only valets could see, making a spectacle of the private. No need for valets peeping through the keyhole, the media will do it for us and indulge our most non-heroic valet impulses. Hegel, standing at the dawn of modernity, saw it coming, he was no stranger to the media although the media were still in their infancy. One of his famous quips is that reading the newspaper has become the modern equivalent of morning prayer. The nutshell was already there.

So, if modernity is the age of the downfall of heroes, then it is also an age with a twofold thirst: a thirst for heroes after their demise, and a thirst to debunk any heroes that may pop up. To unmask and expose, to unveil, deflate, and discredit – impulses that come with the (alleged) disenchantment of the world. The media are no doubt prey to this twofold thirst – they produce ever new heroes, in vast quantities, mostly with a short lifespan, and they inevitably work hard to debunk any heroes that may present themselves (or that were produced by them in the first place). What we should really worry about is the valet attitude that is universally imposed and that we tend to spontaneously adopt. If there is a proper way to talk about heroes, then it could only be outside of the valet perspective.

Here is my third and final quote, also quite famous: "Unhappy the land that is in need of heroes." The quote is from Bertolt Brecht, thus coming from very different quarters. The line is part of the exchange in Brecht's play *The Life of Galileo* (1938).[5] Galileo's student Andrea says: "Unhappy the land that has no heroes," only to be rebutted by Galileo: "No, unhappy the land that is in need of heroes." It is clear that Brecht also takes stock of the downfall of heroes, and he emphatically captures the opening moment of this downfall, at the iconic beginning of modernity, with Galileo, who precisely refuses the role of a hero. Brecht does not take it in the spirit of

5 The line appears only in the second, "American" version of the play (usually called just *Galileo*), first produced in 1947 in Los Angeles. Charles Laughton collaborated with Brecht on it and played the part of Galileo. There is also a third version prepared by Brecht in 1955 in Berlin and staged only after his death.

che non ha eroi!", e il maestro replica: "No. Sventurata la terra che ha bisogno di eroi". È chiaro che anche Brecht ragiona sulla caduta degli eroi, catturando con enfasi il momento in cui ha inizio, ovvero nell'iconico principio della modernità, con Galileo, l'uomo che rifiuta il ruolo di eroe. Brecht non inquadra il fenomeno con spirito luttuoso, con nostalgia per il passato glorioso, bensì lo racconta come una transizione liberatoria, un affrancarsi da un'epoca che aveva bisogno di venerare gli eroi. Non aver bisogno di eroi che guidino le nostre vite, fornendoci modelli passati a cui rifarci, ci concede la libertà di condurre le nostre società pensando al futuro. E questa è – o dovrebbe essere – la modernità.

Le circostanze storico-ambientali, tuttavia, rendono necessario rievocare la scomparsa degli eroi. Queste figure venivano adorate per i loro gesti sacrificali, poiché si immolavano in nome di scopi più alti, ma il loro sacrificio aveva la tendenza a trasformarsi in un culto, in una venerazione, in una questione religiosa: benché laici, gli eroi si mescolano facilmente ai martiri. È appunto questa devozione, questa venerazione, a essersi ripresentata in forma tanto drastica durante la maggiore crisi del XX secolo. Di certo il brusco adagio di Brecht era diretto a un nemico immediato, alla potente e invadente calamità del periodo: il culto fascista degli eroi, tanto fondamentale nell'ideologia fascista quanto misteriosamente eguagliato dal culto stalinista degli eroi. Brecht sembra dire che l'ordine "totalitario" ha un estremo bisogno di eroi come figure di rappresentanza e che a essere sbagliata non è la capacità di compiere imprese eroiche, bensì il carico fortemente ideologico di cui gli eroi sono facile preda. La nuova produzione del semiarcaico arriva a tormentare la crisi della modernità.

E questo ci riporta alla profonda ambiguità degli eroi. Da un lato c'è un estremo bisogno di loro, poiché incarnano l'eccesso di vita che rende la vita – ma solo quella straordinaria, appunto – degna di essere vissuta. Gli eroi sono coloro che rischiano la vita per ciò che va al di là della vita stessa, incarnano gli aspetti della vita che non si possono ridurre alla finitezza e alla sopravvivenza. Gli eroi si spingono oltre ciò che sembrava possibile, ampliano i limiti della realtà. Dall'altro lato, però, troviamo un duplice tranello: o il lutto per gli eroi assenti, ormai scomparsi, oppure la commemorazione, la monumentalizzazione, la venerazione delle gesta eroiche, che diventano così oggetto di idolatria, trasformandosi in una risorsa ideologica consacrata dal culto (quella dell'eroe è un'altra professione impossibile?). O, nella versione diluita dai media, l'adulazione istantanea di eroi istantanei. Ma forse il problema riguarda più "noi" che gli eroi: se loro sono scomparsi, se possiamo concepirli soltanto per adularli, il problema riguarda la nostra percezione, la nostra accettazione delle nostre vite ben poco eroiche, vite private dell'eccesso e del surplus rappresentati dagli eroi e che rendono la vita davvero degna di essere vissuta.

mourning, nostalgia for glorious past times, but in a spirit of liberation, deliverance from an age that needed the worship of heroes. Not needing heroes to guide our lives on past models gives us the liberty to conduct our societies with a view to the future. This is what modernity is, or should be.

But Brecht's ambient historic circumstances make it necessary to insist on this demise of heroes. Heroes were revered for their sacrificial deeds, sacrificing themselves for higher goals, but their sacrifice tended to turn into a cult, a worship, a religious affair, even if secular, since heroes so easily blend with martyrs. This piety, this veneration, is precisely what came back in a drastic form in the greatest crisis of the twentieth century. No doubt Brecht's harsh adage had an immediate adversary in mind, a massive and pervasive calamity of the time, the fascist cult of heroes, so central to fascist ideology, and also uncannily matched by the Stalinist worship of heroes. What Brecht seems to be saying is that the "totalitarian" order badly needs heroes as their figureheads, and what is wrong is not the capacity for heroic feats, but the heavy ideological burden that the heroes are so easily ridden with. The new production of the quasi-archaic comes to haunt the crisis of modernity.

That brings us back to the profound ambiguity of heroes. On the one hand, heroes are badly needed, for they testify to the excess of life that makes life what it should be, and only when life is larger than life is it truly worth living. Heroes are the ones who put their lives at stake for what is more than life, they testify to what in life is not reducible to finitude and survival. Heroes reach beyond what seems to be possible, extending the limits of reality. On the other hand, there is a double pitfall: either there is a lament that there are no more heroes, that heroes are gone, along with the glorious past, or else the heroic gesture gets memorialised, monumentalised, and venerated, thus turning into an object of idolisation, becoming an ideological resource, consecrated by the cult (the hero – another impossible profession?). Or in the diluted media version of instant adulation of instant heroes. But perhaps the problem is more with "us" than with the heroes themselves: if the heroes are gone, or if we can only conceive of them in the mode of adulation, then this is a problem of our perception, of our acceptance of our own unheroic lives – lives deprived of the excess and surplus that the heroes stand for and that ultimately make life worth living.

Keti Chukhrov

POSTULATI DI NEOUMANESIMO, O: PERCHÉ LA RAGIONE PUÒ ESSERE SOLTANTO UMANA?

I. DESTINATI A ESSERE GENERICI

La preoccupazione contemporanea circa il postumanesimo denuncia la condizione umana e l'antropocentrismo per le loro violazioni coloniali, di genere ed ecologiche. Nella più profonda storia del pianeta, gli esseri umani sono considerati meri agenti dell'Antropocene. A ciò si somma l'ipotesi, diffusa nelle teorie contemporanee dell'accelerazionismo e dell'intelligenza artificiale, secondo cui ciò che ha reso egemonica la mente umana sarebbe riproducibile o superato dall'intelligenza delle macchine e dalle reti neurali.

Le svolte ecologiche, biotecnologiche e cibernetiche avvenute nella teoria critica e nelle scienze umanistiche hanno dato vita al dibattito sull'emancipazione, in cui la posizione dominante dell'essere umano[1] lo rende un pericolo per la giustizia sociale. Da un lato, una simile autocritica anti-umanista promuove l'idea di parità radicale fra la specie umana e tutte le altre[2]; dall'altro, sostenere che tutte le forme di vita e le oggettualità, animate o meno, siano dotate di coscienza e socialità conduce inevitabilmente a spiritualismi e animismi religiosi in cui la solitudine notoriamente terrena di un essere umano è integrata dalla presenza concomitante delle esistenze spiritualizzate e sovrannaturali. In questo caso, un essere umano si considera al pari di qualsiasi creatura animata o attribuisce soggettività e autonomia alle estensioni e alle mediazioni tecniche.
Tale posizione presuppone una svolta simbolica e ontologica per la quale tutte le oggettualità e le forme di vita acquisiscono Soggettività, mentre l'essere umano rinuncia alla propria condizione esistenziale esclusiva nella natura e nell'universo.

È interessante notare che, negli esperimenti dell'avanguardia russa, l'accrescimento biotecnico delle abilità umane non presupponeva l'estinzione dell'umanità. Nemmeno le più audaci trasformazioni scientifiche o bio-ingegneristiche della socialità umana presupponevano cambiamenti radicali nello sviluppo umano come condizione post- o trans-umana. Allora, la decisio-

1 L'autrice del saggio parla dell'essere umano caratterizzandolo al femminile, utilizzando sempre i pronomi *her/herself*. Non trattandosi di un rimando agli esseri umani di sesso femminile, ma a una precisa scelta di caratterizzazione di genere, si è preferito non cercare perifrasi traduttorie ma di specificarlo in nota. [N.d.T.]

2 Cfr. Bruno Latour, *Politics of Nature. How to Bring the Sciences into Democracy*, trad. Catherine Porter, Harvard University Press, Cambridge, MA 2004; Donna J. Haraway, *When Species Meet*, University of Minnesota Press, Minneapolis 2007.

Keti Chukhrov

POSTULATES OF NEOHUMANISM, OR WHY CAN REASON ONLY BE HUMAN?

I. DESTINED TO BE GENERIC

Contemporary preoccupation with post-humanism denounces the human condition and anthropocentrism for its colonial, gender and ecological violations. In the "deeper" history of the planet, humans are seen as merely agents of the Anthropocene age. To this is added the conjecture, habitual in contemporary theories of Accelerationism and Artificial Intelligence, that asserts that what made the human mind hegemonic is either reproducible or surpassed by machinic intelligence and neural networks.

The ecological, bio-technological, and cybernetic turns in critical theory and the humanities generated the discourse of emancipation, in which the human being is seen as a peril to social justice due to her dominating position. On the one hand, such anti-humanist self-critique promotes the idea of radical equality between the human species and all the other ones.[1] On the other hand, claiming consciousness and sociality for all animate and non-animate life-forms and objecthoods inevitably leads to non-secular spiritualisms and animisms, in which the notorious worldly solitariness of a human being is supplemented by co-presences with spiritualised and supernatural existences. In this case, the human being equates herself with all animate creatures, or endows technical extensions and mediations with subjectivity and autonomy. This approach presupposes a symbolic and ontological shift, as a result of which all objecthoods and life-forms acquire Subjectivity, whereas the human being dispenses with her exclusive existential status in nature and the universe.

Interestingly, in the experiments of the Russian avant-garde, the bio-technical augmentation of human capacities did not presuppose extinguishing humaneness. Even the most courageous scientific or bio-engineered transformations of human sociality did not posit radical changes in human development as a post or trans-human condition. The resolution to dispense with humaneness was not then regarded as a consequence of technical, ecological and bio-engineering experiments. Despite any transmutations, the symbolic notion of the human remained intact. Whereas in the transhumanist aspirations of nowadays, the decision to determine human life through post- and trans-human identifications is conditioned by the fact that a human being is

1 See: Bruno Latour, *Politics of Nature. How to Bring the Sciences into Democracy*, trans. by Catherine Porter, (Cambridge, MA: Harvard University Press, 2004) and Donna J. Haraway, *When Species Meet*, (Minneapolis: University of Minnesota Press, 2007).

ne di rinunciare all'umanità non veniva considerata una conseguenza degli esperimenti tecnici, ecologici o bio-ingegneristici. A dispetto di qualsiasi trasformazione, il concetto simbolico dell'essere umano rimase intatto. Al contrario, nelle odierne aspirazioni transumaniste, la decisione di determinare la vita umana attraverso identificazioni post- e trans-umane è condizionata dal fatto che l'essere umano è visto come un animale dotato di un cervello e di abilità linguistiche sviluppati, solo casualmente più debole degli animali a livello biologico, e più avanzato a livello cognitivo degli organismi viventi non umani, ma meno intelligente delle macchine neurali e computazionali. E in effetti, se un essere umano non è altro che un costrutto realizzato con componenti biologiche e intelligenza automatizzata, non sussiste la necessità di un'entità simbolica qualitativamente diversa dall'animalità e dalla digitalità, il che rende a sua volta superfluo il concetto di umanità. In questo caso l'essere umano può essere considerato un semplice animale integrato da intelligenze e competenze artificiali.

Ma cosa succede se il progresso dell'umanità non si limita al miglioramento della mente e dell'intelligenza, e neppure all'espansione della coscienza? Marx, per esempio, non considera eccezionale l'essere umano per via dell'eccellenza cognitiva. Nei *Manoscritti economico-filosofici del 1844*[3], l'eccezionalità dell'essere umano deriva dall'abilità di superare qualsiasi interesse personale e sindrome egoistica nella socialità comunista.

Marx rifiuta di vedere l'esistenza umana alla luce del concetto di "essere appartenente alla specie": lo afferma senza mezzi termini quando scrive che l'essere umano non è una specie animale in senso aristotelico, dotato della parola e di un cervello avanzato. A produrre l'umanità è l'"ente naturale generico", il *Gattungswesen*: il termine, spesso tradotto erroneamente come "essere appartenente alla specie", in realtà implica – a livello tanto ontico quanto ontologico – l'esistenza che fatalmente si differenzia da tutti gli esseri viventi in quanto, secondo Marx, se un animale plasma la materia soltanto in accordo al bisogno della specie di appartenenza, in base alla propria morfologia e in sua funzione, l'uomo può invece produrre anche per il bisogno di altre specie[4]. Tale norma emerge dall'irreversibile abilità nel lavoro dell'essere umano e dalla sua influenza sulla vita umana, che persino più del linguaggio differenzia l'essere umano dagli altri esseri viventi.
Il retroterra diacronico e generico del lavoro e dei rapporti sociali, condizionato dal (non) sé determinato dall'altro, struttura l'essere umano come genericità anziché come un particolare tipo di specie. Questa generalità contrapposta alle particolarità delle specie è umana per via di una destinazione che permette agli uomini di agire e produrre per

3 Karl H. Marx, *Manoscritti economico-filosofici del 1844*, Feltrinelli, Milano 2018.

4 Ibidem.

seen as an animal with a developed brain and linguistic capacities, which happens to be biologically weaker than animals, more cognitively developed than non-human living organisms, but less intelligent than neural and computation machines. And indeed, if a human is nothing but a construct made of biological components and automated intelligence, then there is no need of any symbolic entity qualitatively different from animality and digitality, and therefore the concept of humaneness becomes redundant. In this case, a human being can be considered as nothing but an animal supplemented by machinic intelligence and competences.

But what if the progress of humanity is not confined to the amelioration of mind and intelligence, or even the expansion of consciousness? For example, Marx does not see the human being as exceptional because of her cognitive excellence. In his *Economic and Philosophic Manuscripts of 1844*,[2] the human being's exceptionality departs from the capacity to surpass all self-interests and egotistic syndromes in communist sociality.

Marx refuses to see human existence in the light of the "species being". He is very explicit in it when he writes that the human is not an Aristotelian species-animal endowed with speech and advanced brain. What produces humaneness is the generic being – *Gattungswesen*. This term is often mistakenly translated as "species being", but in fact it implies – ontically and ontologically – the existence that fatally differs from all living beings in that, according to Marx, if an animal forms the matter in accord with the need of the species being, out of and for its own morphology, a man can produce for the need of other species-beings as well.[3] This prescription arises from the irreversible capacity of a human being for labour and its imprint on human life, which detaches the human being from any living being even more than language. The diachronic and generic background of labour and social relations conditioned by the other-determined (non)-self being constructs the human as genericity and not as some specific sort of species. This counter species generality happens to be human by the token of a destination that enables a human being to act and produce for the sake of other humans and species and not only for herself: this is the construct that enables the human not only to be the self, but also to contain in herself the other-self, the non-self, a condition that is impossible for any other living beings but humans.[4]

2 Karl H. Marx, *Economic and Philosophic Manuscripts of 1844*, trans. by Martin Milligan, (New York: Prometheus Books, 1988).

3 Ibidem.

4 Actually, if we look at the most banal and stereotypical interpretations of humanism, they will always be, at least rhetorically, an appeal to support the weaknesses of each other; and if expanded and brought to the extreme, humanism often stands for the capacity to altruistically self-resign for the other.

altri esseri viventi, e non soltanto per se stessi; ed è questo costrutto che permette all'essere umano di essere non soltanto il sé, ma pure di contenere in se stesso l'altro sé, il non sé, condizione impossibile per qualsiasi essere vivente che non sia l'essere umano[5].

In *Cosmology of the Spirit*, il filosofo Ėval'd Il'enkov estrapola la posizione di Marx sul non sé, sostenendo che la principale caratteristica umana, nonché merito principale della ragione umana, sia la sua capacità di autorassegnarsi[6]. Per Il'enkov, la condizione umana non verrebbe abolita nemmeno in caso di estinzione della vita (e di tutti i suoi sviluppi tecnologici) e del sistema solare. Secondo l'affermazione filosofico-fantastica di Il'enkov l'esplosione completa e letale del sistema solare, che avrà iniziato a spegnersi a causa dell'entropia, potrà essere alimentata e avviata, in modo sacrificale, soltanto dalla mente umana pensante.
Ciò verrebbe altruisticamente compiuto dalla mente umana affinché l'energia prodotta dall'esplosione possa generare la vita in altri punti dell'Universo. Tale affermazione conduce a tre postulati:

5 Se osserviamo le più banali e stereotipate interpretazioni dell'umanesimo, in realtà troveremo sempre – almeno a livello retorico – un appello a sostenere le debolezze altrui; e il concetto di umanesimo, se ampliato e portato all'estremo, spesso rimanda alla capacità di autorassegnarsi per l'altro, in modo altruistico.

6 Evald Ilyenkov, *Cosmology of the Spirit*, in "Stasis", vol. 5, n. 2, 2017, pp. 164-190.

I. che la mente umana sia sempre inscritta nella materia dell'universo, a prescindere dal fatto che la materia sia in uno stadio primigenio o si sia sviluppata fino al più alto livello della ragione, che sia cresciuta fino a trasformarsi nel comunismo o abbia raggiunto la massima eccellenza tenica con macchine intelligenti; II. che la ragione, pur raggiungendo la sua dimensione assoluta più elaborata, possa essere soltanto umana, semplicemente perché consentire la trans-umanizzazione della ragione implicherebbe *ipso facto* l'esistenza di forze sovrannaturali (siano esse occulte o legate alle macchine), e ciò condurebbe a una de-secolarizzazione dell'essere e del pensiero; III. che la ragione umana sia solitaria e che la sua umanità sia condizionata dalla consapevolezza della morte, dalla sua accettazione e dalla capacità di autorassegnarsi. Torneremo più avanti sull'interdipendenza fra morte e ragione, sul legame fra la debolezza innata dell'essere umano e il suo inevitabile bisogno di generalità (universalità).

La ragione/lo spirito è quindi qualcosa che ha consapevolezza della propria morte, della propria temporalità, dell'essere stato inventato con il continuum della coscienza e dell'impossibilità di appoggiarsi a qualsiasi forza al di fuori di se stesso.
Ed è proprio per questo che non esiste un Altro supremo o sovrannaturale. Pensiamo al *cogito* di Cartesio: il concetto è potuto emergere soltanto grazie all'eliminazione della possibilità di affidarsi a Dio. È inoltre importante

In his "Cosmology of the Spirit", the philosopher Evald Ilyenkov extrapolates this Marxist stance of the non-self being, claiming that the main human feature, as well as the main merit of human reason, is its capacity for self-resignation.[5] Ilyenkov argues that even in case of the extinction of life (with all its technological developments) and of the entire solar system, the human condition would not be abolished. Ilyenkov's fantastic philosophic allegation is that when the solar system starts fading away due to entropy, its complete explosion into death can only be sacrificially fostered and initiated by the thinking human mind. This would be altruistically done by the human mind so that the excessive energy that is released in this explosion could generate life in other locations of the Universe. This fantastic claim leads to three postulates: I. that the human mind is always inscribed in universal matter – regardless of whether matter is in its early juvenile state, or it is developed into the higher reason; whether matter grew into communism, or attained utmost technical excellence with intelligent machines; II. that even when reaching its most elaborate absolute dimension, reason could only be human, simply because alleging trans-humanisation of reason would automatically imply the existence of supernatural forces (be they machinic or occult) and this would lead to the de-secularisation of being and thought; III. that human reason is solitary and its humaneness is conditioned by the awareness of death, its acceptance and capacity for self-resignation. We will return to this interdependence between the awareness of death and reason, to the bond between inborn feebleness of a human and her inevitable need of generality (universality).

Thus reason/spirit is something that is aware of its death, its temporality, its coinage with the continuum of consciousness and with the impossibility of relying on any force other than itself. Exactly because of this there is no supreme or supernatural Other. If we refer to Descartes' *cogito*, it is only due to the elimination of the reliance on God that the labour of *cogito* could have emerged. It is also important that self-resignation on behalf of reason, which Ilyenkov discusses in his "Cosmology of the Spirit", is implemented only by the mind that achieved the social ethics of communism as the inevitable climax of the development of mind and matter. This means that reason is not simply the tool of cognition, or mere intelligence, but it is first and foremost the ethical and political organ of the common good.

II. DOOMED TO NEOTENY

When we mention genericity as the dimension of the human's detachedness from nature and species being, critics of anthropocentrism immediately assess the category of the general (the universal) as the embodiment of the superiority of humankind, a superiority

5 Evald Ilyenkov, "Cosmology of the Spirit", in: *Stasis*, vol. 5, no. 2, (2017), 164-90.

che l'autorassegnazione in nome della ragione, trattata da Il'enkov in *Cosmology of the Spirit*, venga implementata esclusivamente dalla mente che ha realizzato l'etica sociale del comunismo come apice inevitabile dello sviluppo di mente e materia. Ciò significa che la ragione non è semplicemente lo strumento della cognizione o mera intelligenza: è innanzitutto l'organo etico-politico del bene comune.

II. CONDANNATI ALLA NEOTENIA

Quando parliamo della genericità come della dimensione del distacco umano dalla natura e dall'appartenenza alla specie, subito i detrattori dell'antropocentrismo definiscono la categoria del generale (dell'universale) l'incarnazione della superiorità della specie umana, superiorità che andrebbe sfidata e abolita. Ma è possibile che la prospettiva dell'universale e del generico sia il segno dell'estrema vulnerabilità e debolezza degli esseri umani, il segno dell'altruismo e della solidarietà, anziché della loro supremazia e del loro potere?

A sostegno di quest'affermazione, ricordiamo che come specie l'essere umano è radicato nella neotenia, ovvero la mancanza di abilità protettive che permettono di sopravvivere nell'ambiente naturale. Come sottolinea Paolo Virno in *Multitude. Between Innovation and Negation*, a differenza degli animali l'essere umano è destinato alla neotenia, che lo spinge a produrre una seconda natura: cultura, lingua e mondi intelligenti e tecnologici come forma di iniziale debolezza di un essere umano inteso come animale[7]. Quella umana è quindi una specie carente, incapace di adattarsi all'ambiente naturale in base e grazie alla sua morfologia di appartenente alla specie. Da qui deriva il bisogno del generale, del comune: un simile affidamento all'universale è un bisogno che nasce proprio da questa disabilità filogenetica umana.

Negli studi di difettologia degli psicologi russi Alexander Meshcheryakov e Ivan Sokoliansky (condotti negli anni Settanta nella scuola per bambini ciechi e sordi di Zagorsk, in collaborazione con il filosofo Ėval'd Il'enkov), l'idea di integrare le carenze innate con zelo pedagogico e sostegno reciproco permanente si sviluppò nella teoria del non sé determinato dall'altro. Per sopravvivere, i pazienti ciechi e sordi potevano contare soltanto sull'altruismo dei propri compagni e dei propri educatori.

Un teorico di biotecnologia o della teoria postumana – per esempio Yuval Harari o Ray Kurzweil – potrebbe replicare che la patetica consacrazione dell'appassionata partecipazione del singolo in favore dell'altro diventerà superflua e innecessaria quando le nanotecnologie saranno sufficientemente sviluppate.

In *Homo Deus*, Harari scrive che grazie allo sviluppo tecnologico l'essere umano, che avrà accesso al miglioramento bio-tecnologico, diventerà

7 Paolo Virno, *Multitude. Between Innovation and Negation*, Semiotext(e), Los Angeles 2007, pp. 20-24.

that should be defied and abolished. But can it be that the perspective of the universal and the generic is a sign of the extreme vulnerability and feebleness of humans, and a sign of altruism and solidarity, rather than of their supremacy and power?

To prove this point, let us remember that a human being as a species is grounded in neoteny. Neoteny means deficiency of protective capacities for survival in the natural environment. As Paolo Virno points out in his *Multitude. Between Innovation and Negation*, a human being, unlike animals, is destined for neoteny, which is the reason for producing second nature – culture, language and intelligent and technological worlds as the form of initial feebleness of a human as an animal.[6] So a human being is a deficient species unable to adapt to the natural environment within and by means of its own morphology of species being. Hence, the necessity of the general, the common: such reliance on the universal is a necessity that arises from this phylogenetic human disability.

In the defectology studies undertaken by the Soviet psychologists Alexander Mesheriakov and Ivan Sokoliansky (at the Zagorsk school for deaf and blind children in the 1970s, in collaboration with the philosopher Evald Ilyenkov), the idea of supplementing innate deficiencies with pedagogical zeal and permanent mutual support, developed into the theory of the other-determined non-self being. The deaf and blind could only rely on the selflessness of their fellows and pedagogues, otherwise they would not survive.

Now a theorist of biotechnology or post human theory – such as Yuval Harari, or Ray Kurzweil – could retort to this, that the pathetic consecration of one's ardent participation in favour of the fellow-other would be redundant and not needed, when nano-technologies develop sufficiently.

Harari writes in *Homo-Deus* that with the technological development a human being, having an access to the bio-technical amelioration, will gradually become a xeno-deity, an almost God, or some sort of an animalistic cyber divinity perfectly handling its own body, intelligence, and environment.[7] So, human neoteny would then be surpassed and consequently the need for others – the minds of others, their solidarity and involvement – engendered by neoteny, would then become redundant. This is because the drawbacks of human non-adaptation to their habitat would be technically restored. Which means that a trans-cyber-human would aspire to nothing but the condition of a brained intelligent animal with navigational powers within her environment.

For example, hypothetically, in the case of the deficiencies caused by blindness or deafness, the nano-bot

6 Paolo Virno, *Multitude. Between Innovation and Negation*, (Los Angeles: Semiotext(e), 2007), 20-4.

7 Yuval Harari, *Homo Deus. A Brief History of Tomorrow*, (London: Vintage, 2017).

gradualmente una xeno-divinità, un semidio, o una sorta di cyber-divinità animalistica del tutto in grado di gestire il proprio corpo, la propria intelligenza e il proprio ambiente[8]. La neotenia umana verrà quindi superata, e di conseguenza il bisogno degli altri – la loro mente, solidarietà e partecipazione – generato dalla neotenia risulterà superfluo. Ciò accadrà perché gli svantaggi del mancato adattamento umano all'habitat saranno colmati dalla tecnologia; un umano-trans-cyber aspirerebbe perciò soltanto alla condizione di animale intelligente dotato di cervello e di poteri di orientamento all'interno del proprio ambiente.

Per esempio, nel caso delle deficienze causate da sordità o cecità, un nanobot potrebbe essere inserito nel cervello per rinnovare il Dna o i geni; così, i danni che determinano le innate mancanze umane potrebbero essere modificati o corretti. Questo potrebbe confermare che la condizione patetica della generalità come bisogno primitivo della socialità e della solidarietà umane non è affatto fondamentale o necessaria. Grazie alla tecnologia, un essere umano difettoso destinato alla neotenia potrebbe essere trasformato in un animale-homo-cyber in grado di sopravvivere in qualsiasi ambiente ostile, in grado di affrancarsi dalla neotenia innata e di sopravvivere in solitudine, senza alcuna circostanza sociale, bisogno esclusivo degli umani deboli, sottosviluppati a livello cognitivo e fisico.

8 Yuval Harari, *Homo Deus. Breve storia del futuro*, Bompiani, Milano 2017.

III. DALLA NEOTENIA AL COGITO

Le ipotesi riguardanti la condizione umana non sono poi così antiche: comparvero per la prima volta nel pensiero socratico e in seguito nel Rinascimento. Spesso dimentichiamo che la creazione di un uomo vitruviano universale, tanto criticato per il suo antropocentrismo, non riguardava soltanto la centralizzazione del potere umano, ma soprattutto la secolarizzazione e la politicizzazione della teocrazia che regnò prima e durante il Rinascimento. L'impatto dell'Umanesimo rinascimentale sulla socialità clericalizzata può essere quindi paragonato all'effetto che Socrate ebbe sulle antiche divinità e sulle influenze mitologiche precedenti alla *polis*. È interessante notare che nella filosofia religiosa russa ci si imbatte spesso nella critica più dura all'Umanesimo rinascimentale, legata proprio al crollo dell'autorità del Divino e alla diffusione di entità laiche e civili. In altre parole, senza il paradigma dell'umanesimo, la teocrazia non si sarebbe sfaldata. Eppure, i sostenitori del post-umanesimo criticano l'Umanesimo rinascimentale con argomentazioni come: "L'essere umano non prese forse il posto di Dio e non si pose come la nuova autorità universale, benché laica?". È curioso che tale accusa, mossa dai sostenitori della condizione post-umana, coincida con quella dei pensatori religiosi secondo cui l'essere umano non dovrebbe

could be inserted into a brain to refurbish the DNA or the genes, so that the damage causing inborn human deficiencies (blindness or deafness) could theoretically be altered or augmented. This could be the confirmation that the pathetic condition of generality as the primal necessity of human sociality and solidarity is not crucial or necessary at all. By means of technology a deficient human destined to neoteny could be transformed into a homo-cyber-animal capable of surviving in any hostile environment, capable of getting rid of innate neoteny and surviving in solitude, without any social surrounding, which is only needed for physically and cognitively underdeveloped human weaklings.

III. FROM NEOTENY TO COGITO

Positing the human condition is in fact not so old: it first featured in Socratic thought and later in the Renaissance. We often forget that the establishment of a universal Vitruvian man, so criticised for its anthropocentrism, was not merely about the centralisation of human power, but first and foremost about the secularisation and politicisation of the theocracy that reigned up to and through the Renaissance. So, the impact of Renaissance Humanism on clericalised sociality can be compared with what Socrates did to the ancient gods and to mythological influences antecedent to the polis. Interestingly, in Russian religious philosophy one can often come across the most severe critiques of Renaissance Humanism precisely due to the collapsed authority of the Divine and the spread of secular, civil agencies. In other words, without the paradigm of humanism, theocracy would not wither away. Yet, the argument against Renaissance Humanism coming from post-humanist adepts is something like: "and didn't the human then occupy the place of God and posit herself as the new universal authority, even if it became secular?"

Interestingly, this argument from the proponents of the post-human condition coincides with the argument of religious thinkers who claim that a human should not occupy the position of divinity. It is thus not surprising that when a human being deserts the universal scene, s/he inevitably re-appears in the new trans-human imaginaries as a cyber-animal or a cyber-divinity, as a supernatural cyber-power, which despite claiming complete democracy of the animate and inanimate forms of life, has to function as a magical occult spirit.

Meanwhile, the question is whether power and domination are truly the principal features in the genesis of humanist universalism. I will try to show that the act of superseding God with the human – i.e., secularisation – led to the precarious human condition rather than to its hegemony.

Let us dwell on the post-Renaissance definitions of human reason.
As we know, the studies of the human body in the paintings of Leonardo da Vinci, among others, came from his examination of human anatomy and physiology. This was made possible due

occupare il posto della divinità. Non sorprende dunque che, quando un essere umano abbandona la scena universale, inevitabilmente lui o lei ricompaia nei nuovi immaginari transumani sotto foma di cyber-animale o cyber-divinità, sotto forma di cyber-potere sovrannaturale che – pur sostenendo un'assoluta democrazia delle forme di vita animate e inanimate – deve agire come un occulto spirito magico.

La domanda da porsi è: il potere e il dominio sono davvero le caratteristiche principali della genesi dell'universalismo umanista? Proverò a dimostrare che la sostituzione di Dio con l'essere umano – ovvero il processo di secolarizzazione – ha condotto quest'ultimo a una condizione precaria, anziché all'egemonia.

Soffermiamoci sulle definizioni post-rinascimentali della ragione umana. Com'è risaputo, gli studi sul corpo umano che osserviamo nei dipinti di Leonardo da Vinci, ma non solo, furono realizzati sulla base dell'analisi dell'anatomia e della fisiologia umane, resa possibile dalle autopsie e dalla legittimazione della dissezione dei cadaveri, fino ad allora proibite per motivi religiosi. Dietro alla perfezione e all'armonia dell'immagine rinascimentale dell'essere umano si cela quindi lo studio del corpo defunto, del corpo abbandonato da Dio e dall'anima immortale. In seguito Cartesio, nel trattato *L'Uomo* (1632), tenterà di descrivere cosa sia un essere umano e di determinare le caratteristiche dell'umano[9].

9 René Descartes, *L'Uomo*, Boringhieri, Torino 1960.

Deve però circoscrivere lo studio alla tassonomia delle funzioni corporee e alle sue capacità automatizzate, come se descrivesse una sorta di bio-macchina la cui umanità era all'epoca condizionata dall'aggiunta della ragione a questo corpo-automa. In un'eloquente scena del film *Faust* di Aleksandr Sokurov (2011), Faustus, uno scienziato ossessionato dalla ricerca dell'anima nel corpo umano, disseziona cadaveri e si dispera non trovando nient'altro che carne. Vediamo un corpo precario che, dopo essere stato abbandonato da Dio, resta sprovvisto delle principali "stampelle" ontologiche: la divinità e l'anima. Nelle socialità teocratiche, invece, la neotenia di un essere umano precario viene integrata da rituali, forze spirituali e affidamento alle divinità.

È proprio questo corpo-organismo disabile e destinato alla neotenia, privato del sostegno e dell'animazione divini, descritto più come un meccanismo da Cartesio, che sarà ora determinato in senso generale e universale dalla ragione, anziché da Dio.

La critica alla ragione cartesiana ha avuto una storia longeva, che ha raggiunto l'apice nel post-strutturalismo per imporsi in seguito nelle teorie critiche dell'emancipazione. In tale filone critico, uno stereotipo sostiene che la ragione rappresenti un controllo razionalistico e autoritario sulla natura, sul corpo e sugli affetti. Ma proviamo a osservare la questione da un punto di vista diverso. La ragione priva di Dio è semplicemente una mente umana secolarizzata, che deve sopravvivere senza potersi più appoggiare ai complementi sovrannatu-

to autopsies and the legitimisation of the dissection of corpses, which had previously been prohibited for religious reasons. So, behind the perfection and harmony of the Renaissance image of the human being lies the study of the dead body, the body deserted by God and the immortal soul. Later, in his treatise *L'Homme* (1632), Descartes makes an attempt to describe what a human being is, and to determine the proper features of the human.[8] However, he has to reduce his study mainly to the taxonomy of bodily functions and its automated capacities, as if depicting some sort of bio-machine, the humanness of which was then conditioned by adding reason to this body-automat. There is an eloquent passage in Alexander Sokurov's film *Faust* (2011), when Faustus, a scientist preoccupied by the search for a soul in the human body, dissects corpses and despairs at finding nothing but flesh. We see a precarious body, which after being deserted by God, remains without principal ontological "crutches" – divinity and soul. Whereas in theocratic socialities, the neoteny of a precarious human being is supplemented by rituals, spiritual forces, and reliance on divinities.

Precisely this disabled body-organism destined for neoteny, deprived of divine support and animation, described by Descartes more as a clockwork, will now be determined in a general and universal sense by reason, and not anymore by God.

The critique of the Cartesian reason had a long history, finding its climax in post-structuralism and becoming mainstream further on in the critical theories of emancipation. Stereotypical in such critique is that reason represents an authoritarian rationalistic control over nature, body and affects. But let us try to look at it the other way round. Reason, that remained without God, happens to be merely a human secularised mind, subsisting without its once guaranteed super-human complements to life: mythology, faith, mysticism, religion, immortality, eternal life. It was actually due to the claim to be merely human, that it became possible to experience the uncanny burden of finding oneself in an alienated environment: all the above-mentioned supernatural realms, that hitherto patronised humanity, were disenchanted. This new state of affairs was more of a catastrophe than an empowerment, in so far as the human was then doomed to solitariness in the Universe and could only rely on the each-otherness of humans. In this case, the mind that claimed its new agency without God – or any other supernatural assistance – found itself in total groundlessness and the doom of mortality; whereas previously all inhuman components had cooperated with humanity as its mystic cosmic "home". So the divine human that was once powerful together with gods, angels, wizards and rituals, now remained powerless and could only

8 René Descartes, *L'Homme*, (Paris: Edition Flammarion, 2018).

scoperta che si può vivere senza alcun sostegno ontologico soltanto insieme agli altri. Il bisogno di sviluppare universalismo, mondanità e una nuova cosmologia secolare – filosofica e politica, anziché mitologica e divina – nasce proprio da questa debolezza, da questa sradicatezza e da questo abbandono dell'essere umano in opposizione alla potenza di una creatura non umana, protetta da forze sovrannaturali o tecniche e incantata da immaginari fantastici (oggi vediamo quanto spesso le attuali teorie della digitalità e della tecnicità si sovrappongano alla nuova magia tecnicizzata, e come varie divinazioni, che in mitologie più antiche erano state implementate da spiriti e forze sovrumane, siano oggi possibili grazie a strumenti tecnici).

IV. DALLA MORTALITÀ INNATA AL PROPOSITO SOCRATICO DI MORIRE

Nel recente *(Sensitive) Consciousness and Time: Against Transhumanist Utopia*, Franco "Bifo" Berardi[11] si allontana dalla precedente apologia della rivolta della Silicon Valley contro il semiocapitale e attribuisce una grande importanza alla coscienza, che collega intelletto e sensibilità, mente e corpo, e senza la quale il pensiero sarebbe impossibile.

11 Franco "Bifo" Berardi, *(Sensitive) Consciousness and Time: Against the Transhumanist Utopia*, in "e-flux", n. 98, febbraio 2019: https://www.e-flux.com/journal/98/257322/sensitive-consciousness-and-time-against-the-transhumanist-utopia/ (consultato ad agosto 2020).

Berardi vede una fallacia nella separazione, operata dalle nuove teorie dell'IA, di intelligenza e pensiero dalla coscienza. Come sostiene Berardi, nelle teorie dell'algoritmizzazione il principio primario nell'agevolazione dell'incremento delle competenze cognitive presuppone che si faccia a meno della coscienza, che è vista non come una competenza cognitiva, bensì come una categoria simbolica. È intanto la coscienza a diventare il piano che fonde la ragione con il corpo, la materia e la sensualità, e rende indivisibile il legame tra ragione e mondo materiale.
Come sottolinea Berardi, la coscienza è l'organo che *non può* essere emulato dal calcolo algoritmico, poiché fonde – in modo irreversibile e fatale – la storia (il tempo), il Soggetto e la mente.

Ma, sempre secondo Berardi, a rendere la coscienza davvero incommensurabile è il suo legame con la morte e la mortalità umana. La coscienza (al pari della ragione) è un organo di storia e temporalità, creato quindi con la consapevolezza della morte. Bifo sottolinea che il "destino di scadenza" che caratterizza la coscienza è la fondamentale condizione ontologica, esistenziale e cognitiva che definisce il corpo e il pensiero umani, entrambi mortali. Di conseguenza il pensiero, la coscienza e la ragione non possono che essere umani. Come sostiene Berardi, è impossibile misurare la sfera della temporalità, della fatalità, del continuum: sono divisibili all'infinito, non misurabili, non possono essere calcolati né computati:

Le realtà estese traggono consistenza percettiva e continuità esperienziale

IV. FROM INBORN MORTALITY TO THE SOCRATIC RESOLUTION TO DIE

In his recent text "(Sensitive) Consciousness and Time Against Transhumanist Utopia", Franco "Bifo" Berardi[10] shifts away from his previous apology of Silicon Valley's revolt against semiocapital, and ascribes great importance to consciousness, which connects intellection and sensibility, mind and body and without which thinking would be impossible. He sees a fallacy in tearing intelligence and thinking from consciousness in the new theories of AI. As Berardi argues, in the theories of algorithmisation the main principle in facilitating augmentation of cognitive competences presupposes dispensing with consciousness, as consciousness is regarded not as a cognitive competence, but as a symbolic category. Meanwhile, it is consciousness that becomes the plane that conflates reason with body, matter and sensuousness, and makes the bond of reason with the material world indivisible. As Berardi insists, consciousness is the organ that *could not* be emulated by algorithmic computation, because it fuses – irreversibly and fatally – history (time), Subject and mind.

10 Franco "Bifo" Berardi, "(Sensitive) Consciousness and Time Against Transhumanist Utopia", in: *e-flux journal* no. 98, (Feb. 2019). https://www.e-flux.com/journal/98/257322/sensitive-consciousness-and-time-against-the-transhumanist-utopia/ (accessed Aug. 2020).

But what truly makes consciousness incommensurable, according to Berardi, is its bond with death and human mortality. Consciousness (as well as reason), being an organ of history and temporality, is coined with the awareness of death. Bifo emphasises the "destiny of expiration" characteristic for consciousness as the crucial ontological, existential and cognitive condition which defines the mortal human body and thinking. Consequently, thought, consciousness and reason can only be human. As Berardi claims, there is no measurement of the sphere of temporality, fatality, continuum, for it is infinitely divisible, unmeasured, and it cannot be calculated, nor computed:

> *Extended realities draw their perceptual consistency and their experiential continuity from the intensive vibration of becoming in time. This means that death, the ultimate destination of time, is the source of the intensity. Consciousness* [...] *is the ability to experience the continuous quality of matter and of temporality. Therefore, we can define consciousness as the cognitive implication of death. Computational time is the subject of mathematics and economics, but society lives in the non-computable time of death as destination.*[11]

Boris Groys in his "The Museum as a Cradle of Revolution" considers reason in the perspective of death too, arguing that it should be seen as the

11 Ibidem.

dalla vibrazione intensiva del divenire nel tempo. Ciò significa che la morte, la destinazione finale del tempo, è la fonte dell'intensità. La coscienza [...] è la capacità di esperire l'aspetto continuo della materia e della temporalità. Di conseguenza possiamo definire la coscienza come l'implicazione cognitiva della morte. Il tempo computazionale è l'oggetto della matematica e dell'economia, ma la società vive nel tempo non computabile della morte intesa come destinazione[12].

In *The Museum as a Cradle of Revolution*, anche Boris Groys riflette sulla ragione dalla prospettiva della morte: sostiene che dovrebbe essere considerata una forma di paura della morte e che quindi qualsiasi cosa non sia destinata alla morte (per esempio un computer o una macchina neurale) non possa essere dotata di ragione. La ragione, quindi, non può essere che umana[13].

Se Groys considera ragione e umanità attraverso la paura della morte, e Berardi attraverso la consapevolezza della morte intesa come destinazione, Il'enkov determina la ragione e la sua inevitabile umanità attraverso il gesto socratico di autorassegnazione per il bene della società, gesto che talvolta può condurre alla volontaria accettazione della morte.

12 Ibidem. Passaggio tradotto da Aurelia Di Meo.

13 Boris Groys, *The Museum as a Cradle of Revolution*, in "e-flux", n. 106.

V. DIALETTICHE DI MORTALITÀ E IMMORTALITÀ

Ray Kurzweil, a differenza di altri studiosi dell'IA, considera possibile la riproducibilità algoritmica della coscienza. In *La singolarità è vicina*, adotta una posizione del tutto contraria a quella di Il'enkov, Berardi e Groys. Ritiene che "se emuliamo, con tutti i dettagli necessari, tutto quello che succede nel cervello e nel corpo umani, e poi [...] lo espandiamo di molto", l'"intelligenza al silicio" possa diventare cosciente[14].

Una simile fiducia nell'emulazione neurale e macchinica della coscienza nasce dall'incomprensione di cosa sia davvero la coscienza, nasce dalla sua interpretazione esplicitamente non filosofica e psicologica. Per Kurzweil, la coscienza non è altro che un'esperienza sensoriale soggettiva, i dati discreti delle percezioni e introspezioni interiori, una sorta di flusso della psiche in prima persona. Ecco perché è convinto che la coscienza possa essere facilmente emulata dalla "tecnologia di 'irraggiamento delle esperienze'". Per Kurzweil, la principale differenza tra l'intelligenza "al silicio" (la coscienza "al silicio") e quella umana consiste nel fatto che la prima è macchinica, la seconda biologica e fondata su una sintesi di Dna e proteine. In breve, per lui l'umanità non è altro che una percezione soggettiva e un'esperienza

14 Ray Kurzweil, *La singolarità è vicina*, Apogeo Education, Rimini 2008, pp. 373-374.

form of fear of death. Hence whatever has no death (for example a computer or a neural machine) might not have reason either. Consequently, reason can only be human.[12]

While Groys sees reason and humanness through the fear of death, and Berardi through the awareness of death as destination, Ilyenkov determines reason and its inevitable humaneness through the Socratic act of self-resignation for the sake of society, the act that might at times lead to voluntary acceptance of death.

V. DIALECTICS OF MORTALITY AND IMMORTALITY

Ray Kurzweil, unlike other AI researchers, finds the algorithmic reproducibility of consciousness possible. In his *The Singularity Is Near*, he claims something completely opposite to Ilyenkov, Berardi, or Groys. He believes that if everything in the human brain and body is "emulated in detail" and then expanded greatly, then "silicon consciousness" can become conscious.[13]

Such confidence about neural and machinic emulation of consciousness comes from a misunderstanding of what consciousness is: it arises from the explicitly non-philosophic and psychological interpretation of it. For Kurzweil, consciousness is nothing but a subjective sensory experience, the discrete data of inner perceptions and introspections, some sort of flow of psyche in the first person. This is why he thinks that consciousness can be easily emulated by the "experience-beaming technology". For Kurzweil, the main divergence between "silicon" intelligence ("silicon" consciousness) and the human one resides in the fact that the former is machinic, while the latter is biological and based on a DNA and protein synthesis. In short, for him humanness is nothing but a subjective perception and an inner experience of a biological body and brain. He thinks that by computing the biological data and neural mapping of a brain and then by emulating these data non-biologically (digitisation of brain) one can get the same brain without the original biological "hardware" (the real person). But as has been broadly demonstrated in Hegelian, post-Hegelian and Marxist studies, consciousness is not an internal psychic entity ingressed in brains and dependent on reflexes, stimuli and irritants. Consciousness, as well as reason, does not have any biological location in an individual as a species being. Reason and consciousness are not locatable in a body or brain and are constructed mainly by social relations, in which labour, and the diachronic history of it have a bigger impact on a Subject than any inner individual introspection. This history and its conjunctions cannot be traced discretely in data, because they are evental and incommensurable. Consequently, the

12 Boris Groys, "The Museum as a Cradle of Revolution", in: *e-flux* journal no. 106.

13 Ray Kurzweil, *The Singularity Is Near. When Humans Transcend Biology*, (New York: Viking, 2005), 274-80.

interiore di un corpo e di un cervello biologici. Ritiene che, grazie alla computazione dei dati biologici e alla mappatura neurale del cervello, e poi grazie all'emulazione non biologica di tali dati (la digitalizzazione del cervello), sia possibile ottenere il medesimo cervello senza l'"hardware" biologico originario (la persona reale). Ma, com'è stato ampiamente dimostrato negli studi hegeliani, post-hegeliani e marxisti, la coscienza non è un'entità psichica interiore inserita nel cervello e dipendente da riflessi, stimoli e irritanti. La coscienza, al pari della ragione, non ha una posizione biologica nell'individuo inteso come appartenente a una specie. La ragione e la coscienza non sono localizzabili in un corpo o in un cervello e vengono strutturati perlopiù dai rapporti sociali, in cui il lavoro e la sua storia diacronica hanno un impatto sul Soggetto molto più marcato di qualsiasi introspezione individuale interiore. Questa storia e le sue congiunzioni non possono essere rintracciate separatamente nei dati, poiché sono legate all'evento e incommensurabili. Di conseguenza, l'emulazione digitale e non biologica del cervello e delle sue reazioni neurali non sarebbe in grado di ricostruire coscienza e ragione, poiché non sarebbe in grado di ricostruire tutte le intersezioni diacroniche ed eventali del lavoro, della comunicazione, della produzione e dei legami sociali (ovvero il mondo stesso e la sua storia incommensurabile che generano coscienza come fenomeno sociale esterno).

Un altro ostacolo all'emulazione della ragione e della consapevolezza è rappresentato dal fatto che entrambe non presuppongono il semplice pensiero, bensì il pensiero sul pensiero. E, se anche la macchina potesse computare come essa computa, si tratterebbe dell'ennesima serie algoritmica che elabora dati computazionali, e non di un livello superiore di speculazione che trascende il precedente. In altre parole, la macchina non sarebbe in grado di avviare la metaposizione che saprebbe ripensare i propri dati o produrre concetti di sua spontanea volontà.

La fiducia riposta da Kurzweil nella fattibilità della riproduzione macchinica della ragione e della consapevolezza nasce dal seguente approccio: la costruzione *ex nihilo* dell'IA o della coscienza macchinica, a partire da dati raccolti, genera sfiducia. Se però immaginiamo che le componenti digitali vengano iniettate gradualmente nel cervello e nel corpo di una determinata persona sotto forma di dati o nanobot, i confini qualitativi irreversibili – del corpo, della sua vita e morte, delle capacità cerebrali – si sfumerebbero in modo progressivo e impercettibile, in seguito a numerose iniezioni.
Con l'inoculazione graduale delle informazioni biologiche e cibernetiche nel corpo e nel cervello, sarebbe impossibile capire dove finisce l'essere umano reale e originario (l'"hardware", la parte Dura, letteralmente) e dove inizia la creatura artificiale (il "software", ovvero la parte Morbida). Per Kurzweil i confini sfumati fra artificia-

non-biological digital emulation of the brain and its neural reactions would not be able to reconstruct consciousness and reason, because it would not be able to reconstruct all diachronic evental intersections of labour, communication, production and social bonds (i.e., the world itself and its incommensurable history, that generate consciousness as an external social phenomenon).

Another obstacle to emulating reason and consciousness is the fact that both presuppose not merely thinking, but thinking on thinking. And even if a machine could compute how it computes, this would be merely another algorithmic set computing the data of computation, and not any further stage of speculation transcending the previous one. In other words, the machine would not be able to initiate the meta-position, which would be able to rethink its data or produce concepts out of its own will.

Kurzweil's belief in the viability of the machinic reproduction of reason and consciousness is due to the following approach: construction of AI or of machinic consciousness ex-nihilo out of collected data causes mistrust. But if we imagine that the digital components are gradually injected into a certain person's brain and body as data or nano-bots, then the irreversible qualitative borders – of the body, of its life and death, of the brain's capacities – would be blurred gradually and imperceptibly, as the result of numerous injections. With the gradual ingression of biological and cyber information into the body and brain, it would become impossible to detect where the real original human being ends (the Hard) and the artificial creature (the Soft) begins. For Kurzweil, the blurred borders between artificiality and originality serve as confirmation for the fact that all the nano and bio-technical additions to the qualitative irreversibilites that are considered human and non-emulatable (the physical person's death, consciousness, empathy, and experience) could gradually shift from functioning as supplementary bio-engineering mediations into the proper post-human conscious Subjectivity. This would mean that the limited boundaries of individual fate, life, death, and memory can be *expanded* into a certain sort of conscious machinic totality, which Kurzweil calls Singularity, and which is reminiscent of some sort of machinic divinity, a digital quasi-God encompassing all data. Kurzweil believes that the problem of artificial reproducibility lies in the limits and borders of an individual mind and body, life, and death; in short, that the problem is simply in blurring the border between "the Hard" (the body, its pain, suffering, experience, and brain) and "the Soft" (information and digital insertions), and that the limitations of a separate individual subjective "shallow" consciousness can be expanded through the permanent augmentations that cyber-technology allows. But the problem is that the individual and the general (common and universal, the self and the non-self) parameters are irreversibly intertwined in the human mind and consciousness. As we learnt from Hegel, and later from

LIBERTÀ
FREEDOM

Maja Bajević
Djordje Balmazović
Lana Čmajčanin
Group of Anonymous
Artists and Activists
Ibro Hasanović
IRWIN
Adela Jušić
Siniša Labrović
Dalibor Martinis
Tobias Putrih
Driton Selmani
Mladen Stilinović
Milica Tomić
Udruženje Kurs

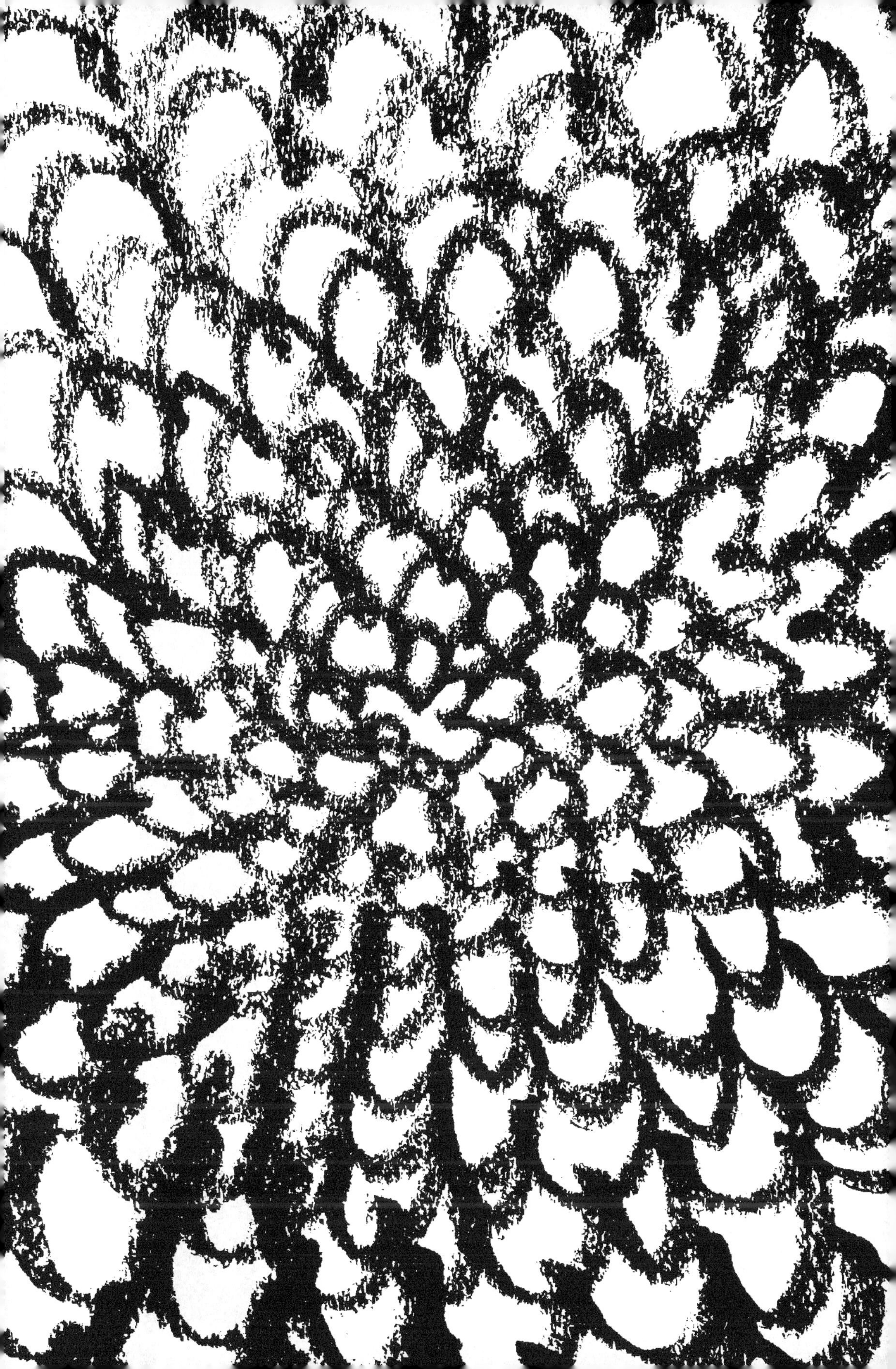

MAJA BAJEVIĆ

(1967) Sarajevo, Bosnia-Erzegovina / Sarajevo, Bosnia and Herzegovina

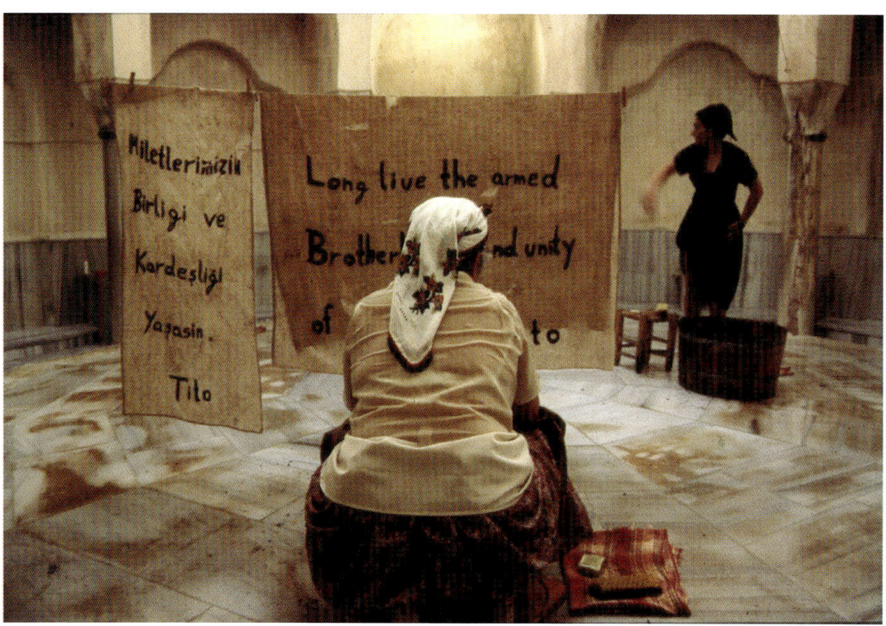

Women at Work - Washing Up, 2001
video monocanale, schermo piatto, colore, suono, 15'14" /
single channel video, flatscreen, colour, sound, 15'14".
Courtesy: l'artista e Galerie Peter Kilchmann, Zurigo /
courtesy: the artist and Galerie Peter Kilchmann, Zurich.

DJORDJE BALMAZOVIĆ

(1965) Belgrado, Serbia / Belgrade, Serbia

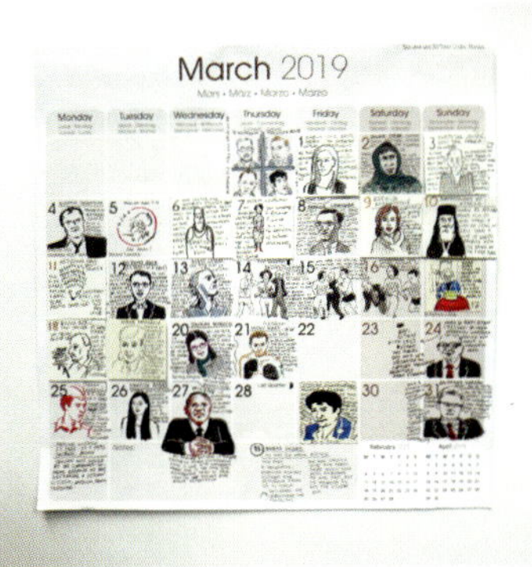

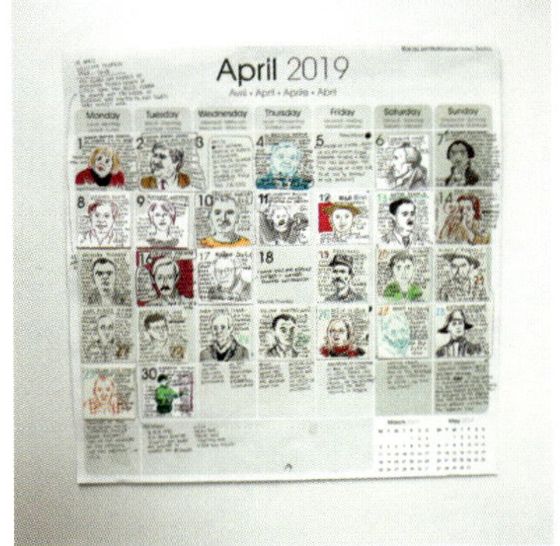

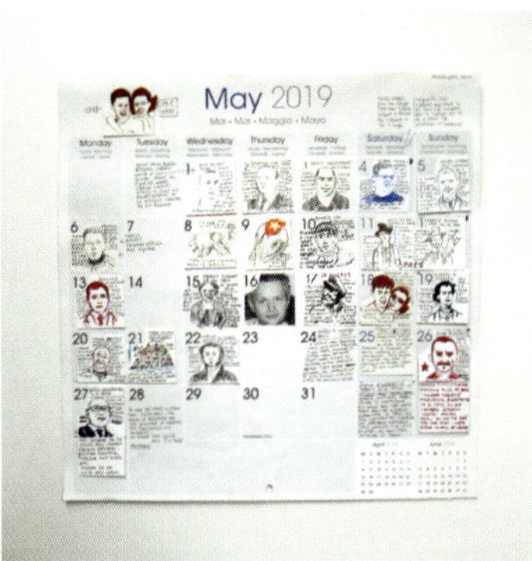

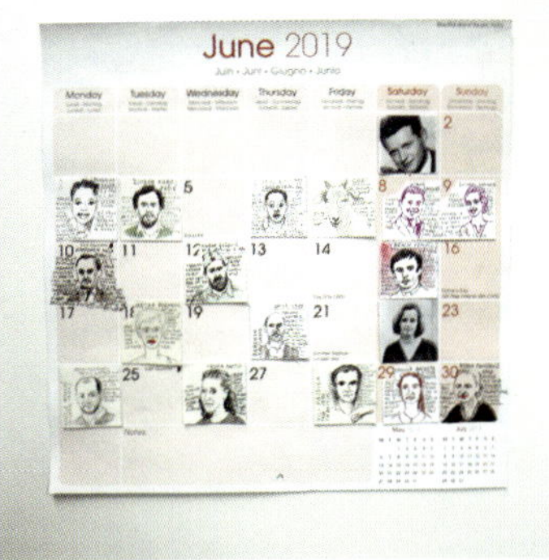

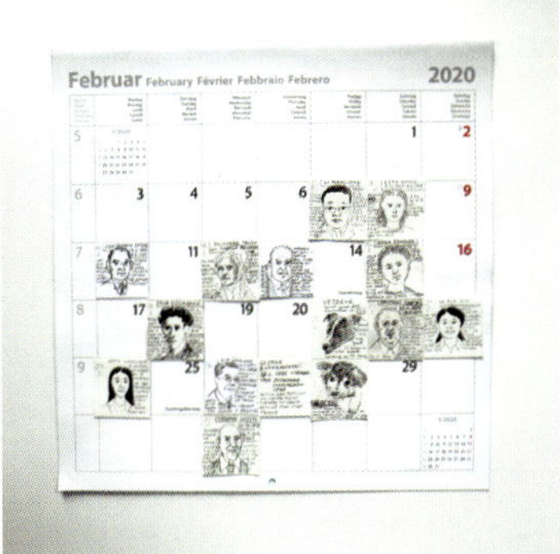

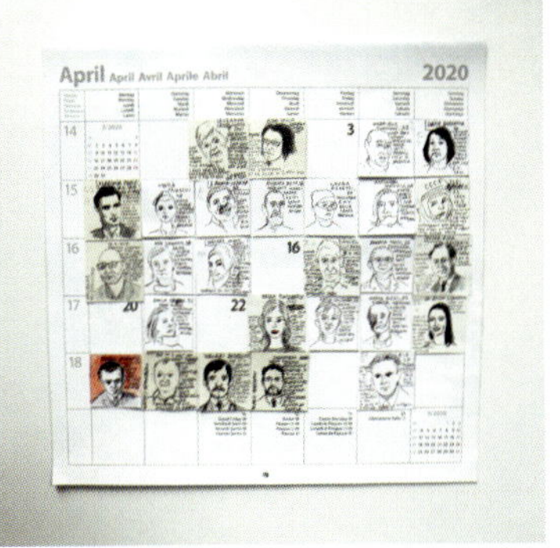

Calendar, 01.03.2019 - 31.08.2020
serie di disegni in stile fumetto su carta /
comic book series of drawings on paper.
Foto: l'artista /
photo: the artist.

LANA ČMAJČANIN

(1983) Sarajevo, Bosnia-Erzegovina / Sarajevo, Bosnia and Herzegovina

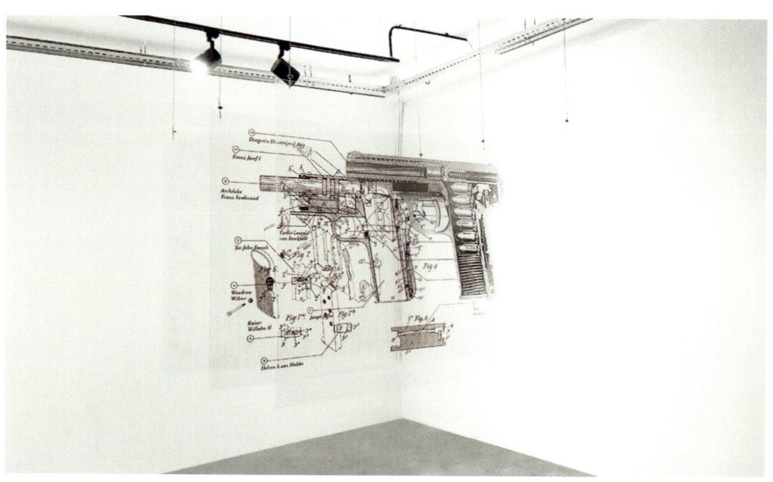

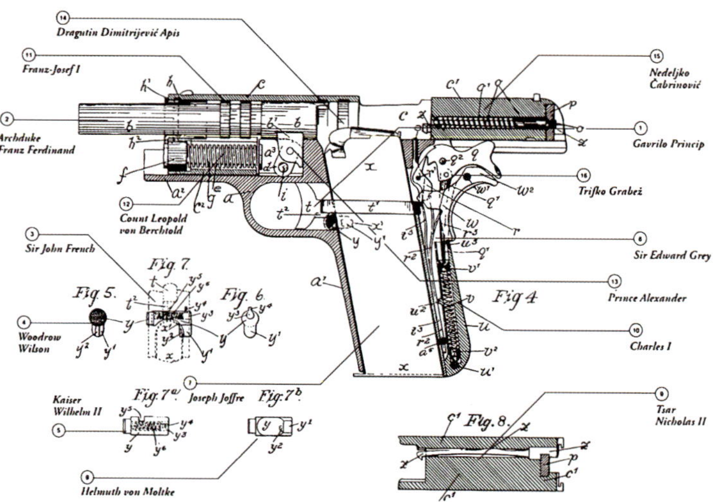

FN M1910, 2014
stampa UV su plexiglass, 104,5 × 150 × 0,8 cm per ogni pannello (3 pannelli) /
UV print on Plexiglass, 104.5 × 150 × 0.8 cm each panel (3 panels).
Foto: l'artista/
photo: the artist.
Courtesy: l'artista/
courtesy: the artist.

GROUP OF ANONYMOUS ARTISTS AND ACTIVISTS

*(2020) Lubiana, Slovenia / Ljubljana, Slovenia

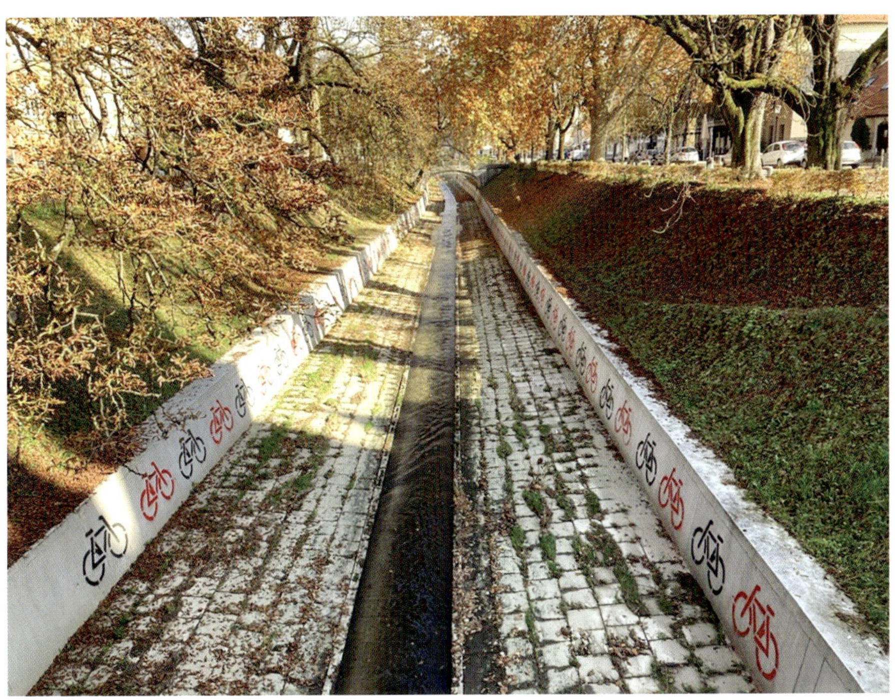

220 Bikes, 2020
stencil, vernice spray /
stencil, spray paint.
Courtesy: gli artisti e attivisti /
courtesy: the artists and activists.

*data e luogo di nascita del collettivo / *date and place of birth of the collective

IBRO HASANOVIĆ

(1981) Ljubovija, Serbia / Ljubovija, Serbia

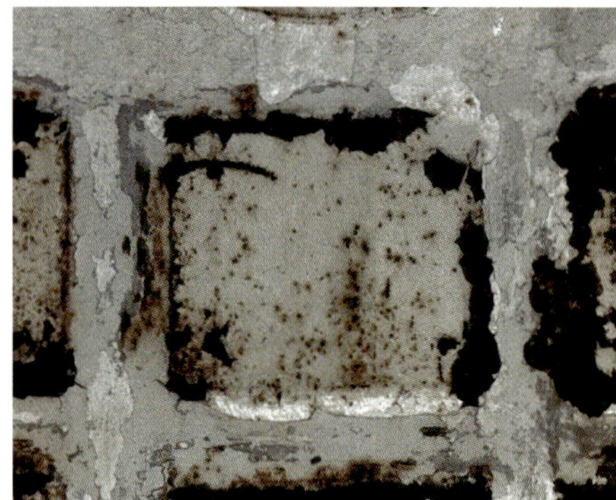

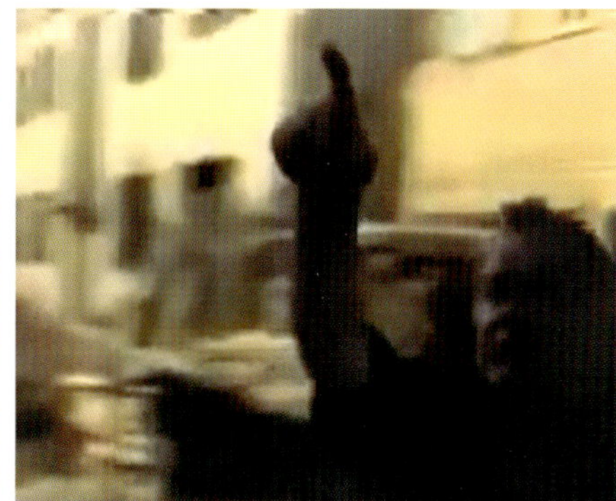

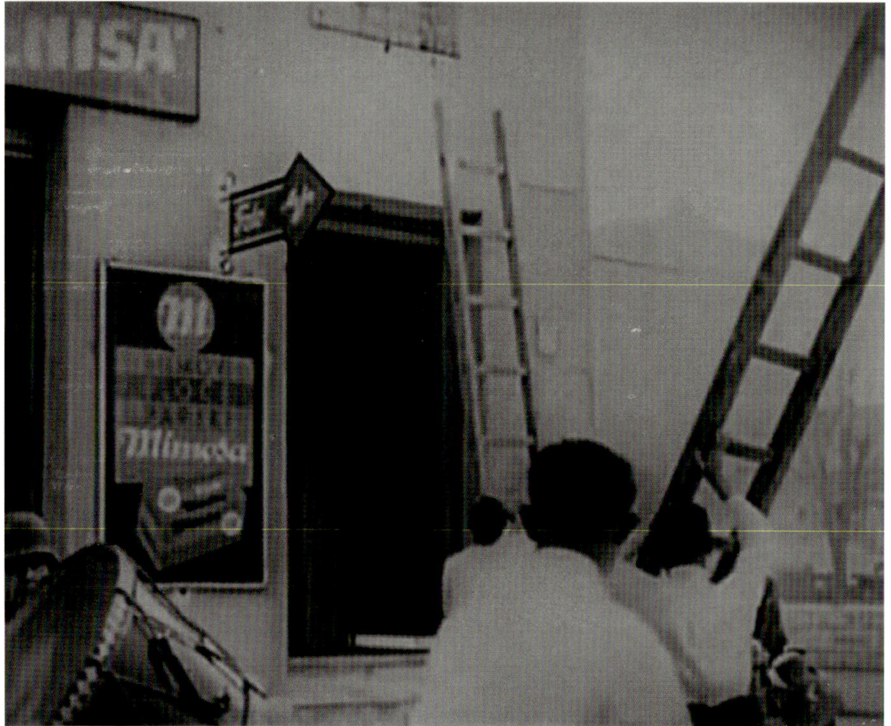

Some Souvenirs, 2019
video in loop, 4:3, colore, suono, 2'43'' /
video loop, 4:3, colour, sound, 2'43''.
Ed. 3 + 1 A.P. /
ed. 3 + 1 A.P.
Courtesy: l'artista /
courtesy: the artist.

IRWIN
*(1983) Lubiana, Slovenia / Ljubljana, Slovenia

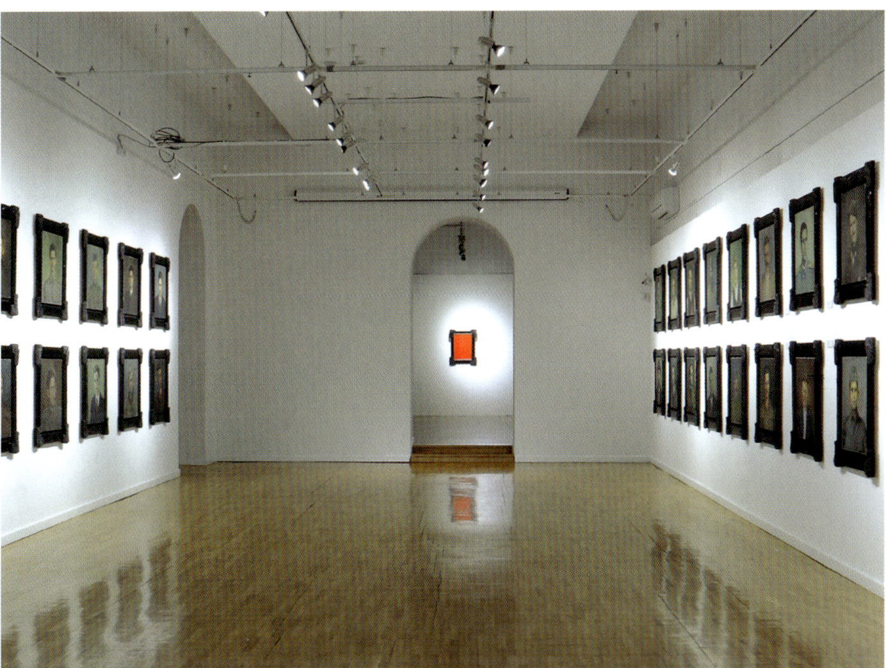

Was ist Kunst Bosnia and Herzegovina – Heroes 1941-45, 2018
100 dipinti, olio su tela, 70 × 50 × 100 cm /
100 paintings, oil on canvas, 70 × 50 × 100 cm.
Installazione presso il Museo di Arte contemporanea della
Repubblica Serba di Bosnia ed Erzegovina, Banja Luka /
installation in Museum of Contemporary Art of Republic of Srpska, Banja Luka.
Foto: Nemanja Micevic /
photo: Nemanja Micevic.
Courtesy: Museo di Arte contemporanea
della Repubblica Serba di Bosnia ed Erzegovina /
courtesy: Museum of Contemporary
Art of Republic of Srpska.

*data e luogo di nascita del collettivo / *date and place of birth of the collective

ADELA JUŠIĆ

(1982) Sarajevo, Bosnia-Erzegovina / Sarajevo, Bosnia and Herzegovina

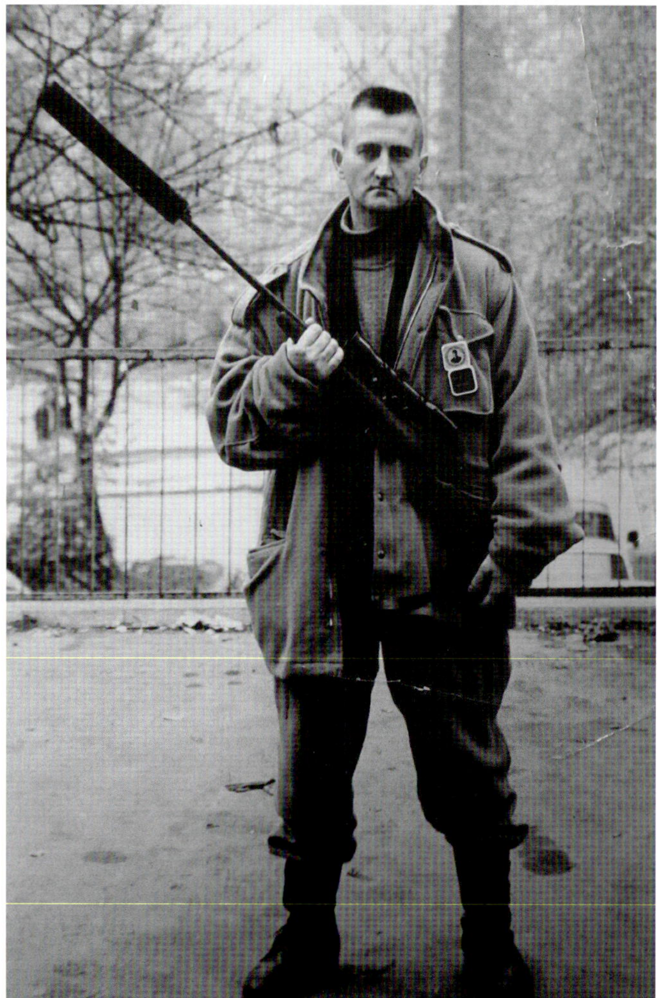

The Sniper, 2007
video a colori, SD, PAL, pix 720 × 576, 4:3, suono stereo, 4'09" /
video color, SD, PAL, pix 720 × 576, 4:3, stereo sound, 4'09".
Foto: fotografo sconosciuto /
photo: unknown photographer.
Collezione: imai – inter media art institute foundation archive
e Transitland: Video Art from Central and Eastern Europe /
collection: imai – inter media art institute foundation archive
and Transitland: Video Art from Central and Eastern Europe.
Courtesy: l'artista /
courtesy: the artist.

SINIŠA LABROVIĆ

(1965) Signo, Croazia / Sinj, Croatia

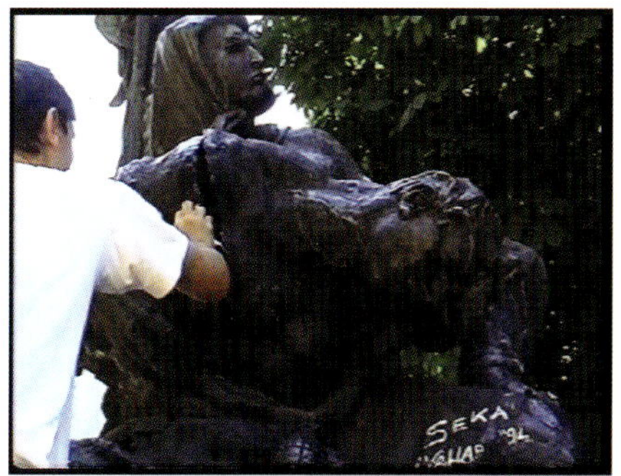

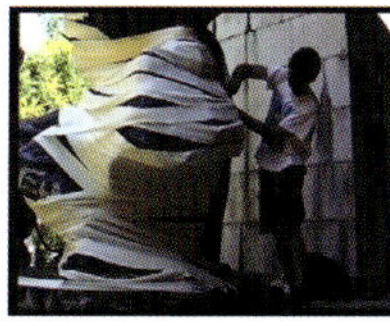

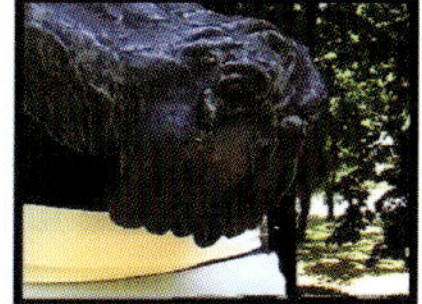

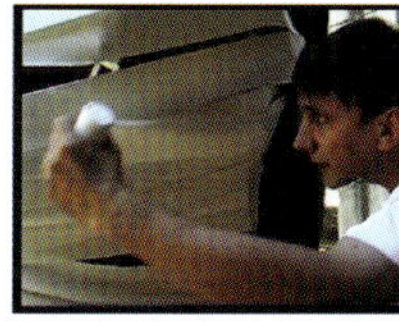

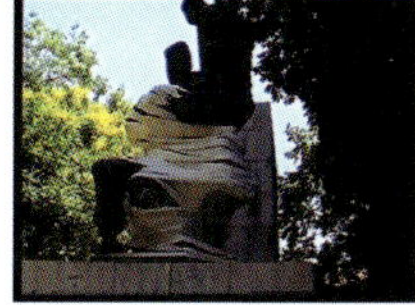

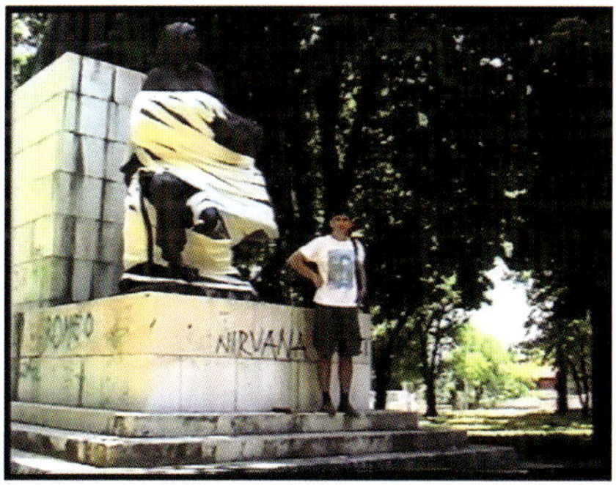

Bandaging the Wounded, 2000
assistenza: Damir Šodan /
assistance: Damir Šodan.
6 still da video dalla documentazione della performance, dimensioni variabili /
6 video stills from performance documentation, dimensions variable.
Foto: l'artista /
photo: the artist.
Courtesy: l'artista e il Museum of Fine Arts, Spalato /
courtesy: the artist and the Museum of Fine Arts, Split.

DALIBOR MARTINIS

(1947) Zagabria, Croazia / Zagreb, Croatia

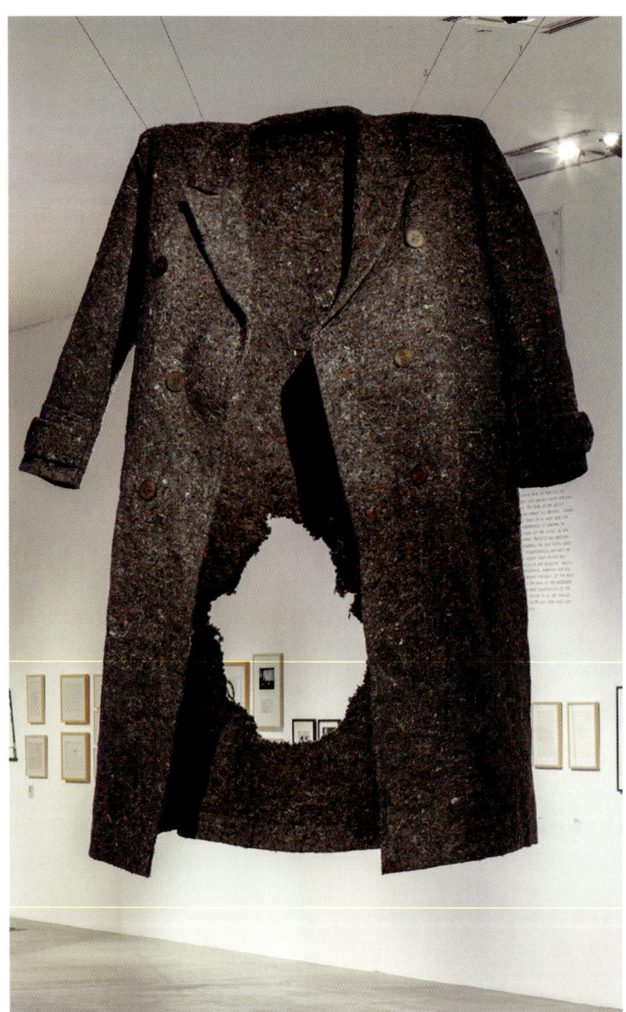

Blasted Lenin's Coat, 2012
video in loop, 48", feltro industriale, 250 × 100 × 100 cm /
video loop, 48", industrial felt, 250 × 100 × 100 cm.
Courtesy: l'artista /
courtesy: the artist.

TOBIAS PUTRIH

(1972) Kranj, Slovenia / Kranj, Slovenia

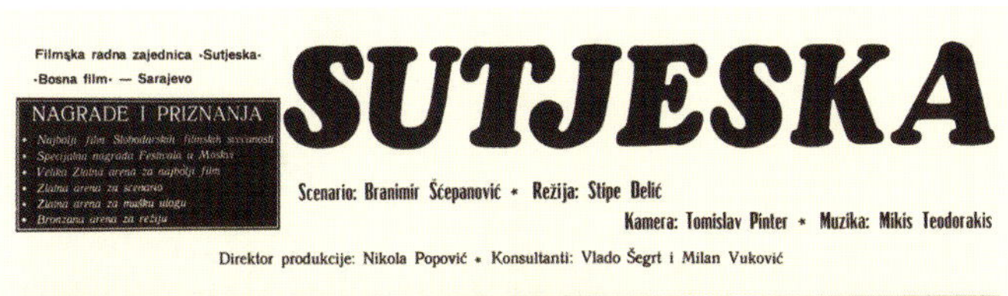

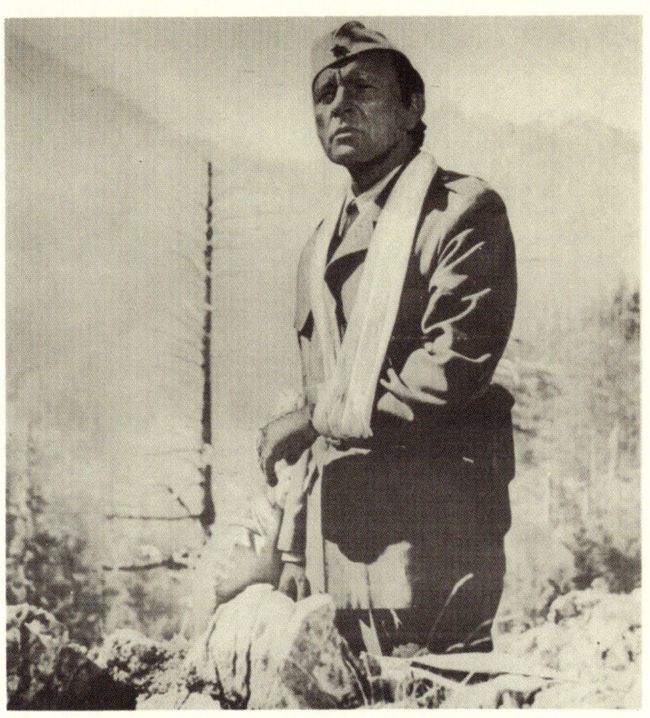

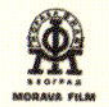

Richard Burton's Sutjeska, 2011
foto su poster di carta fotografica 68 × 49 cm /
photo on photographic paper poster 68 × 49 cm.
Courtesy: l'artista e Galerija Gregor Podnar, Berlino /
courtesy: the artist and Galerija Gregor Podnar, Berlin.

DRITON SELMANI
(1987) Ferizaj, Kosovo / Ferizaj, Kosovo

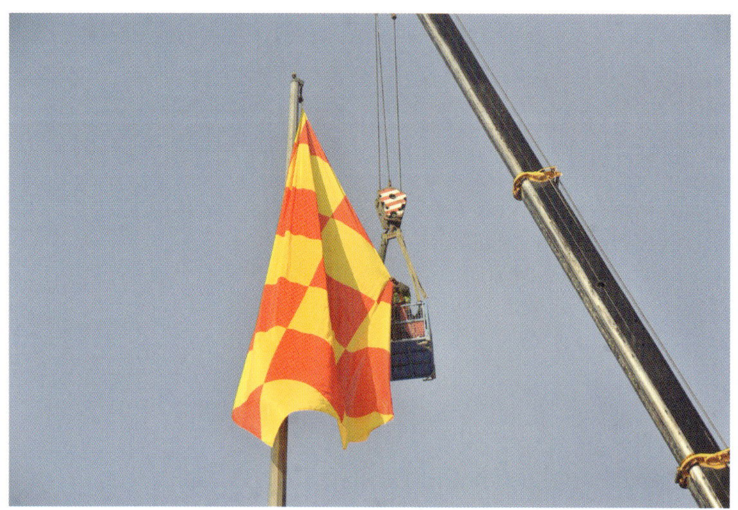

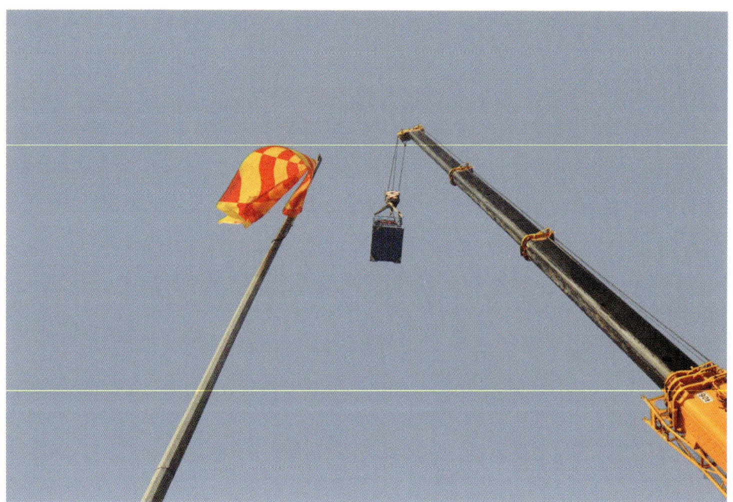

182

Red Tape, 2018
intervento in spazio pubblico, bandiera su stampa tessile
600 × 400 cm; foto digitale/C-print su alluminio 100 × 150 cm /
public space intervention, printed textile flag
600 × 400 cm; digital photo/C-print on aluminium 100 × 150 cm.
Courtesy: l'artista /
courtesy: the artist.

MLADEN STILINOVIĆ

(1947-2016) Belgrado, Serbia / Belgrade, Serbia

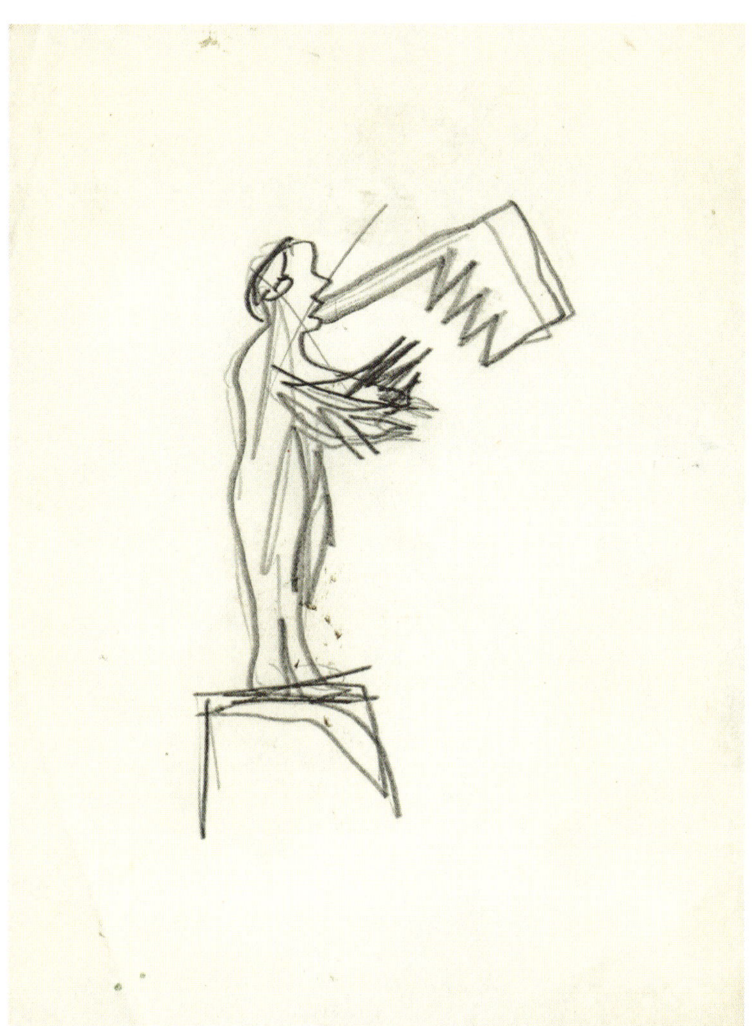

Untitled, 1980
matita su carta, 14,3 × 10,5 cm /
pencil on paper, 14.3 × 10.5 cm.
Courtesy: Branka Stipančić, Zagabria /
courtesy: Branka Stipančić, Zagreb.

MILICA TOMIĆ

(1960) Belgrado, Serbia / Belgrade, Serbia

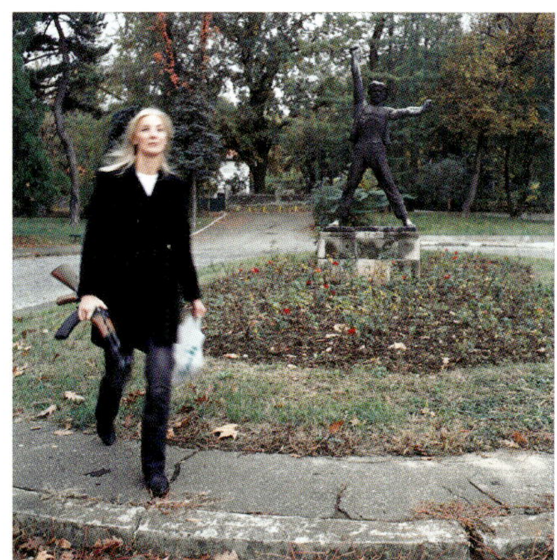

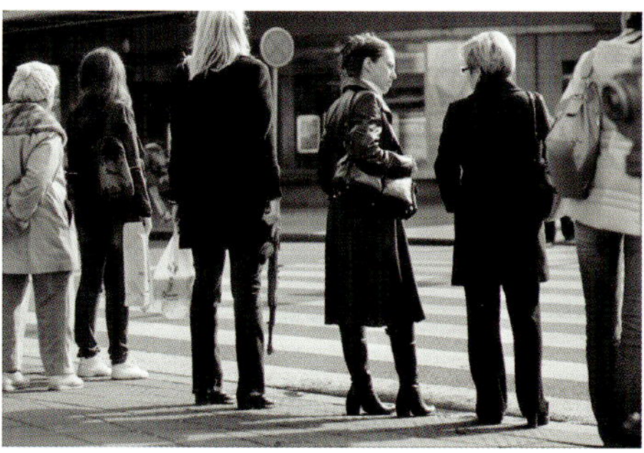

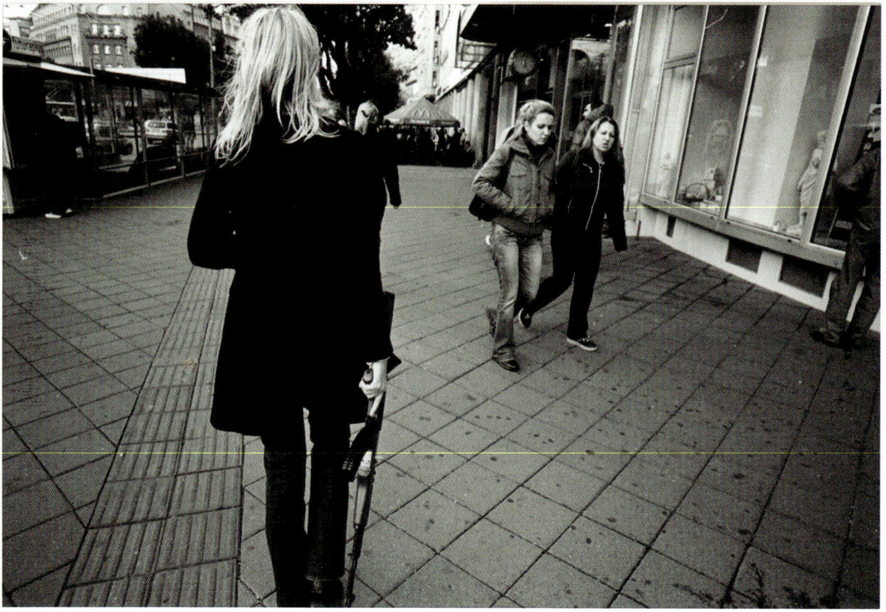

One day, instead of one night, a burst of machine-gun fire will flash, if light cannot come otherwise
Belgrado, 2009 / Belgrade, 2009
Roma, 2012 / Rome, 2012
video in loop, 10', fotografie 70 × 100 cm /
video loop, 10', 70 × 100 cm photographs.
Courtesy: l'artista /
courtesy: the artist.

UDRUŽENJE KURS

*(2010) Belgrado, Serbia / Belgrade, Serbia

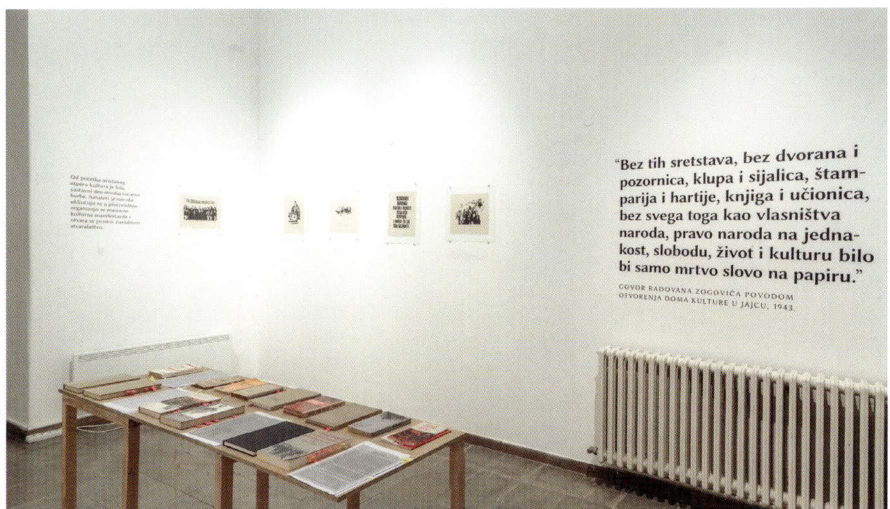

Lessons in Defence, 2019
testo a parete, tavola con libri,
serie di 4 stampe, 36 × 30 cm ciascuna /
text on the wall, table with books,
4 prints, 36 × 30 cm each.
Courtesy: l'artista /
courtesy: the artist.

*data e luogo di nascita del collettivo / *date and place of birth of the collective

UGUAGLIANZA
EQUALITY

Marina Abramović
Božena Končić Badurina,
Duga Mavrinac
Vlasta Delimar
Hristina Ivanoska
Sanja Iveković
Gjorgje Jovanovik
Darinka Pop-Mitić
Marta Popivoda,
Ana Vujanović
Lala Raščić
Želimir Žilnik

MARINA ABRAMOVIĆ

(1946) Belgrado, Serbia / Belgrade, Serbia

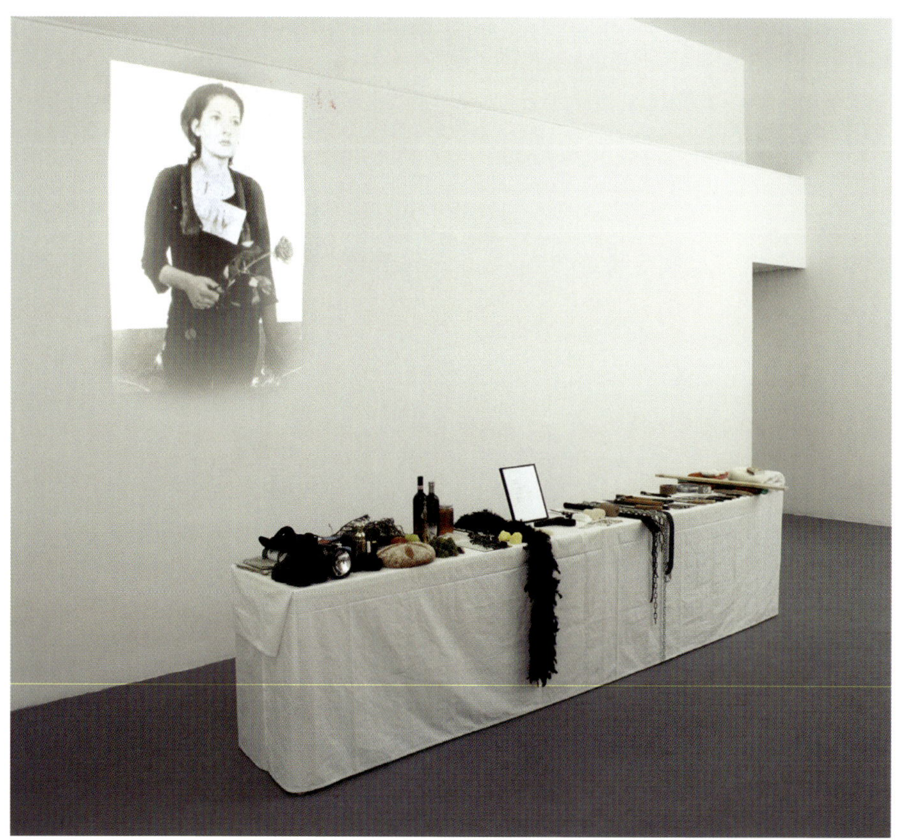

Rhythm 0, 1974
performance con 72 oggetti, istruzioni per la performance,
25 diapositive e proiettore, dimensione ambiente 350 × 360 cm /
performance with 72 objects, performance instructions,
25 photo slides and a slide projector, environmental proportions 350 × 360 cm.
Courtesy: Moderna Galerija, Lubiana /
courtesy: Moderna Galerija, Ljubjana.

BOŽENA KONČIĆ BADURINA, DUGA MAVRINAC

(1967) Zagabria, Croazia / Zagreb, Croatia
(1979) Fiume, Croazia / Rijeka, Croatia

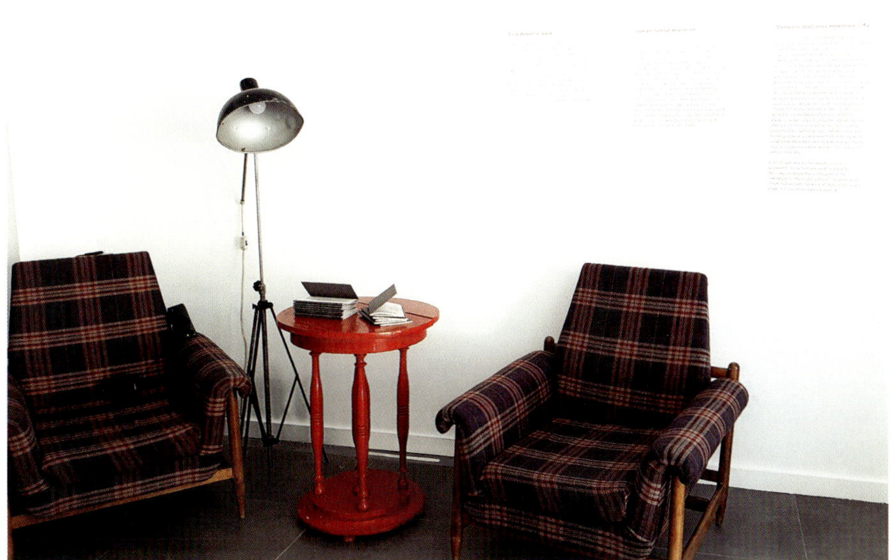

Ćemo, ćemo... Ja, ma kako ćemo?!, 2017
installazione multimediale, dimensioni variabili /
multimedial installation, dimensions variable.
Courtesy: le artiste /
courtesy: the artists.

VLASTA DELIMAR

(1956) Zagabria, Croazia / Zagreb, Croatia

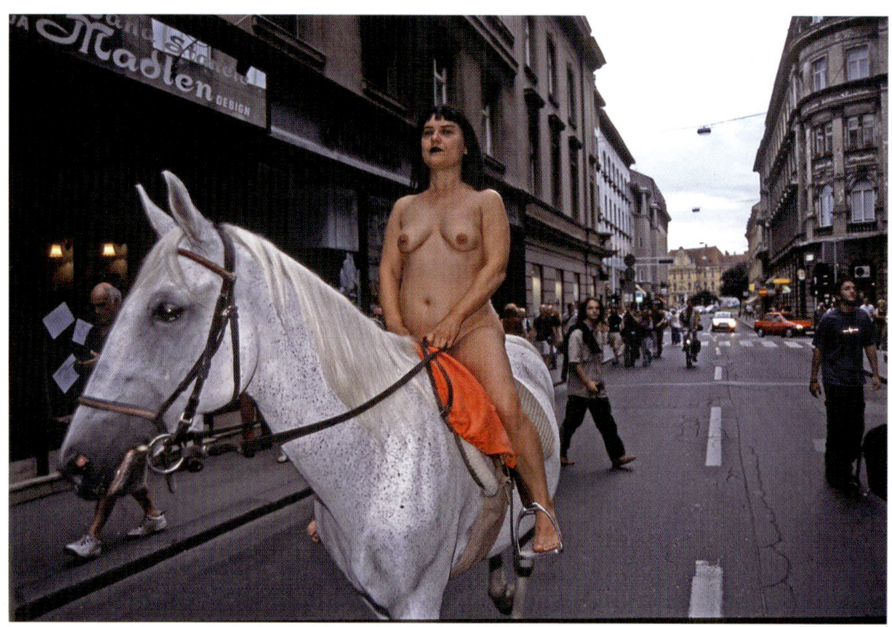

LADY GODIVA, 2001
Zagabria / Zagreb.
Fotografia a colori stampata su tela cerata, 275 × 500 cm /
colour photograph printed on canvas tarpaulin, 275 × 500 cm.
Foto: Fredy Fijačko /
photo: Fredy Fijačko.

HRISTINA IVANOSKA

(1974) Skopje, Macedonia del Nord / Skopje, North Macedonia

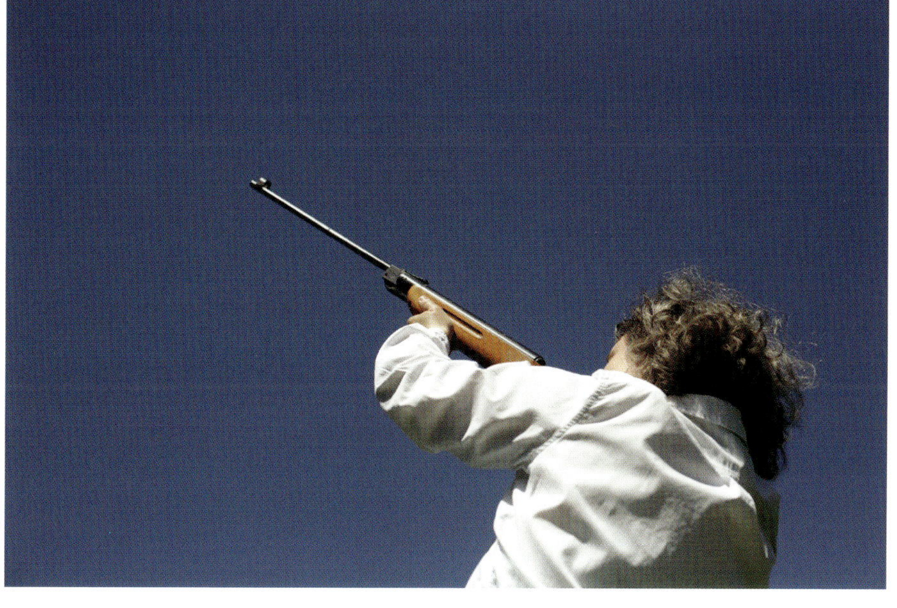

Document Missing: Performance no. 5 (Three Actions), 2017
video HD, 5'45" /
HD video, 5'45".
Team di produzione: Yane Čalovski (video e fotografia), Gjorgje Jovanovik (editing) /
Production team: Yane Čalovski (video and photography), Gjorgje Jovanovik (editing).
Foto: Yane Čalovski /
photo: Yane Čalovski.
Courtesy: l'artista /
courtesy: the artist.

SANJA IVEKOVIĆ

(1949) Zagabria, Croazia / Zagreb, Croatia

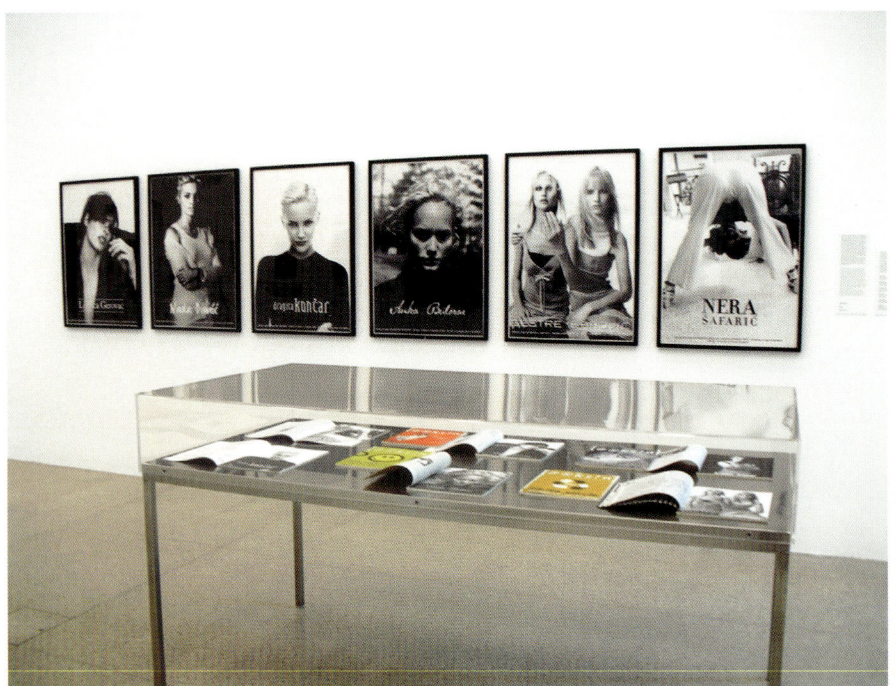

GEN XX, 1997-2001
stampa a getto d'inchiostro da una serie di sei fotografie, 102 × 71 cm /
inkjet prints from a series of six photographs, 102 × 71 cm.
Courtesy: l'artista /
courtesy: the artist.

GJORGJE JOVANOVIK

(1980) Skopje, Macedonia del Nord / Skopje, North Macedonia

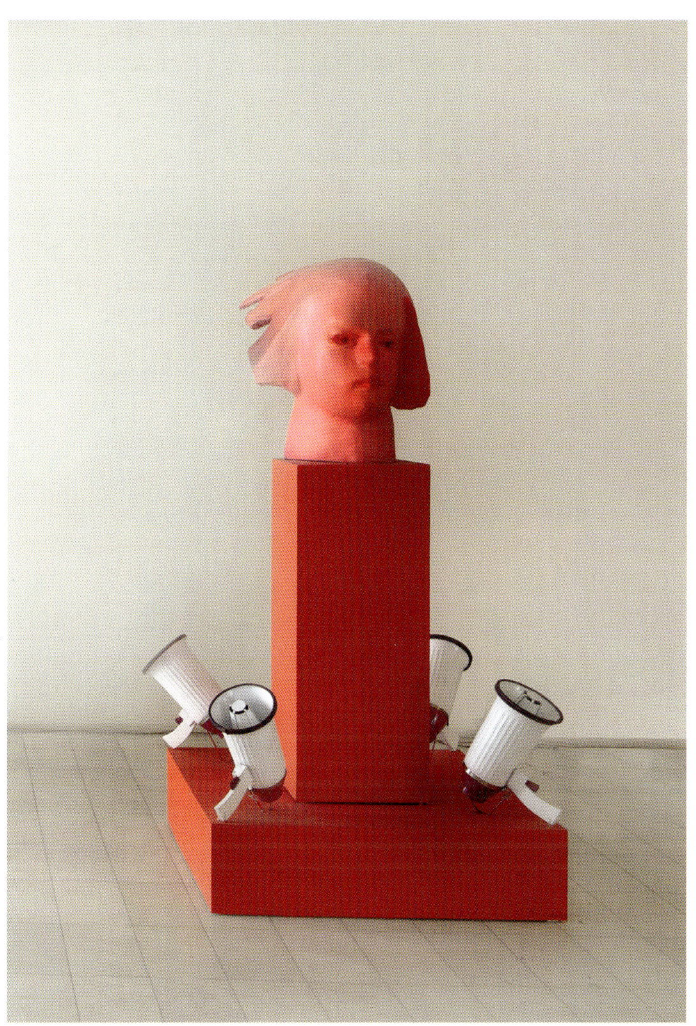

Protest Monument, 2019
installazione scultorea-sonora in malta, legno, plastica, 185 × 110 × 110 cm /
plaster, wood, plastic, sound-sculpture installation, 185 × 110 × 110 cm.
Foto: l'artista /
photo: the artist.
Courtesy: l'artista /
courtesy: the artist.

DARINKA POP-MITIĆ

(1975) Belgrado, Serbia / Belgrade, Serbia

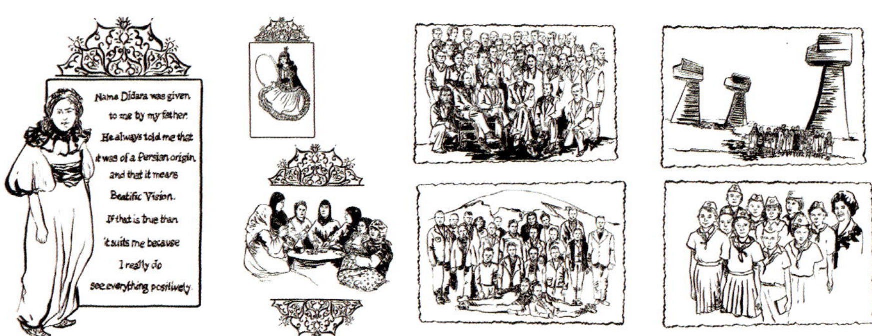

I won't let you down
So please don't give up on me, 2021
acrilico nero, pennello giapponese su muro, dimensioni variabili /
black acrylic paint, Japanese brush on wall, variable dimensions.
Courtesy: l'artista /
courtesy: the artist.
Il progetto è stato realizzato grazie alla collaborazione del Triennio in Pittura e Arti Visive di NABA, Nuova Accademia di Belle Arti /
this project has been developed thanks to the collaboration of the three-year degree programme in Painting & Visual Arts at the NABA, Nuova Accademia di Belle Arti.

MARTA POPIVODA, ANA VUJANOVIĆ

(1982), (1975) Belgrado, Serbia / (1982), (1975) Belgrade, Serbia

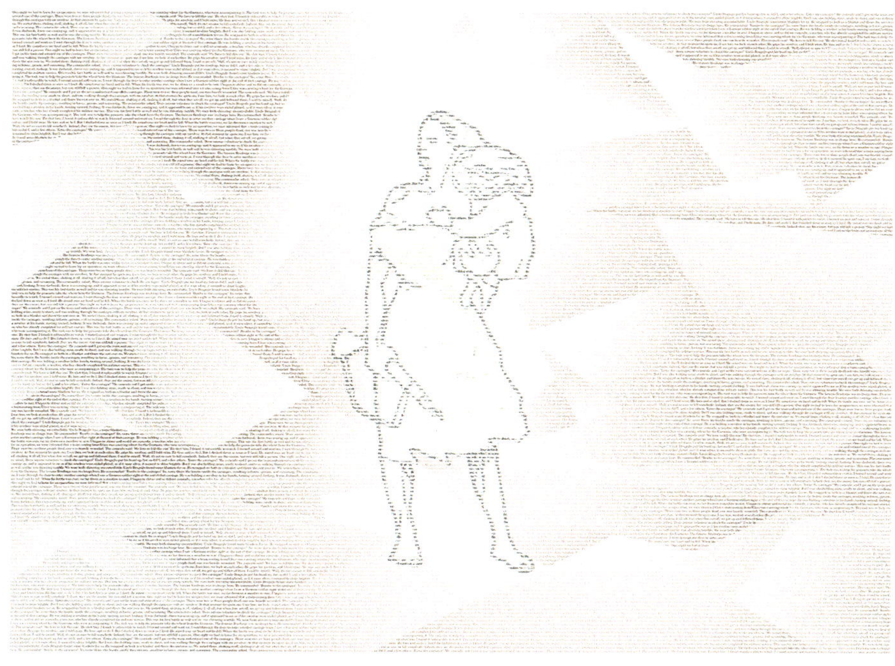

Bodyscapes #1: Woman in Battle, 2019
installazione video, poster, video in loop, 19’ 35”, video in loop, 15’50” /
video installation, poster, video loop, 19’ 35”, video loop, 15’50”.
Print design: Damjan Ilić, illustrazione tratta dalla copertina
della rivista “Women in Battle” (Žena u borbi), vol. 1, n. 1, 1943 /
print design: Damjan Ilić, illustration based on the cover
of the magazine *Women in Battle* (Žena u borbi), vol. 1, no. 1, 1943.
Courtesy: le artiste /
courtesy: the artists.

LALA RAŠČIĆ

(1977) Sarajevo, Bosnia-Erzegovina / Sarajevo, Bosnia and Herzegovina

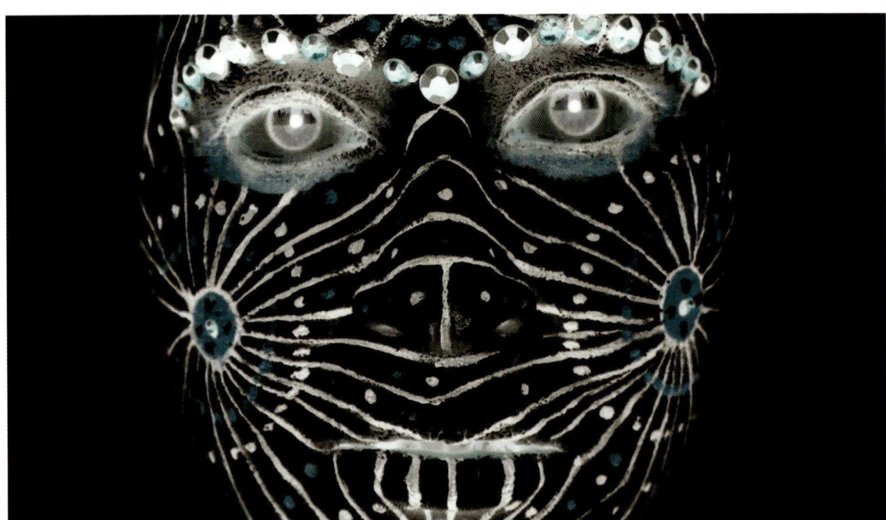

EE-0, 2018
fermo immagine in HD, colore, suono stereo, 36' /
HD video still, colour, stereo, 36'.
Courtesy: l'artista e KADIST Foundation /
courtesy: the artist and KADIST Foundation.
EE-0 fa parte del progetto EUROPA ENTERPRISE
di Andreja Dugandžić, Jelena Petrović e Lala Raščić /
EE-0 is part of the project EUROPA ENTERPRISE
by Andreja Dugandžić, Jelena Petrović and Lala Raščić.

ŽELIMIR ŽILNIK
(1942) Niš, Serbia / Niš, Serbia

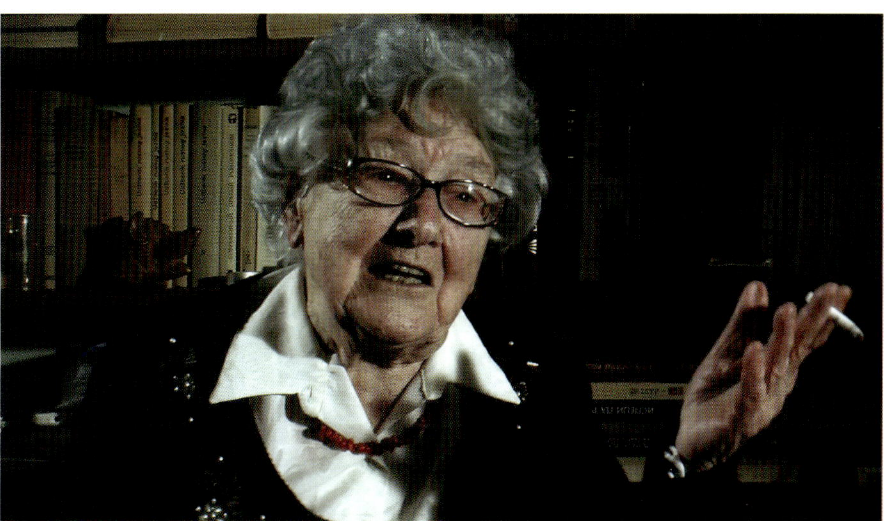

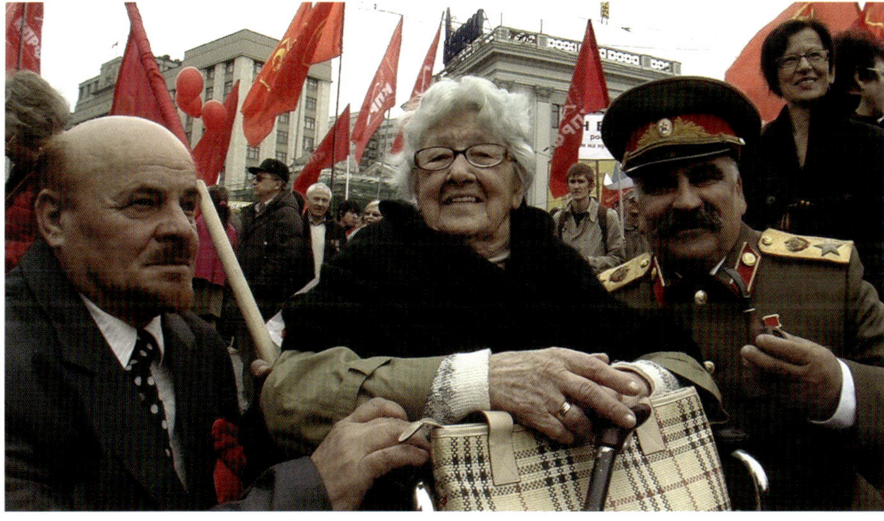

One Woman - One Century, 2011
video, 1h49' /
video, 1h49'.
Courtesy: Playground produkcija /
courtesy: Playground produkcija.

FRATELLANZA
BROTHERHOOD

Danica Dakić
Igor Grubić
Doruntina Kastrati
Somer Şpat
Marko Tadić,
Miro Manojlović

DANICA DAKIĆ

(1962) Sarajevo, Bosnia-Erzegovina / Sarajevo, Bosnia and Herzegovina

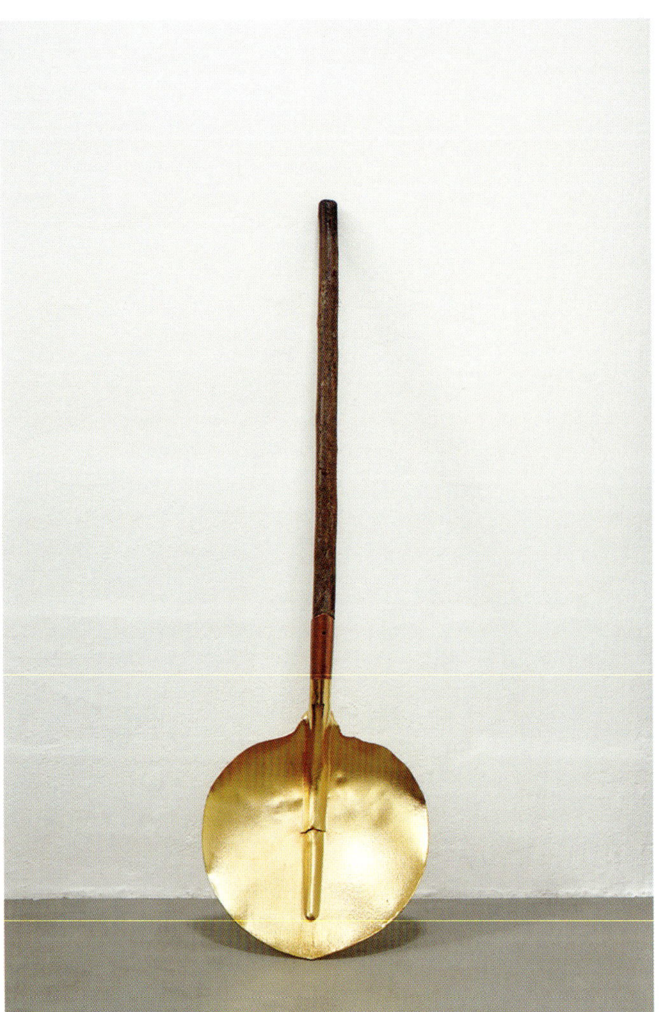

SIROTANOVIĆKA, 2019
oggetto, legno, ferro, doratura a 24 carati, 133 × 37 × 17 cm /
object, wood, iron, 24-carat gilding, 133 × 37 × 17 cm.
Foto: © Egbert Trogemann, VG Bild-Kunst Bonn /
photo: © Egbert Trogemann, VG Bild-Kunst Bonn.
Courtesy: l'artista /
courtesy: the artist.

IGOR GRUBIĆ

(1969) Zagabria, Croatia / Zagreb, Croatia

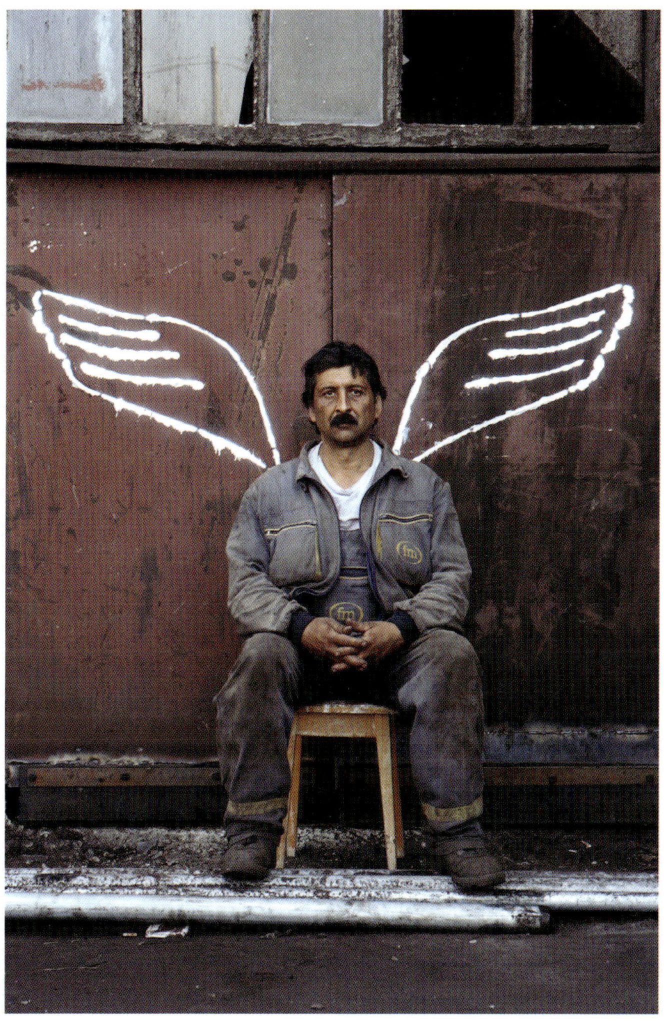

Anđeli garavog lica - Angels with Dirty Faces (Portrait), 2004-2006
foto a getto d'inchiostro originale su carta Hahnemühle Photo Rag, h 5 m /
original Photo inkjet on Hahnemühle Photo Rag paper, h 5 m.
Courtesy: Laveronica Gallery /
courtesy: Laveronica Gallery.

DORUNTINA KASTRATI

(1991) Prizren, Kosovo / Prizren, Kosovo

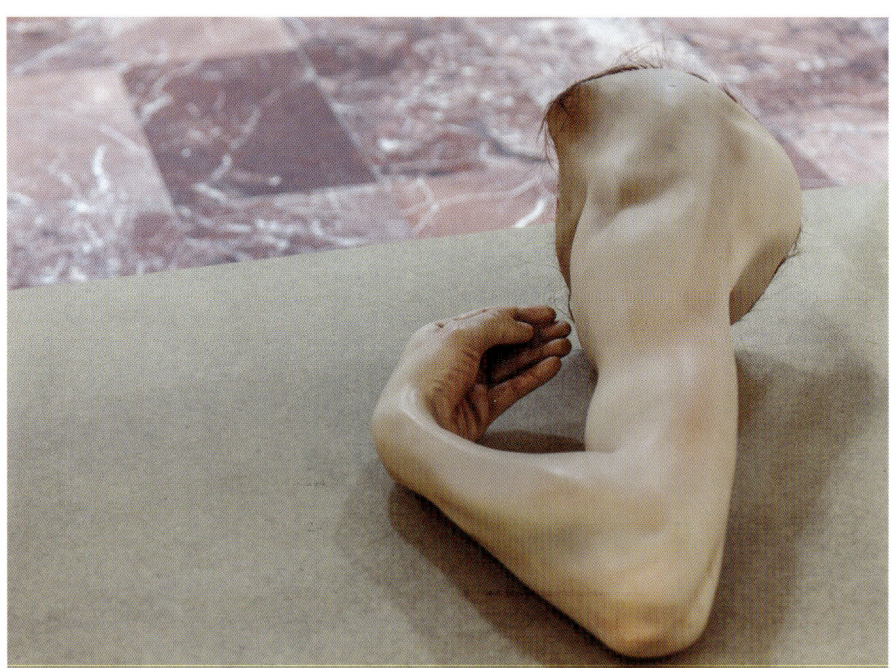

Public Heroes and Secrets, 2019–2020
3D, resina, vernice a base di primer 4K, pelo di capra /
3D, resin, 4K primer silicon based paint, goat hair.
Courtesy: l'artista /
courtesy: the artist.

SOMER ŞPAT

(1996) Prizren, Kosovo / Prizren, Kosovo

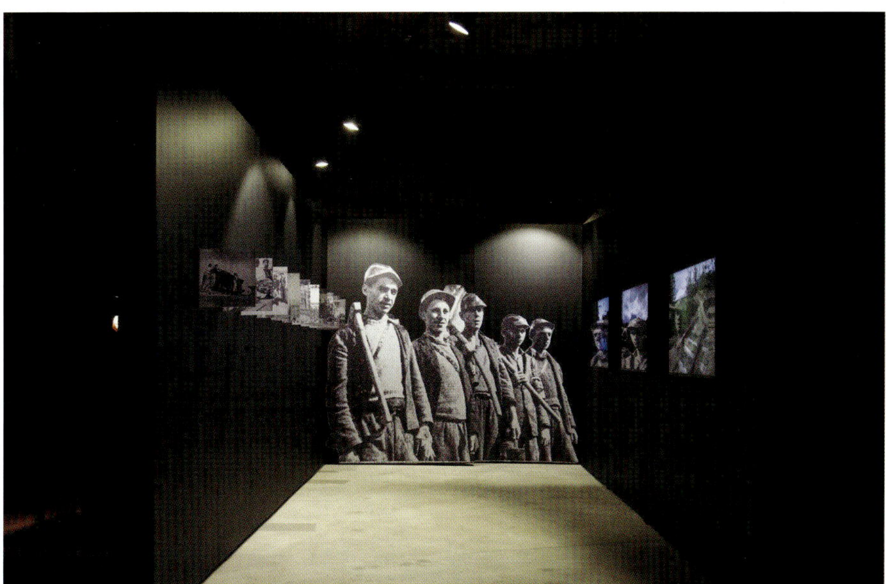

We Build Railways, Railways Build Us, 2019
wallpaper, immagini d'archivio 220 × 290 cm, 10 stampe fronteretro (immagini d'archivio da una parte e fotografie dall'altra) 30 × 30 cm, video a tre canali /
wallpaper, archive images 220 × 290 cm, 10 two-sided prints (front side with archive images and back side with photographs) 30 × 30 cm, 3-channel video
Courtesy: l'artista /
courtesy: the artist.

MARKO TADIĆ, MIRO MANOJLOVIĆ

(1979) Sisak, Croazia / Sisak, Croatia
(1985) Zagabria, Croazia / Zagreb, Croatia

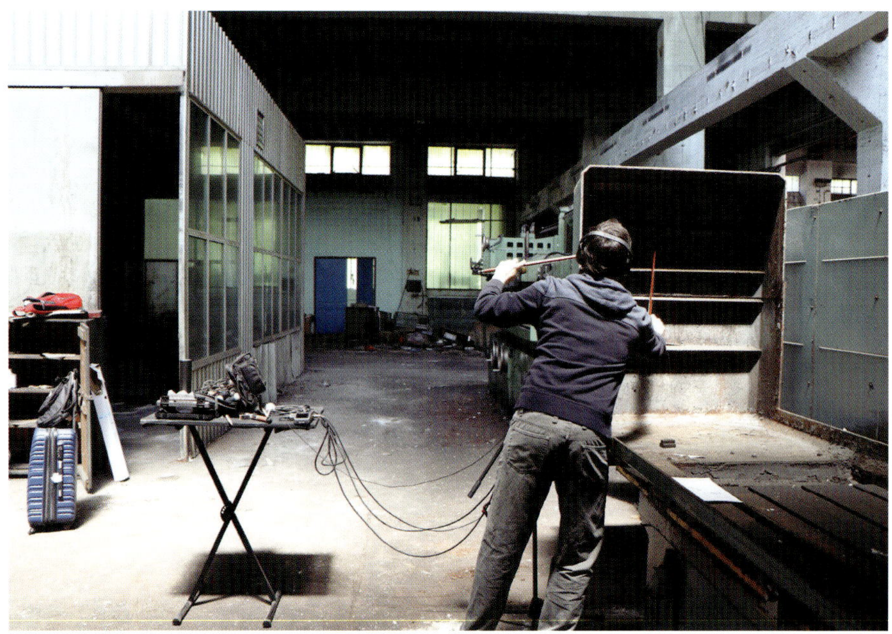

Concrète Machines (13 Pieces for Prvomajska), 2018
video, 29’38’’, 8 stampe formato A3 /
video, 29’38’’, 8 A3 prints.
Foto: Marko Tadić /
photo: Marko Tadić.
Courtesy: gli artisti /
courtesy: the artists.

SPERANZA
HOPE

Yane Čalovski
Jasmina Cibic
David Maljković
Luiza Margan
Anja Medved,
Nadja Velušček

YANE ČALOVSKI

(1973) Skopje, Macedonia del Nord / Skopje, North Macedonia

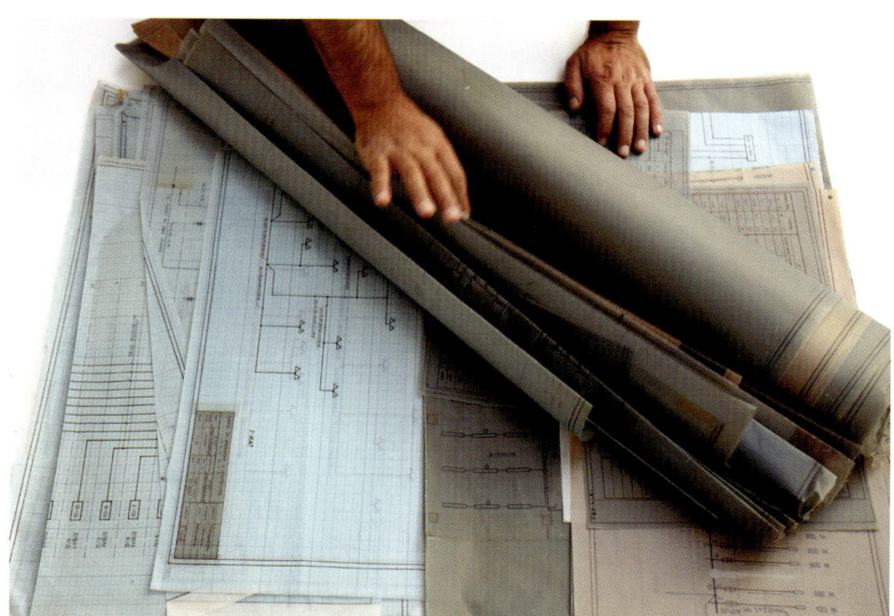

Undisciplined Construction of an Archive, Former City, 2020
installazione /
installation.
Foto: Lidija Pajevik /
photo: Lidija Pajevik.

JASMINA CIBIC

(1979) Lubiana, Slovenia / Ljubljana, Slovenia

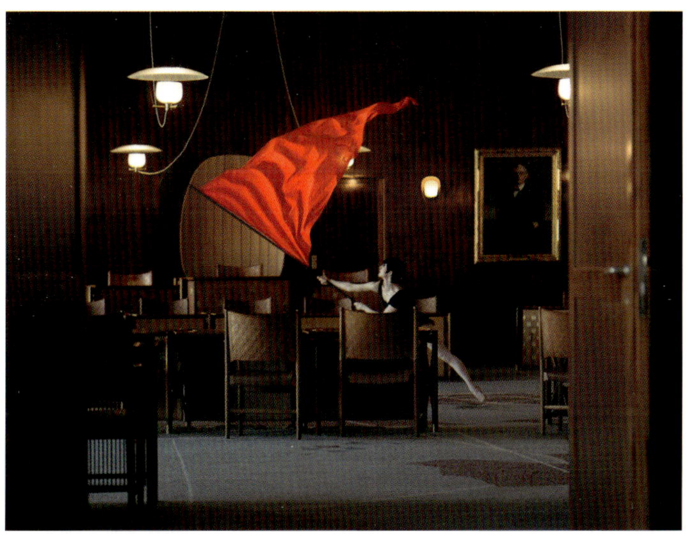

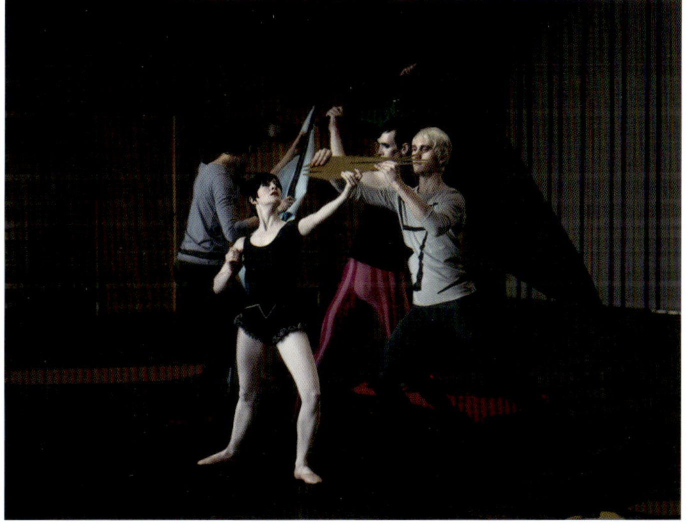

Nada: Act II, 2017
installazione video, proiezione, video HD, 16:9, suono /
video installation, projection, HD video, 16:9, sound.
13'01'' /
13'01''.
Ed. 5 + 2AP /
Ed. 5 + 2AP.
Courtesy: l'artista /
courtesy: the artist.

DAVID MALJKOVIĆ

(1973) Fiume, Croatia / Rijeka, Croatia

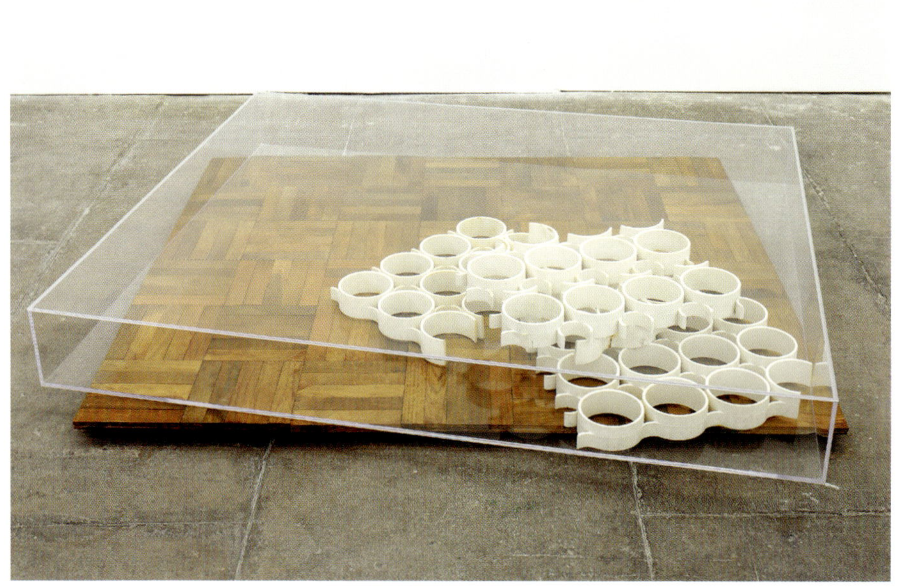

All Day All Year, 2016
pannelli di parquet, scatola in plexiglass, strutture di plastica, 25 × 150 × 180 cm, dimensioni variabili / parquet panel, plexiglass box, plastic structures, 25 × 150 × 180 cm, dimensions variable.
Foto: Roberto Apa / photo: Roberto Apa.
Courtesy: T293 Gallery / courtesy: T293 Gallery.

LUIZA MARGAN
(1983) Fiume, Croazia / Rijeka, Croatia

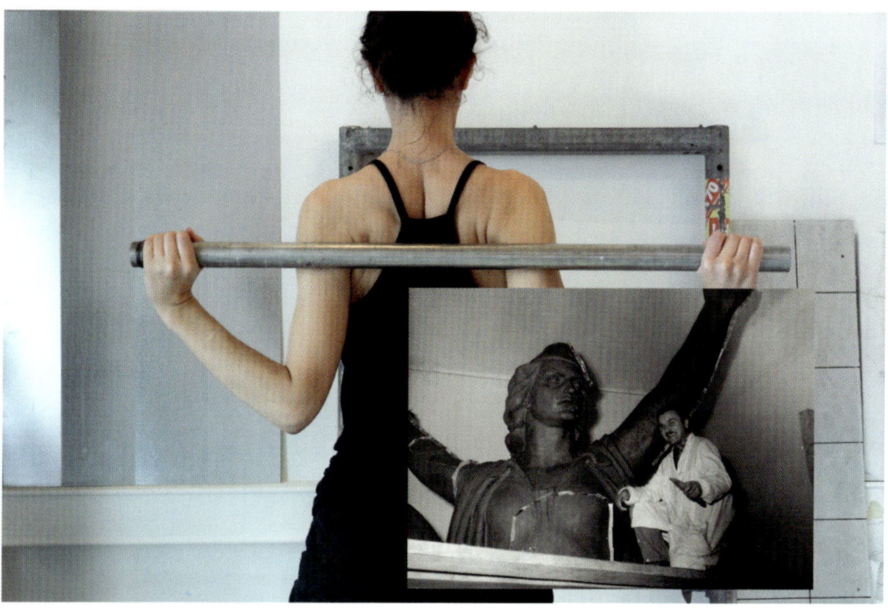

Restaging Monument, 2014
stampa a getto d'inchiostro su carta fine art,
serie di 9 fotografie, 29,7 × 42 cm ciascuna /
inkjet print on fine art paper, series of 9 photographs, 29.7 × 42 cm each.
Ed. 3/3 + 2AP /
Ed. 3/3 + 2AP.
Courtesy: l'artista /
courtesy: the artist.

ANJA MEDVED, NADJA VELUŠČEK

(1969) Nova Gorica, Slovenia / Nova Gorica, Slovenia
(1948) Plave, Slovenia / Plave, Slovenia

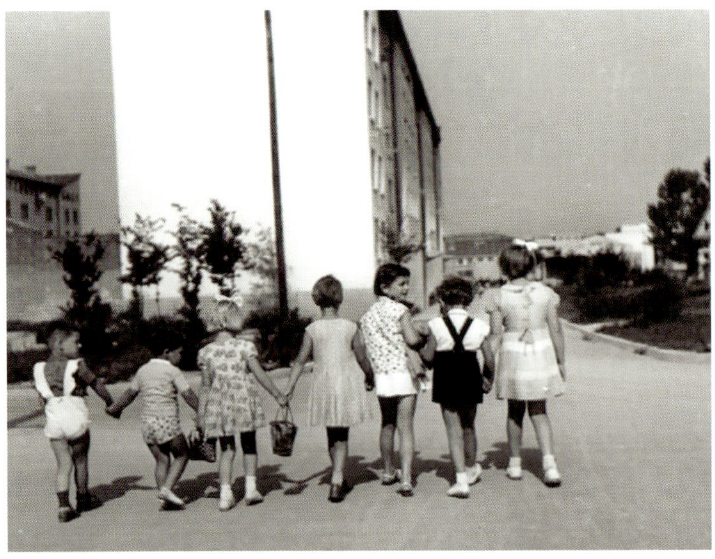

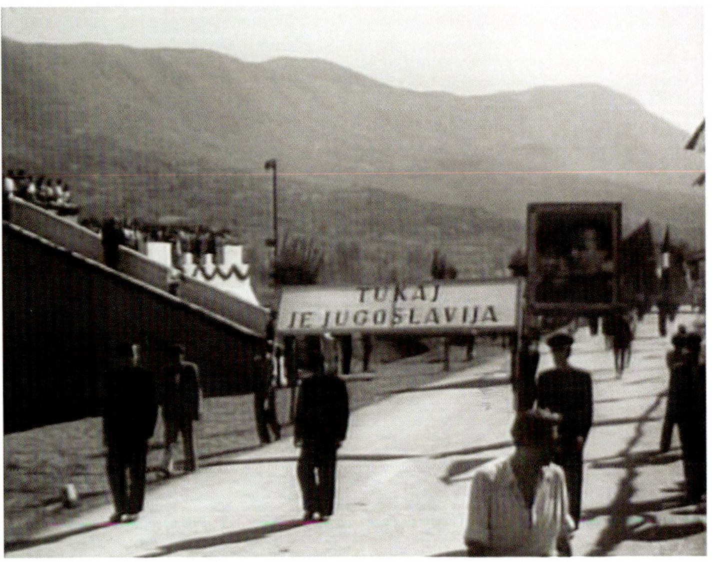

Town in a Meadow, Documentary Essay About Nova Gorica, 2004
video, definizione standard, colore, suono, 4:3, 65' /
video, standard definition, color, audio, 4:3, 65'.
Prodotto da Kinoatelje, Gorizia, Nova Gorica /
produced by Kinoatelje, Gorizia, Nova Gorica.
Courtesy: le artiste e Kinoatelje Association /
courtesy: the artists e Kinoatelje Association.

RISCHIO
RISK

Lenka Djorojević,
Matej Stupica
Siniša Ilić
Marko Peljhan,
Matthew Biederman
Andrej Škufca
Natalija Vujosević

LENKA DJOROJEVIĆ, MATEJ STUPICA

(1982) Nikšić, Montenegro / Nikšić, Montenegro
(1987) Lubiana, Slovenia / Ljubljana, Slovenia

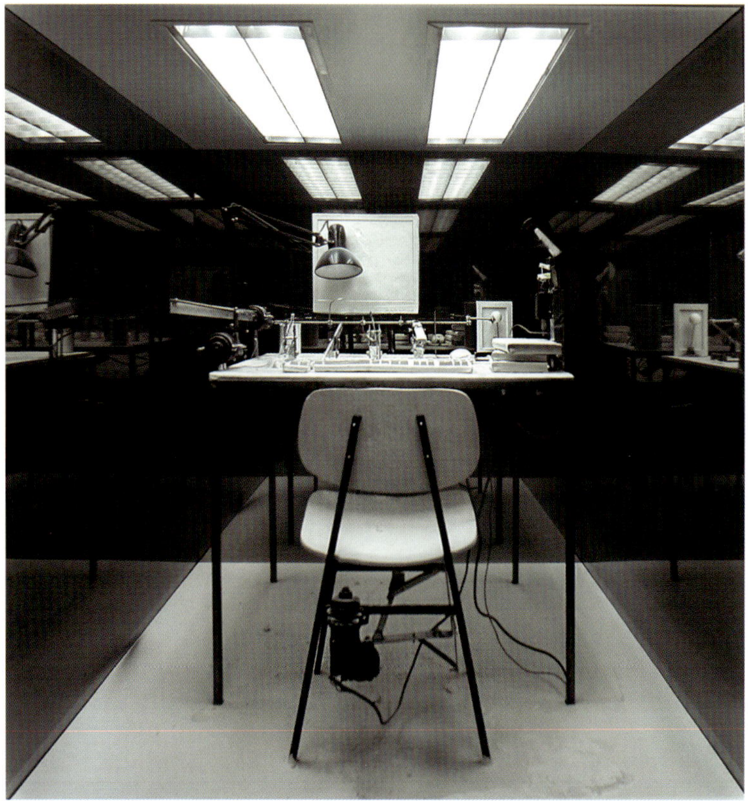

Monomat / Mon-O-Matic, 2015
schermo da computer, scrivania, sedia, strumenti per scrivere, libro, mouse, tastiera, 200 × 150 × 150 cm /
a computer screen, a table, a chair, writing implements, a book, a computer mouse & keyboard, 200 × 150 × 150 cm.
Courtesy: gli artisti /
courtesy: the artists.

SINIŠA ILIĆ

(1977) Belgrado, Serbia / Belgrade, Serbia

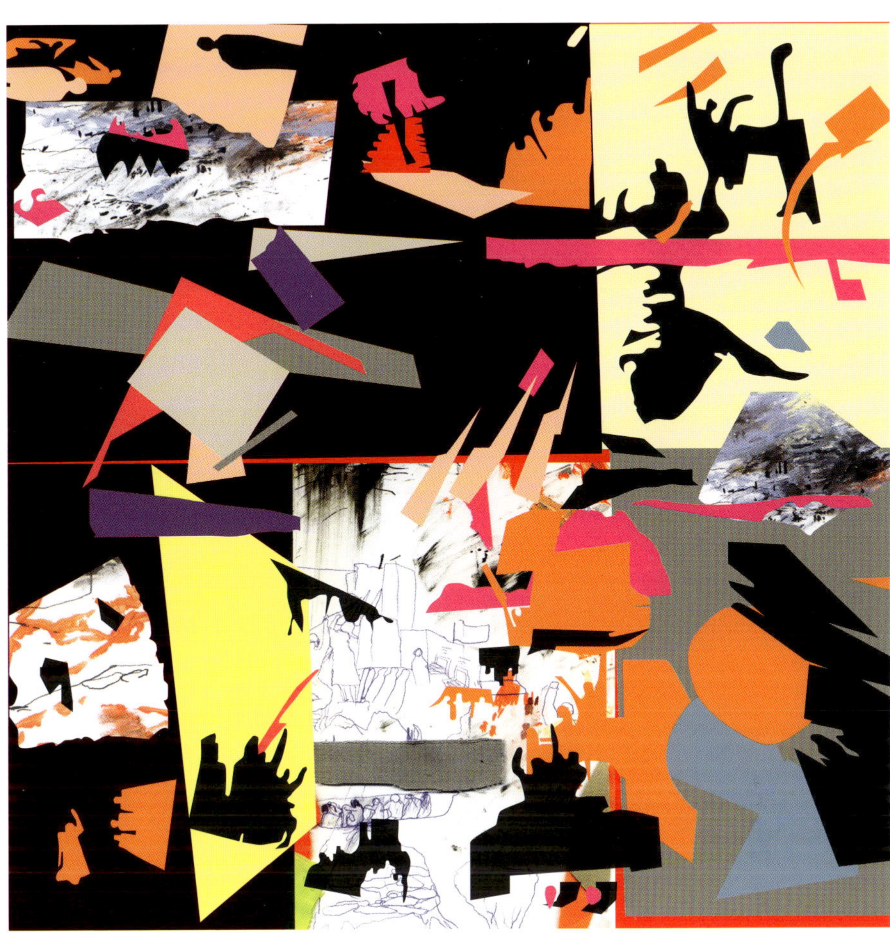

Orientation in 100 Revolutions, 2017
collage stampato su tessuto, 10 × 10 m /
collage printed on fabric, 10 × 10 m.
Progetto sviluppato in collaborazione con Bojan Djordjev /
project developed in collaboration with Bojan Djordjev.
Courtesy: l'artista /
Courtesy: the artist.

MARKO PELJHAN, MATTHEW BIEDERMAN
(1969) San Pietro, Slovenia / Šempeter, Slovenia;
(1972), Chicago Heights, Stati Uniti / Chicago Heights, USA

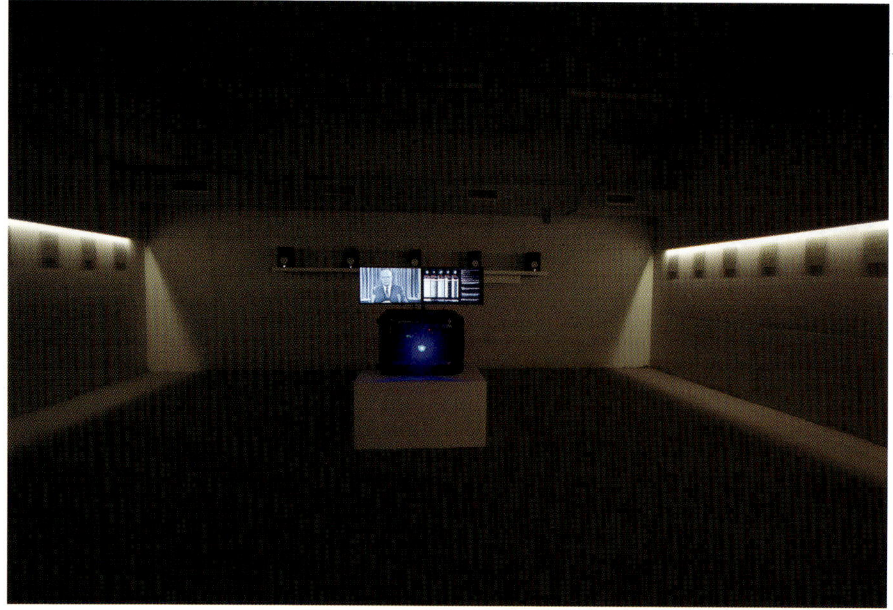

WE SHOULD TAKE NOTHING FOR GRANTED, 2014
una unità centrale di elaborazione segnali, video, stampe /
signals processing unit, video, prints.
Courtesy: Projekt Atol /
courtesy: Projekt Atol.

ANDREJ ŠKUFCA

(1987) Lubiana, Slovenia / Ljubljana, Slovenia

Synthetic zero, 2019
poliestere, poliuretano e alluminio, 8 × 6 × 1,3 m /
polyester, polyurethane and aluminum, 8 × 6 × 1.3 m.
Courtesy: l’artista /
courtesy: the artist.

NATALIJA VUJOSEVIĆ

(1976) Titograd, Montenegro / Titograd, Montenegro

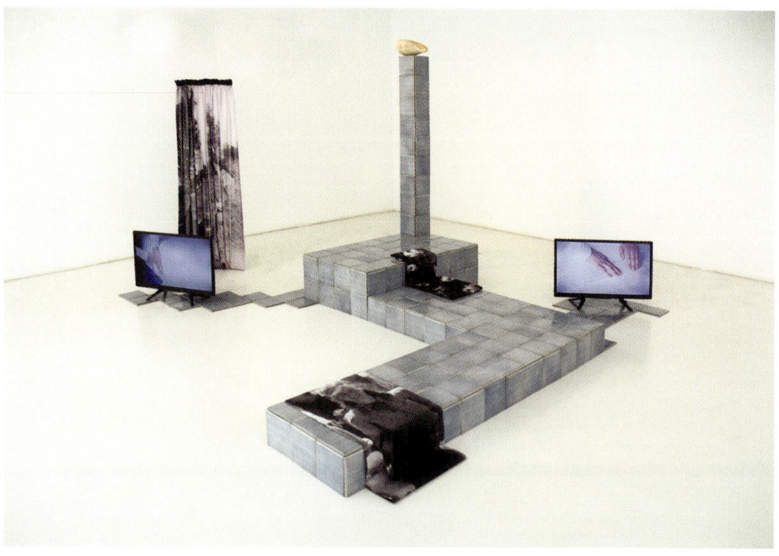

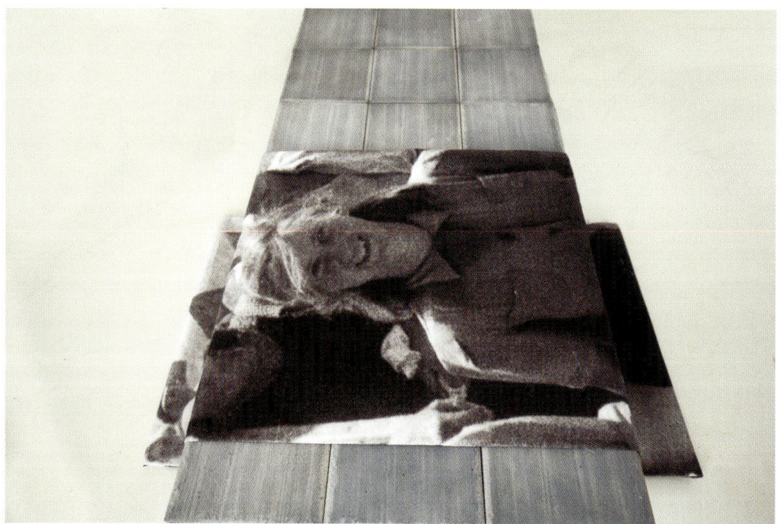

RIM, 2019
scultura-installazione, piastrelle di ceramica, tessuto, schermi video, conchiglie, suono, dimensioni variabili /
installation sculpture, ceramic tiles, textile, video screens, sea shell, audio, dimensions variable.
Courtesy: l'artista /
courtesy: the artist.

UN INDIVIDUO
AN INDIVIDUAL

Fatmir Mustafa-Karllo
Tomislav Gotovac
Janez Janša
Vladimir Nikolić
Ilija Šoškić

FATMIR MUSTAFA-KARLLO

(1984) Konjare, Nord Macedonia / Konjare, North Macedonia

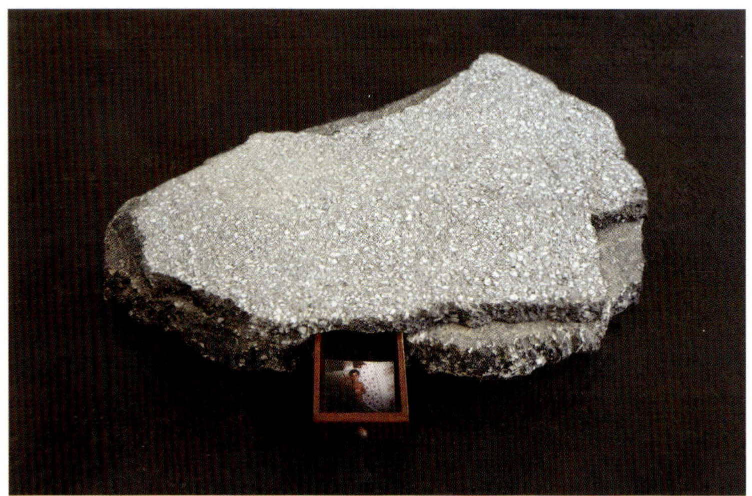

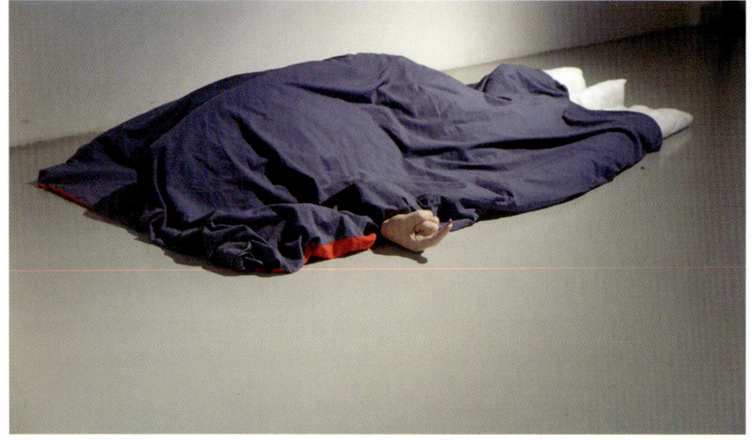

Self-Portrait, 2020
Asfalto, cassetto, base di cemento, fotografia personale. Asfalto: 95 x 130 x 18 cm. Cassetto: 17 x 30 x 5 cm. Opera n. 1 dalla Nightmare I Collection /
Asphalt, drawer, cement base, personal photography. Asphalt: 95 x 130 x 18 cm. Drawer: 17 x 30 x 5 cm. Work # 1 from the Nightmare I Collection
Courtesy: l'artista /
courtesy: the artist.

Hard Working, 2017
tessuto di cotone, mano in silicone, casa fatta di muco delle narici, 140 × 200 cm /
cotton fabric, silicon hand, house made of boogers, 140 × 200 cm.
Courtesy: l'artista /
courtesy: the artist.

TOMISLAV GOTOVAC
(1937-2010) Sombor, Serbia / Sombor, Serbia

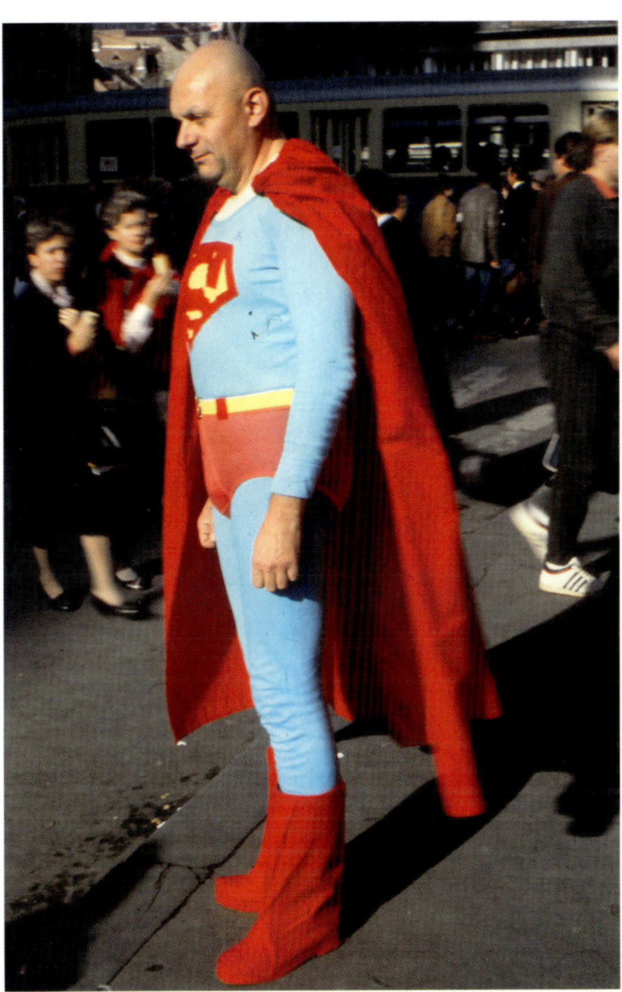

Superman, 1984
stampa da file digitale, dimensioni variabili /
print from digital file, variable dimensions.
Courtesy: Tomislav Gotovac Institute, Zagabria /
courtesy: Tomislav Gotovac Institute, Zagreb.
Collezione: Sarah Gotovac /
collection: Sarah Gotovac.

JANEZ JANŠA

(1970) Bergamo, Italia / Bergamo, Italy
(1964) Fiume, Croazia / Rijeka, Croatia
(1973) Lubiana, Slovenia / Ljubljana, Slovenia

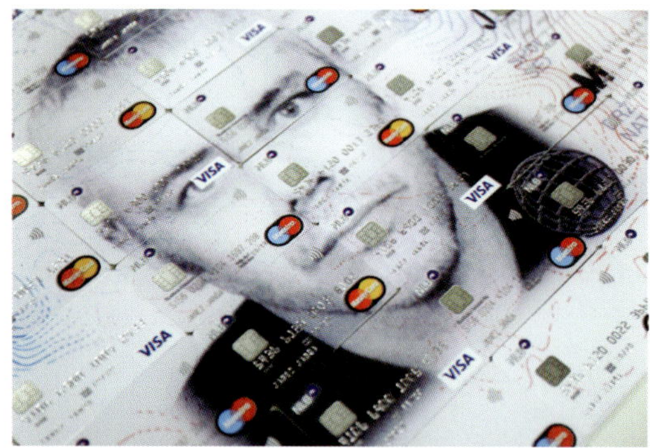

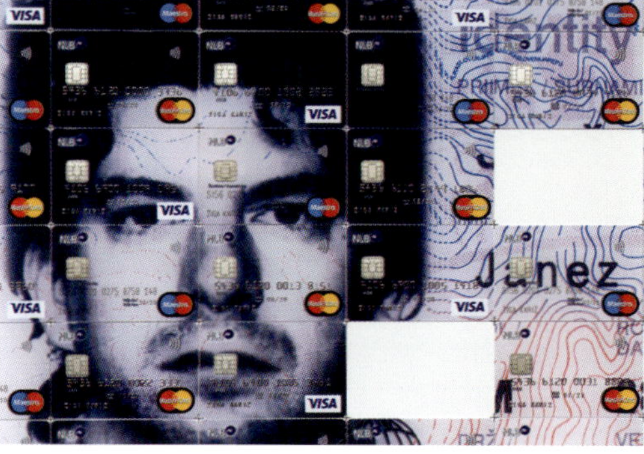

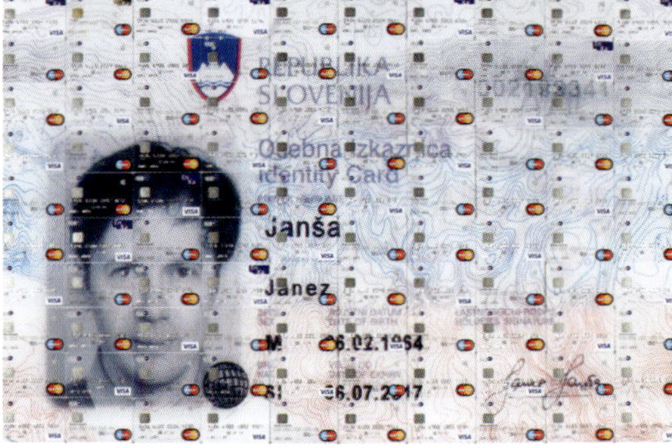

All About You, 2016
Trittico, 3×100 bancomat, 104 × 154 cm /
Triptych, 3×100 bank cards, 104 × 154 cm.
Courtesy: Aksioma - Institute for Contemporary Art, Lubiana /
courtesy: Aksioma - Institute for Contemporary Art, Ljubljana.

VLADIMIR NIKOLIĆ

(1974) Belgrade, Serbia / Belgrade, Serbia

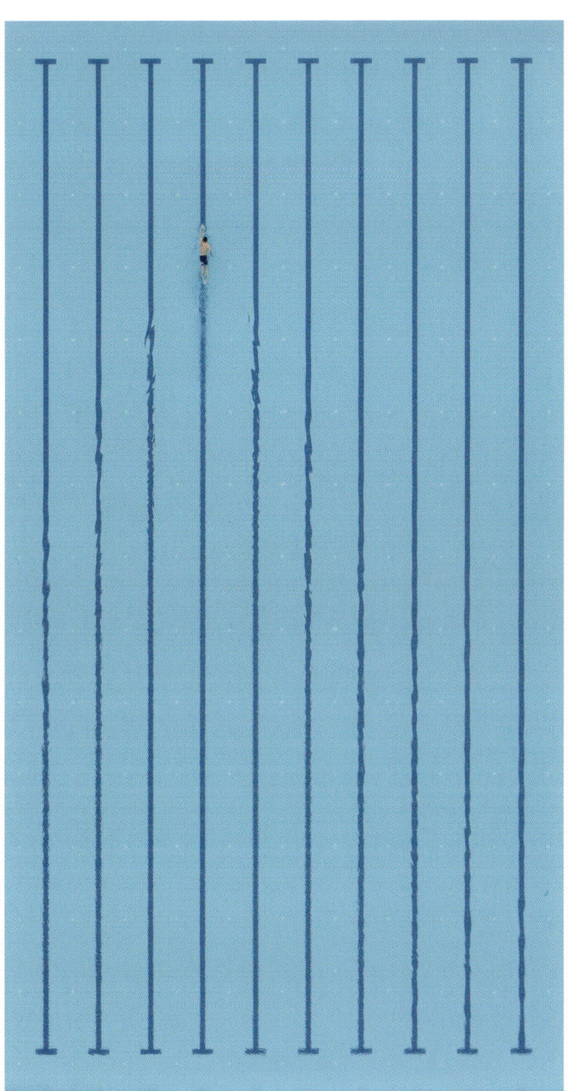

800 m, 2019
video, 14'10'' /
video, 14'10''.
Courtesy: l'artista /
courtesy: the artist.

ILIJA ŠOŠKIĆ
(1935) Dečani, Kosovo / Dečani, Kosovo

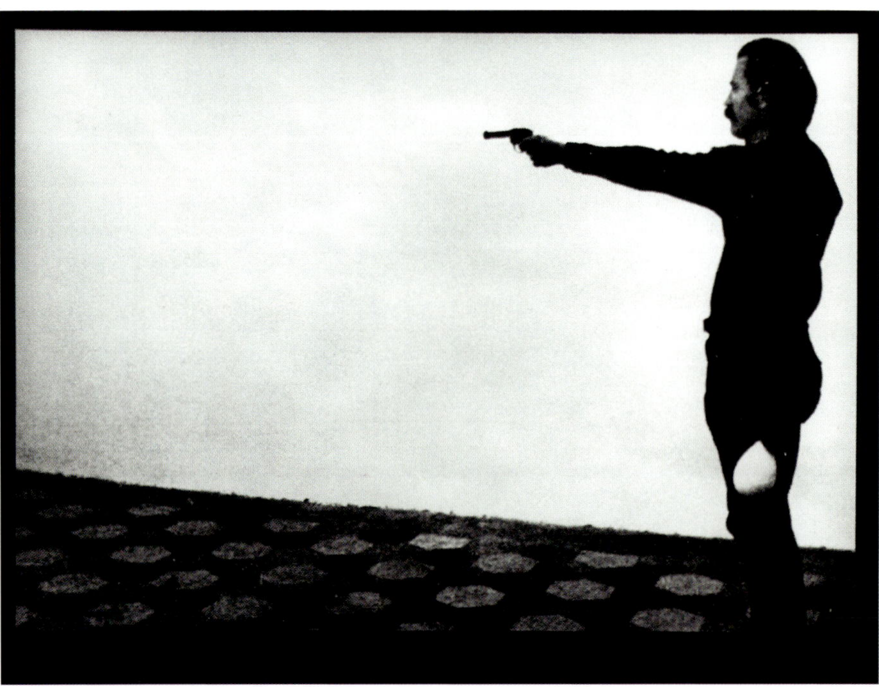

Milk and Silk, Maximum Energy - Minimum Time, 1975
fotografia, b/n, 50 × 70 cm /
black and white photograph, 50 × 70 cm.
Foto courtesy: Arhiv Šoškić /
photo courtesy: Arhiv Šoškić.
Courtesy: Moderna Galerija, Lubiana /
courtesy: Moderna Galerija, Ljubljana.

ALTERITÀ
ALIENNESS

Nika Autor
Alban Muja
Zoran Todorović

NIKA AUTOR

(1982) Maribor, Slovenia / Maribor, Slovenia

In collaborazione con: Newsreel Front, Tara Najd Ahmadi, Andreja Hribernik, Jošt Franko, Andrej Šprah, Ciril Oberstar / in collaboration with: Newsreel Front, Tara Najd Ahmadi, Andreja Hribernik, Jošt Franko, Andrej Šprah, Ciril Oberstar.

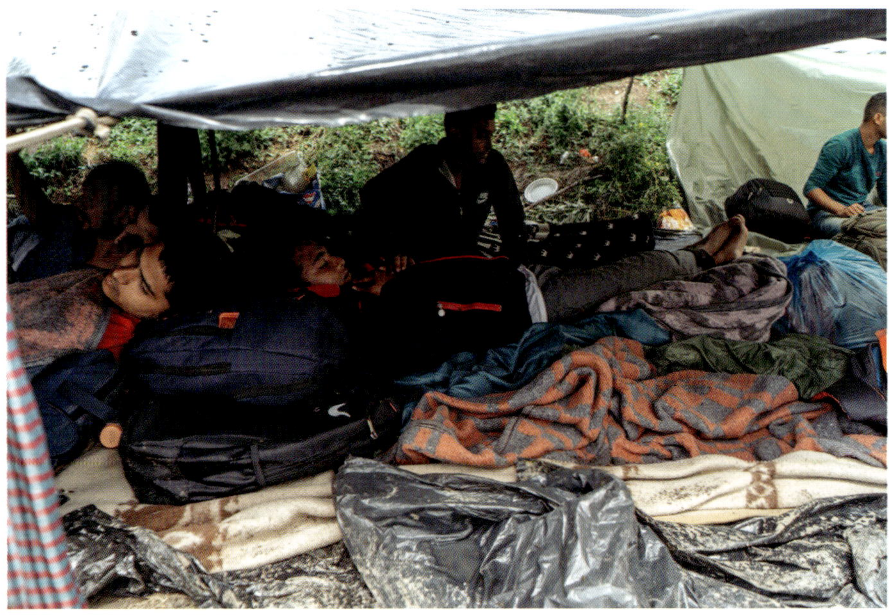

Newsreel 65 - We Have too Much Things in Heart..., 2021
video su schermi LCD o TV /
videos on LCD screens or TVs.
Courtesy: l'artista /
courtesy: the artist.

ALBAN MUJA

(1980) Mitrovica, Kosovo / Mitrovica, Kosovo

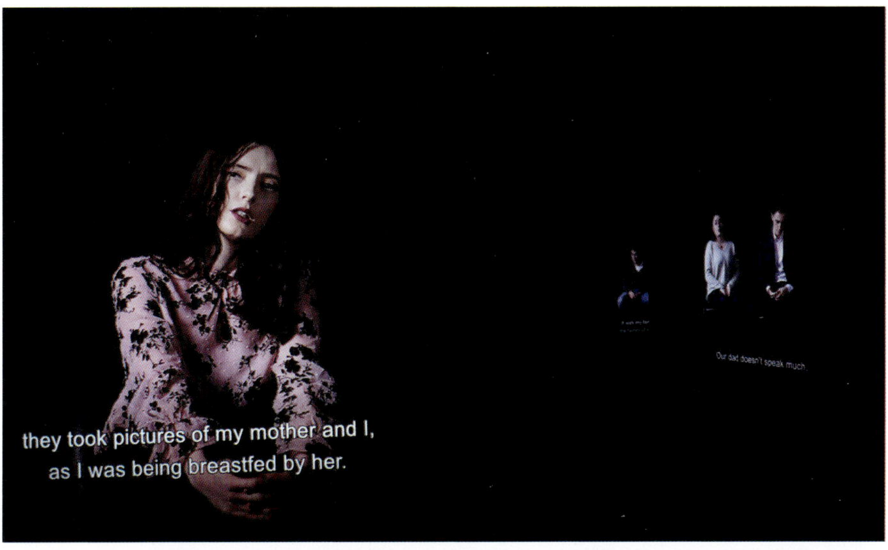

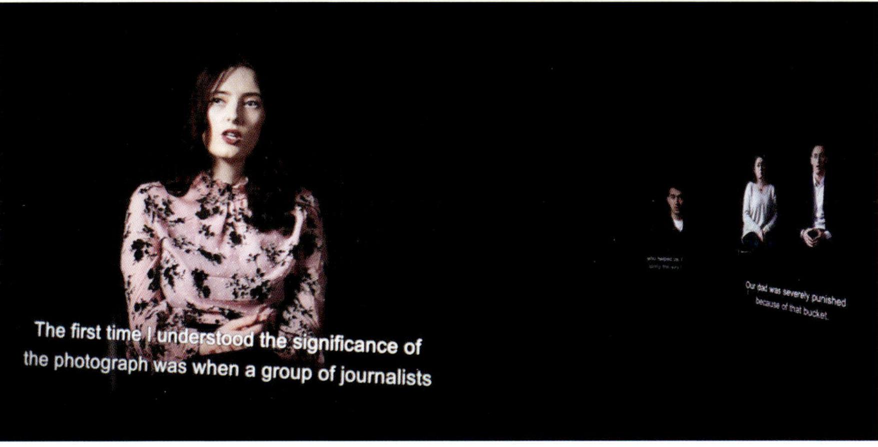

Family Album: Besa, Besim and Jehona, Agim, 2019
3 video HD, 16:9, colore, suono stereo, sottotitoli.
Besa: 6'50". Besim e Jehona: 14'. Agim: 7' /
3 HD video, 16:9, audio, color, stereo, subtitles.
Besa: 6'50". Besim and Jehona: 14' Agim: 7'.
Ed. 4 + 1 A.P /
ed. 4 + 1 A.P.
Courtesy: l'artista /
courtesy: the artist.

ZORAN TODOROVIĆ

(1965) Belgrado, Serbia / Belgrade, Serbia

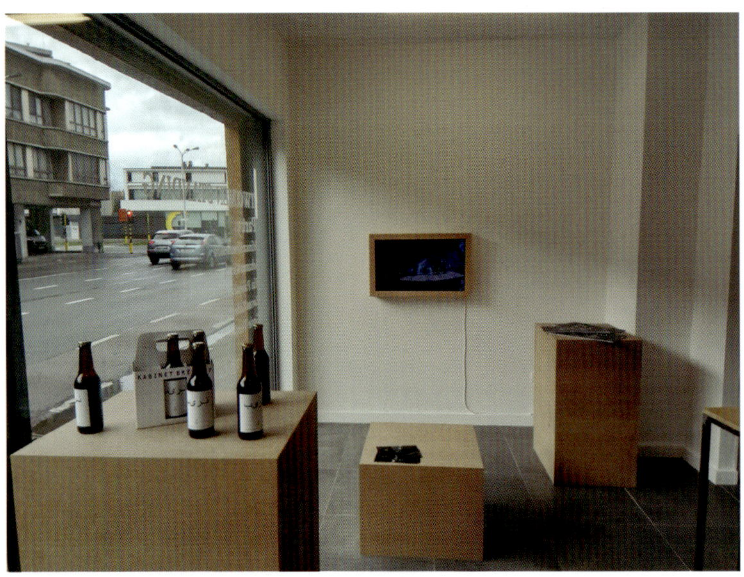

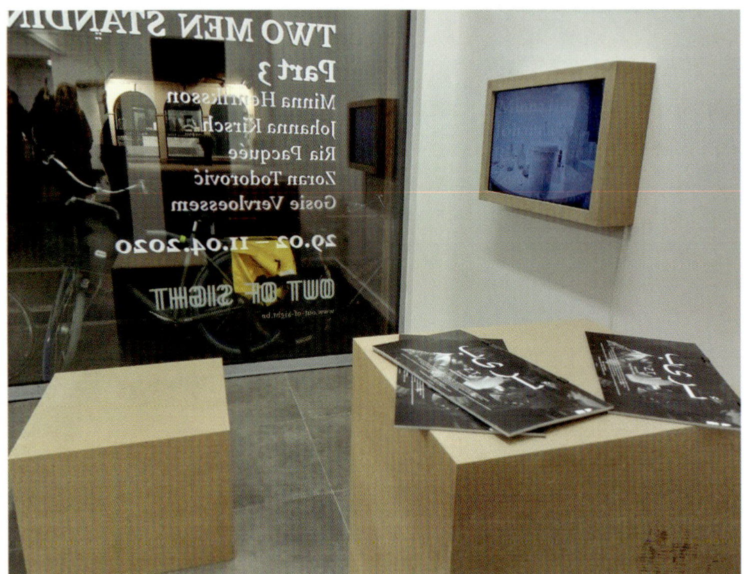

Integration, Illegal people project, 2017
video, libri d'arte, birra in bottiglia, dimensioni variabili /
video, art books, bottled beer, variable dimension.
Courtesy: l'artista /
courtesy: the artist.

METAMORFOSI
METAMORPHOSES

Jože Barši
Ištvan Huzjan
Gregor Mobius
Marko Pogačnik
Marjetica Potrč
Nada Prlja
Maja Smrekar

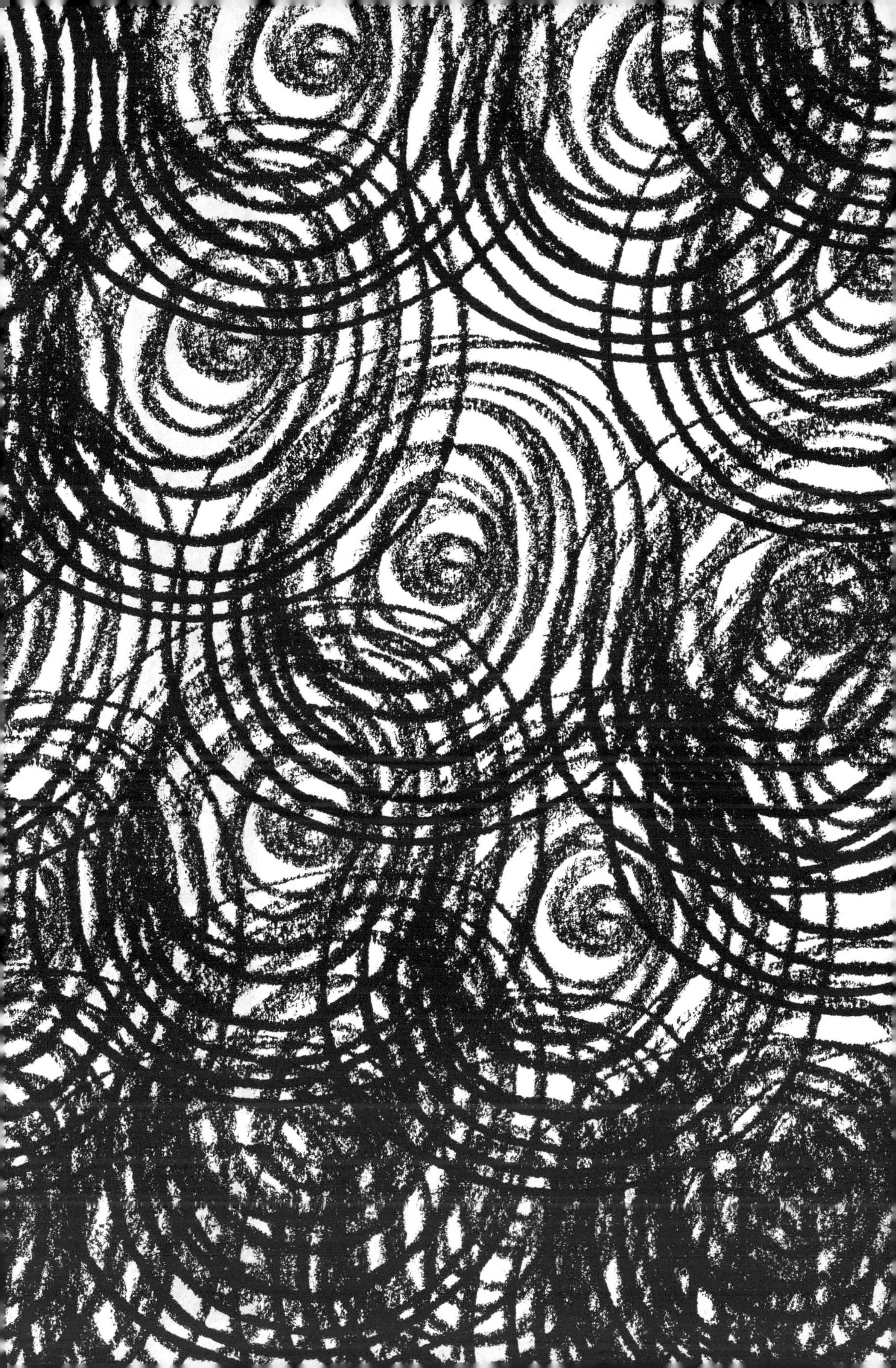

JOŽE BARŠI

(1955) Lubiana, Slovenia / Ljubljana, Slovenia

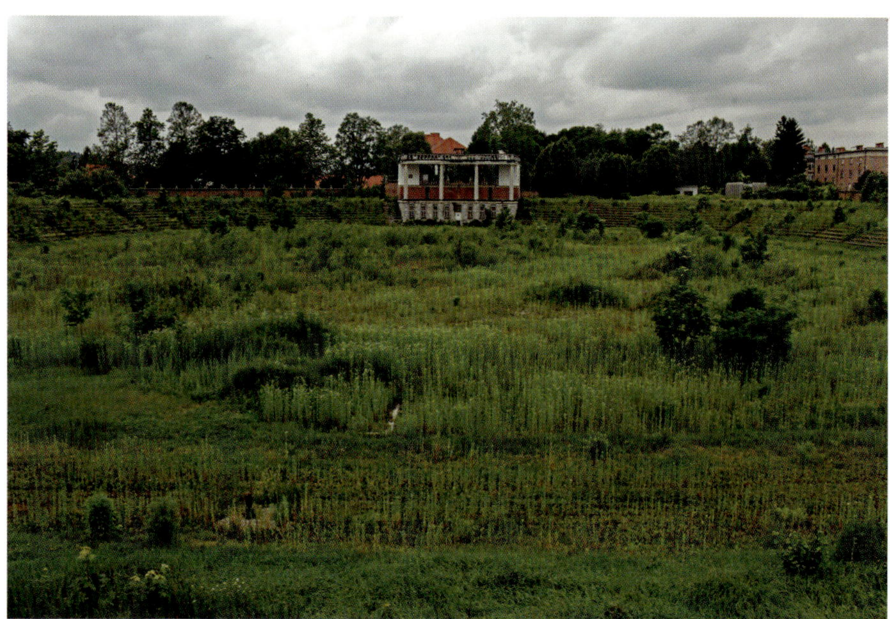

Remembering and Forgetting, 2020
installazione /
installation.
Foto: Jaka Gasar /
photo: Jaka Gasar.
Courtesy: l'artista /
courtesy: the artist.

IŠTVAN HUZJAN

(1981) Lubiana, Slovenia / Ljubljana, Slovenia

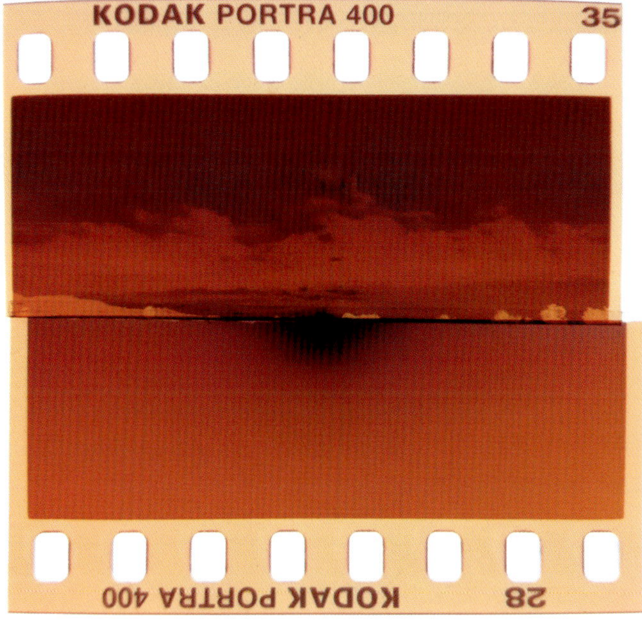

Planetary Perfomance: From sunrise to sunset, 2019
testo, disegno e pellicola negativa, 70 × 100 cm /
text, drawing and film negative, 70 × 100 cm.
Courtesy: Ištvan Išt Huzjan e Lucrèce project /
courtesy: Ištvan Išt Huzjan and Lucrèce project.

GREGOR MOBIUS

(1950) Belgrado, Serbia / Belgrade, Serbia

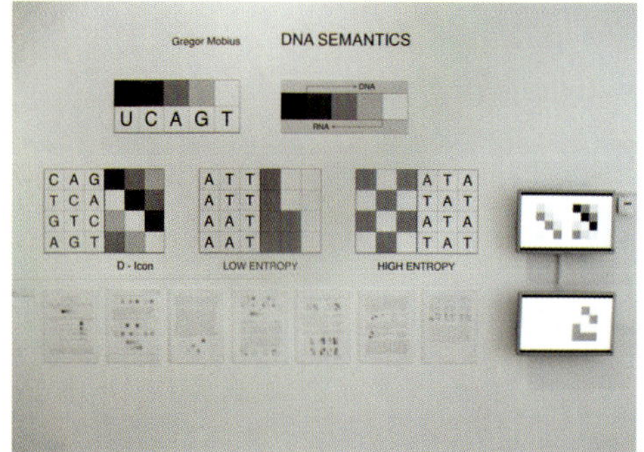

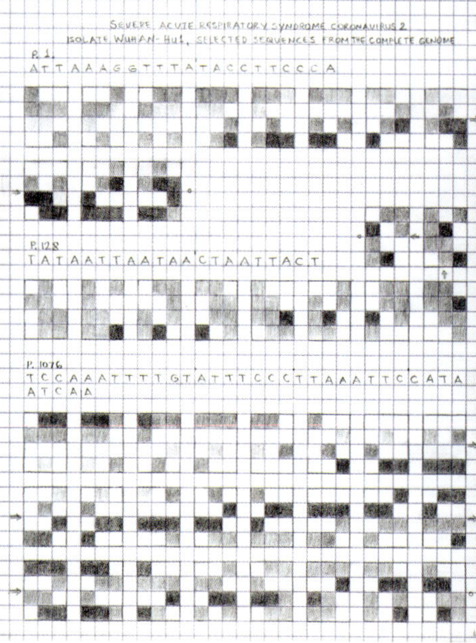

DNA Semantics - Visual Representation of RNA and DNA, 2016
installazione, stampe su cartocino, dimensioni variabili /
installation, prints on cardboard, dimensions variable.
Courtesy: l'artista /
courtesy: the artist.

Visual Properties of SARS-CoV-2 Sequences, 2020
installazione (dettaglio), stampe su cartononcino, dimensioni variabili /
installation (detail), prints on cardboard, dimensions variable.
Courtesy: l'artista /
courtesy: the artist.

MARKO POGAČNIK

(1944) Kranj, Slovenia / Kranj, Slovenia

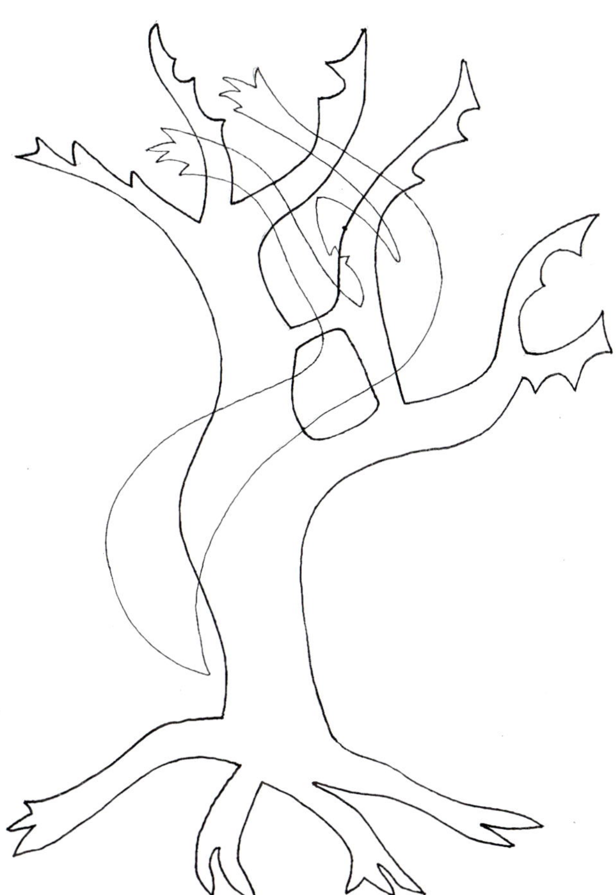

Heroes of our Time, 2020
dal ciclo *"Green"* /
from the cycle *"Green"*.
15 disegni a inchiostro su cartoncino, 24 × 32 cm /
15 drawings of ink on cardboard, 24 × 32 cm.
Courtesy: l'artista /
courtesy: the artist.

MARJETICA POTRČ

(1953) Lubiana, Slovenia / Ljubljana, Slovenia

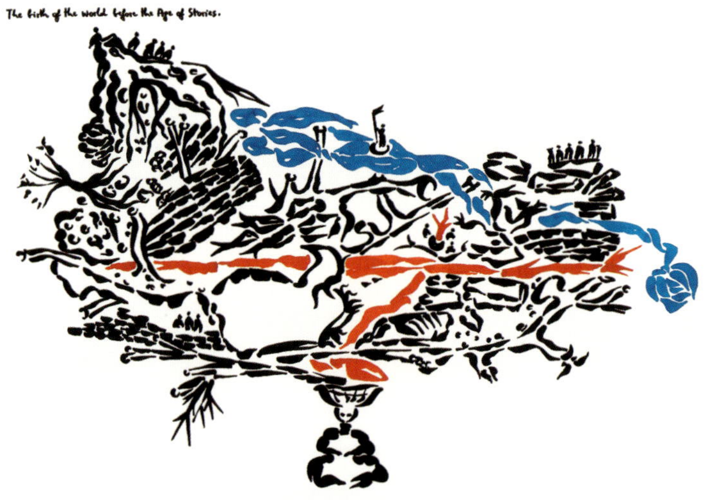

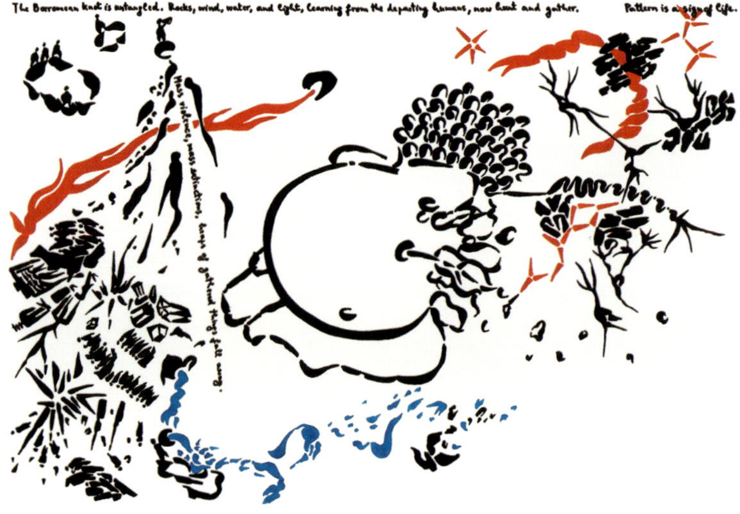

The World in The Age of Stories, 2020
gruppo di 3 disegni, inchiostro su carta, 76 × 112 cm ciascuno /
group of 3 drawings, ink on paper, 76 × 112 cm each.
Courtesy: Galerie Nordenhake, Berlino, Stoccolma, Città del Messico /
courtesy: Galerie Nordenhake, Berlin, Stockholm, Mexico City.
Questo lavoro è stato reso possibile in parte grazie al supporto
di Headlands Center for the Arts /
This work was made possible in part with the support
of Headlands Center for the Arts.

NADA PRLJA

(1971) Sarajevo, Bosnia-Erzegovina / Sarajevo, Bosnia and Herzegovina

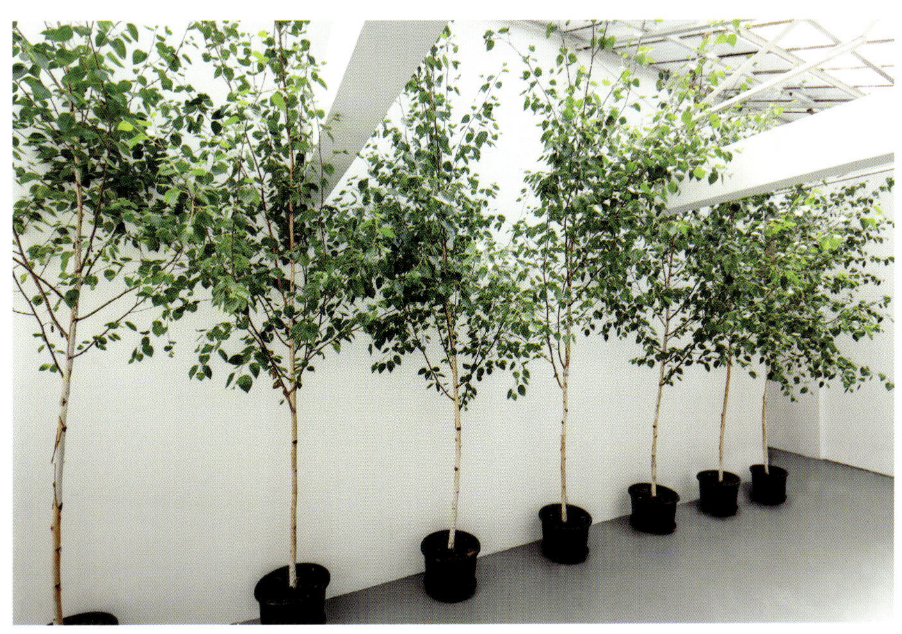

What Would Happen if We Succeed?, 2011
betulle in vaso, annaffiatoio, dimensioni variabili /
birch trees in pots, watering jug, dimensions variable.
Foto: FUTURA Centre for Contemporary Art /
photo: FUTURA Centre for Contemporary Art.
Courtesy: l'artista /
courtesy: the artist.

MAJA SMREKAR

(1978) Brežice, Slovenia / Brežice, Slovenia

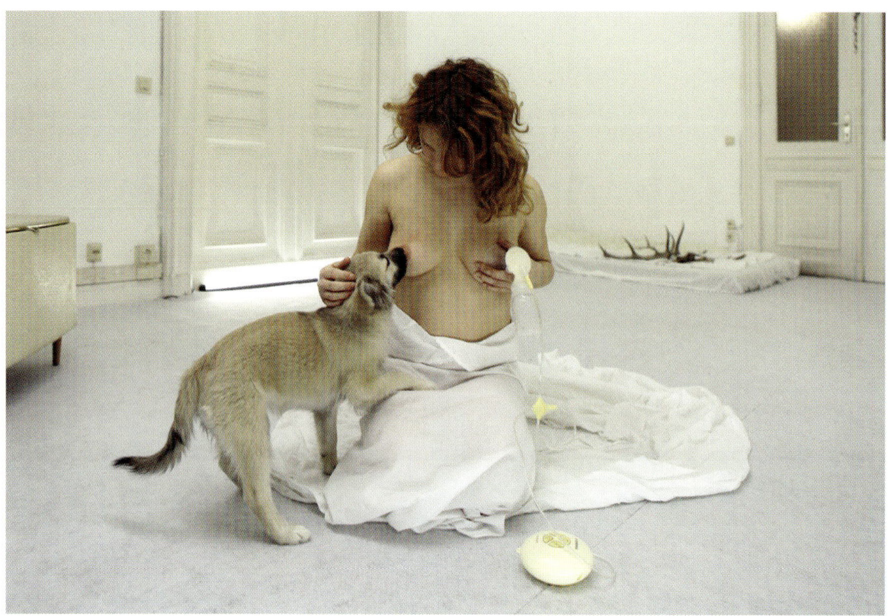

K-9_topology: Hybrid Family, 2016
fotografia, 101,6 x 152,4 cm /
photography, 101.6 x 152.4 cm.
Courtesy: Maja Smrekar, Manuel Vason, Berlino /
courtesy: Maja Smrekar, Manuel Vason, Berlin.

Fondazione MAXXI

MA**XXI**

Presidente/President
Giovanna Melandri

Consiglio di amministrazione/
Administrative Board
Caterina Cardona
Piero Lissoni
Carlo Tamburi
Monique Veaute

Segretario del consiglio
di amministrazione/
Secretary of the
Administrative Board
Laura Gabellone

Collegio dei revisori dei conti/
Board of Advisors
Paolo Palombelli
Claudia Colaiacomo
Goffredo Hinna Danesi

Magistrato delegato
della Corte dei conti/
Deputy magistrate
of Court of Auditors
Andrea Zacchia

Direttore artistico/
Artistic Director
Hou Hanru

Segretario generale/
Executive Director
Pietro Barrera

Ufficio di presidenza
e segreteria generale/
Executive Office of the President
and General Secretariat
Laura Gabellone
(Responsabile/Head)
Flavia Bagni
*(Assistente della Presidente/
Assistant to the President)*
Federica Cipullo
Cecilia Festa
Chiara Sbocchia
Raffaella Tebano
Angela Cherubini
*(Servizio legale-avvocato/
Legal Service-Lawyer)*
Elena Pelosi
*(Supporto al Segretario generale/
Assistant to the Executive Director)*
Alessio Rosati
*(Progetti istituzionali/
Institutional Projects)*
Donatella Saroli
*(Assistente del Direttore artistico/
Assistant to the Artistic Director)*

Ufficio contabilità, amministrazione
e gestione del personale/
Accounts, Administration
and Finance Office
Rossana Samaritani
(Responsabile/Head)
Silvia Affinita
Francesca Civitenga
Eleonora Magri
Giuseppa Sparla

Ufficio tecnico/Technical Office
Elisabetta Virdia
(Responsabile/Head)
Cristina Andreassi
Claudio Tamburrini
Paola Mastracci

Ufficio qualità dei servizi per il pubblico/
Public Service Quality
Laura Neto *(Responsabile/Head)*
Stefania Calandriello

DIPARTIMENTO MAXXI
ARCHITETTURA/
MAXXI ARCHITECTURE DEPARTMENT
Museo nazionale di architettura
moderna e contemporanea/
National Museum of Modern
and Contemporary Architecture

Direttore/Director
Margherita Guccione

Senior Curator
Pippo Ciorra

Elena Tinacci
(Coordinamento/Coordination)

Collezione architettura/
Architecture Collections
Simona Antonacci
(Fotografia/Photography)
Alessandra Spagnoli
*(Progetti internazionali/
International Projects)*
Serena Zuliani
(Conservazione/Conservation)
Chiara Castiglia

Centro archivi di architettura/
Architecture Archives Centre
Carla Zhara Buda
(Responsabile/Head)
Viviana Vignoli
(Catalogazione/Cataloging)
Angela Parente
(Catalogazione/Cataloging)
Claudia Torrini
(Catalogazione/Cataloging)

DIPARTIMENTO MAXXI ARTE
MAXXI ART DEPARTMENT
Museo nazionale di arte
contemporanea/
National Museum of
Contemporary Art

Direttore/Director
Bartolomeo Pietromarchi

*(Assistente del Direttore/
Assistant to the Director)*
Giulia Lopalco

*(Patrimonio e Catalogo, Coordinamento/
Heritage and Catalog, Coordination)*
Ilenia D'Ascoli

*(Progetti internazionali/
International projects)*
Eleonora Farina

*(Conservatore e Registrar/
Conservator and Registrar)*
Simona Brunetti

*(Conservatore e Registrar/
Conservator and Registrar)*
Roberta Magagnini

*(Assistente conservatore e Registrar/
Conservator and Registrar Assistant)*
Marta Cesaretti

(Catalogazione/Cataloging)
Maura Favero

UFFICI INTERDIPARTIMENTALI/
INTERDEPARTMENTAL OFFICES
Monia Trombetta
(Responsabile/Head)
Ufficio curatoriale/Curatorial Office
Monia Trombetta
(Curatore/Curator)
Giulia Ferracci
(Curatore/Curator)
Luigia Lonardelli
(Curatore/Curator)
Elena Motisi
(Curatore/Curator)
Anne Palopoli
(Curatore/Curator)
Donatella Saroli
(Ricerca/Research)

Ufficio mostre e allestimenti/
Exhibition Design Office
Silvia La Pergola

(Architetto senior/Senior Architect - Coordinamento con ufficio tecnico/ Coordination with Technical Office)
Dolores Lettieri
(Architetto senior/Senior Architect)
Claudia Reale
(Architetto senior/Senior Architect)
Benedetto Turcano
(Architetto/Architect)

DIPARTIMENTO RICERCA, EDUCAZIONE E FORMAZIONE/ DEPARTMENT OF RESEARCH, EDUCATION AND TRAINING

Direttore ad interim/Interim Director
Pietro Barrera

Ufficio editoria/Publishing Office
Flavia De Sanctis Mangelli
(Responsabile/Head)
Maria Pia Verzillo

Ufficio programmi di approfondimento/ Public Programs Office
Irene De Vico Fallani
(Responsabile/Head)
Stefano Gobbi
Ludovica Persichetti

Ufficio archivi MAXXI Arte e documentazione/MAXXI Art Archives and Documentation Office
Giulia Pedace
(Responsabile/Head)
Giulia Cappelletti

Biblioteca/Library
Francesco Longo

Ufficio educazione/Education Office
Marta Morelli
(Responsabile/Head)
Giovanna Cozzi
Stefania Napolitano

Public engagement
Sofia Bilotta

Ufficio alternanza scuola-lavoro/ Work Experience and Career Exploration Programme
Federico Borzelli
(Responsabile/Head)
Giulia Masini

Ufficio formazione/Training Office
Elena Pelosi
(Responsabile/Head)
Marzia Ortolani

DIPARTIMENTO SVILUPPO/ DEVELOPMENT DEPARTMENT

Direttore ad interim/Interim Director
Giovanna Melandri

Lucia Urciuoli
(Coordinamento Dipartimento/ Coordination of the Department)

Ufficio stampa/Press Office
Beatrice Fabbretti
(Capo ufficio stampa/ Head of Press Office)
Flaminia Persichetti

Ufficio comunicazione/ Communication Office
Prisca Cupellini
(Responsabile comunicazione/ Head of Communication)
Eleonora Colizzi
Cecilia Fiorenza
Giulia Chiapparelli
Olivia Salmistrari

Ufficio eventi/Events Office
Paolo Le Grazie
(Responsabile/Head)
Leandro Banchetti
Viola Porfirio

Ufficio marketing, sviluppo e membership Marketing, Development and Membership Office
Maria Carolina Profilo
(Responsabile/Head)

Andrée Cristini
Cristiana Guillot
Beatrice Iori
Giulia Zappone

DONATORI
DONORS
Amici del MAXXI/Friends of MAXXI

Presidente/President
Alessia Antinori

Donatori/Donors

Platino/Platinum
Mariolina Bassetti
Marina Palma
Panfilo Tarantelli

Oro/Gold
Alessia Antinori
Roberta Armani
Enzo Benigni - Donatore Fondatore
Annibale Berlingieri - Donatore Fondatore
Renata Boccanelli
Rodolfo e/and Laura Bracci
Flaminia Cerasi
Alessandra Cerasi Barillari - Donatore Fondatore
Pilar Crespi Robert - Donatore Fondatore
Anna d'Amelio Carbone - Donatore Fondatore
Fabrizio e/and Elisabetta Di Amato
Erminia Di Biase - Donatore Fondatore
Chicca Donnamaria
Yohan Benjamin Fadlun
Annette Gilka
Pepi Marchetti Franchi
Daniela Memmo d'Amelio
Francesco Micheli
Noemia Osorio d'Amico - Donatore Fondatore
Ugo Ossani e/and Manuela Morgano Ossani
Mirella Petteni Haggiag
Stefano Russo
Giuseppe e/and Benedetta Scassellati Sforzolini
Isabella Seràgnoli
Massimo Sterpi - Donatore Fondatore
Luisa Todini

Argento/Silver
Fabiana Balestra
Cristina Bastianello Ottieri
Lavinia Borea Carnacini
Massimo e/and Lorenza Caputi
Claudia Cornetto Bourlot
Emanuela Da Rin
Iolanda de Blasio
Luigi de Vecchi
Paola De Vincenti
Raffaella Docimo
Sabrina Florio
Marion Franchetti
Galleria Franco Noero
Benedetta Geronzi
Valentina Impallomeni
Eleonora Inguaggiato Musumeci
Sonja Kehl
Dana Lindsey O'Rourke
Roberto Lombardi
Benedetta Lucherini
Paola Lucisano
Patrizia Memmo
Vincenzo Morichini - Donatore Fondatore
Diamara Parodi Delfino
Gianluca Perrella
Chiara Pozzilli
Salvatore Puglisi Cosentino
Antonella Romiti
Federica Tittarelli Cerasi - Donatore Fondatore
Ludovica Tosti di Valminuta
Ilaria Uzielli
Hendrik e/and Giacinta van Riel - International Friend

Giovani/Young
Giovanna dell'Erba
Andrea Festa
Maria Fabiana Marenghi Vaselli
Matteo Marenghi Vaselli

Membri Onorari/Honorary Members
Gabriella Buontempo
Grazia Gian Ferrari
Paola Gian Ferrari Braghiroli
Piero Sartogo

American Friends of MAXXI

Presidente/President
Ginevra Caltagirone

Board of Directors
Enrica Arengi Bentivoglio
Ginevra Caltagirone
Pilar Crespi Robert
Giorgio Gallenzi
Alessandra Rampogna
Giorgio Spanu
Massimo Sterpi

GOLD
Francesca Bodini
Nancy Cain Marcus
Beatrice Del Favero
Kathy e/and Steven Guttman
Lisa Hedley
Andrew Lauren
Julie Minskoff
Claudine Nussdorf
Maribel Reyes
Nina Runsdorf
Carol Saper
Zach Sherman
Brian S. Snyder
Alice e/and Tommy Tisch
Leah Weiseberg

YOUNG
Peter B. Brandt

Si ringraziano tutti i donatori che hanno scelto di rimanere anonimi/
Thanks to all the donors who have chosen to remain anonymous

Soci fondatori/
Founding members:

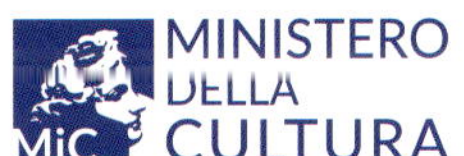

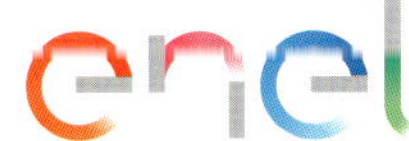

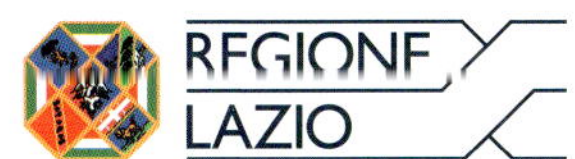

A cura di/
Curated by
Zdenka Badovinac

Curatore associato/
Associate Curator
Giulia Ferracci

Progetto di allestimento
e coordinamento tecnico/
Exhibition design and
tecnical coordination
Dolores Lettieri

Assistente Curatore/
Curatorial Assistant
Anna Gorchakovskaya

Conservazione e Registrar/
Conservation and registrar
Simona Brunetti
Marta Cesaretti

Restauro/Restoration
Maria Cristina Lanza
Marta Sorrentino

Coordinamento
documentazione fotografica/
Coordination Photographic
Documentation
Giulia Pedace

Coordinamento illuminotecnico/
Lighting coordination
Paola Mastracci

Accessibilità e sicurezza/
Accessibility and Safety
Elisabetta Virdia

Coordinatore sicurezza/
Security Coordinator
Livio della Seta

Programmi educativi/
Educational Programs
Marta Morelli
Stefania Napolitano

Programmi di approfondimento/
Public Programs
Irene De Vico Fallani

Programmi di formazione/
Training Programs
Elena Pelosi

Guanti bianchi/Handling
Expotrans

Assicurazione/Insurance
Willis Towers Watson

Impianti elettrici e puntamenti luce/
Electrical Wiring and Lighting
Sater4show srl

Allestimento/
Exhibition set-up
Tagi2000

Allestimento Audio Video/
Audio Video Installed by
Manga Coop

Supporto alla progettazione tecnica
delle installazioni audio video/
Technical design support for
audiovisual installations
Eidotech

Progetto grafico dell'allestimento/
Graphic design of the exhibition
Spazio 14 10 | grafica e architettura

Produzione grafica/
Graphic production
Graficakreativa

Traduzioni/
Translation
Aurelia Di Meo
Simon Turner

Sponsor:

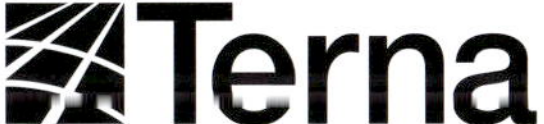

A cura di/
Edited by
Zdenka Badovinac
Giulia Ferracci

Responsabile editoriale/
Head of Publishing
Flavia De Sanctis Mangelli

Assistente editoriale/
Editorial Assistant
Chiara Braidotti

Ricerca iconografica/
Images Research
Ilia Celiento

Progetto grafico/
Graphic Design
Djordje Balmazović

Image Licensing
Giulia Pedace
Giulia Cappelletti

Traduzioni/
Translations
Aurelia Di Meo
Sonia Hill
Patrizia Raveggi
Tamara Soban

Editing italiano/
Italian Proofreading
Maria Pia Verzillo

Editing testi inglesi/
English Proofreading
Simon Turner

Forma Edizioni Srl,
Firenze, Italia
redazione@formaedizioni.it
www.formaedizioni.it

Direzione editoriale/Editorial director
Laura Andreini

Redazione/Editorial staff
Maria Giulia Caliri
Livia D'Aliasi

Impaginazione/Layout
Deepa Parapatt

Fotolitografia/Photolitography
LAB di Gallotti Giuseppe Fulvio

Prima edizione: marzo 2021/
First edition: March 2021.

Questo volume è stato stampato nel mese
di marzo 2021 da Lito Terrazzi, Prato, Italia. /
This volume was printed in March 2021
by Lito Terrazzi, Prato, Italy.